"十三五"国家重点图书出版规划项目

交通运输科技丛书 · 运输服务

Modeling and Application of Pedestrian Microscopic Simulation in Urban Rail Transit

行人微观仿真技术

在城市轨道交通中的建模及应用

陈　峰　王子甲
朱亚迪　李小红　编著

人民交通出版社股份有限公司

北京

内 容 提 要

本书全面总结了行人微观仿真技术在城市轨道交通中的应用，从城市轨道交通规划、设计、运营各个阶段，深入探索了行人微观仿真在实际工程中发挥的重要作用及潜在价值。作者团队系统调研了轨道交通乘客在正常状态、拥挤状态和紧急疏散状态下的交通行为特性，既掌握了乘客在多种场景下的真实行为规律，又为行人仿真模型在城市轨道交通方向的应用奠定了基础。针对上述三种场景，本书选取了三个典型案例，分别是城市轨道交通站内布局、拥挤状态下城市轨道交通运营管理以及应急疏散研究，以此说明行人微观仿真技术在不同工程应用中的适用性和综合效益。此外，本书还探索了虚拟现实技术与行人微观仿真结合的火灾应急疏散研究，打破了行人微观仿真技术在特殊外部环境下的技术壁垒，拓宽了其在城市轨道交通领域应用的更多可能性。

本书既可供城市轨道交通行业建设管理者参考，也可作为高等学校轨道交通等相关专业的案例教材和辅导用书。

图书在版编目(CIP)数据

行人微观仿真技术在城市轨道交通中的建模及应用 / 陈峰等编著. — 北京 : 人民交通出版社股份有限公司, 2021.6

ISBN 978-7-114-17671-5

Ⅰ. ①行… Ⅱ. ①陈… Ⅲ. ①行人—城市交通系统—系统仿真—应用—城市铁路—轨道交通—研究 Ⅳ. ①U239.5

中国版本图书馆 CIP 数据核字(2021)第 219201 号

"十三五"国家重点图书出版规划项目
交通运输科技丛书 · 运输服务
Xingren Weiguan Fangzhen Jishu zai Chengshi Guidao Jiaotong zhong de Jianmo ji Yingyong

书　　名：**行人微观仿真技术在城市轨道交通中的建模及应用**
著 作 者：陈　峰　王子甲　朱亚迪　李小红
责任编辑：周佳楠　王景景
责任校对：赵媛媛
责任印制：张　凯
出版发行：人民交通出版社股份有限公司
地　　址：(100011)北京市朝阳区安定门外外馆斜街 3 号
网　　址：http://www.ccpcl.com.cn
销售电话：(010)59757973
总 经 销：人民交通出版社股份有限公司发行部
经　　销：各地新华书店
印　　刷：北京市密东印刷有限公司
开　　本：787 × 1092　1/16
印　　张：12.5
字　　数：299 千
版　　次：2021 年 6 月　第 1 版
印　　次：2021 年 6 月　第 1 次印刷
书　　号：ISBN 978-7-114-17671-5
定　　价：100.00 元

总　序

科技是国家强盛之基，创新是民族进步之魂。中华民族正处在全面建成小康社会的决胜阶段，比以往任何时候都更加需要强大的科技创新力量。党的十八大以来，以习近平同志为核心的党中央做出了实施创新驱动发展战略的重大部署。党的十八届五中全会提出必须牢固树立并切实贯彻创新、协调、绿色、开放、共享的发展理念，进一步发挥科技创新在全面创新中的引领作用。在最近召开的全国科技创新大会上，习近平总书记指出要在我国发展新的历史起点上，把科技创新摆在更加重要的位置，吹响了建设世界科技强国的号角。大会强调，实现“两个一百年”奋斗目标，实现中华民族伟大复兴的中国梦，必须坚持走中国特色自主创新道路，面向世界科技前沿、面向经济主战场、面向国家重大需求。这是党中央综合分析国内外大势、立足我国发展全局提出的重大战略目标和战略部署，为加快推进我国科技创新指明了战略方向。

科技创新为我国交通运输事业发展提供了不竭的动力。交通运输部党组坚决贯彻落实中央战略部署，将科技创新摆在交通运输现代化建设全局的突出位置，坚持面向需求、面向世界、面向未来，把智慧交通建设作为主战场，深入实施创新驱动发展战略，以科技创新引领交通运输的全面创新。通过全行业广大科研工作者长期不懈的努力，交通运输科技创新取得了重大进展与突出成效，在黄金水道能力提升、跨海集群工程建设、沥青路面新材料、智能化水面溢油处置、饱和潜水成套技术等方面取得了一系列具有国际领先水平的重大成果，培养了一批高素质的科技创新人才，支撑了行业持续快速发展。同时，通过科技示范工程、科技成果推广计划、专项行动计划、科技成果推广目录等，推广应用了千余项科研成果，有力促进了科研向现实生产力转化。组织出版“交通运输建设科技丛书”，是推进科技成果公开、加强科技成果推广应用的一项重要举措。“十二五”期间，该丛书共出版72册，全部列入“十二五”国家重点图书出版规划项目，其中12册获得国家出版基金支持，6册获中华优秀出版物奖图书提名奖，行业影响力和社会知名度不断扩大，逐渐成为交通运输高端学术交流和科技成果公开的重要平台。

“十三五”时期，交通运输改革发展任务更加艰巨繁重，政策制定、基础设施建设、运输管理等领域更加迫切需要科技创新提供有力支撑。为适应形势变化的需要，在以往工作的基础上，我们将组织出版“交通运输科技丛书”，其覆盖内容由建设技术扩展到交通运输科学技术各领域，汇集交通运输行业高水平的学术专著，及时集中展示交通运输重大科技成果，将对提升交通运输决策管理水平、促进高层次学术交流、技术传播和专业人才培养发挥积极作用。

当前，全党全国各族人民正在为全面建成小康社会、实现中华民族伟大复兴的中国梦而团结奋斗。交通运输肩负着经济社会发展先行官的政治使命和重大任务，并力争在第二个百年目标实现之前建成世界交通强国，我们迫切需要以科技创新推动转型升级。创新的事业呼唤创新的人才。希望广大科技工作者牢牢抓住科技创新的重要历史机遇，紧密结合交通运输发展的中心任务，锐意进取、锐意创新，以科技创新的丰硕成果为建设综合交通、智慧交通、绿色交通、平安交通贡献新的更大的力量！

杨传堂

2016年6月24日

序言 PREFACE

城市轨道交通具有准时、快速、低耗、运量大等特点，是世界各大城市缓解道路交通压力、实现交通可持续发展的首要选择。截至2019年底，中国大陆共有40个城市开通城市轨道交通运营线路208条，运营线路总长度6736.2公里。随着越来越多的城市进入网络化运营阶段，网络上重要站点的站内拥挤问题越来越严重：如何优化站内设施布局，更好地适应乘客流线，改善乘客出行体验？如何预判地铁站内高密度人群的潜在风险，并采取措施以确保运营安全？车站遇到紧急情况，如何快速将大规模客流疏散至安全区域？

这些问题的解决需要借助行人交通仿真理论与工具。行人交通仿真是基于行人交通理论，利用计算机仿真技术重现行人流在时间和空间上分布变化的模拟技术。该技术可以为轨道交通设施布局设计、运营管理决策等提出改进建议，可以科学评价客流组织和应急疏散方案的效果，从而提升行人交通设施的安全和通行效率。目前，虽然行人交通仿真技术已经日趋成熟，理论体系逐渐完善，但仍然存在应用场景单一，模型参数缺乏系统化标定，难以很好适应国内城市轨道交通系统内大规模、高密度人群的应用场景等问题。

本书基于作者团队十多年的行人微观仿真研究及其在城市

轨道交通中的应用经验,系统阐述了目前主流的行人微观仿真模型原理,针对我国城市轨道交通中常见的车站内部设施布局优化、拥挤人群行为模拟以及紧急情况下应急疏散等应用场景,将各种场景下的行人行为特征数据作为建模及参数标定的依据,构建了适应我国城市轨道交通乘客行为和客流特征的模型和方法。同时开创性地将虚拟现实(VR)技术应用于城市轨道交通应急疏散,大幅提升了疏散仿真还原度和应急疏散能力。

此书是作者团队长期研究成果和实践经验的积淀,密切贴合当前业内需求,希望本书的出版能引起业界对城市轨道交通行人仿真的关注,并不断深化研究,从而达到提升城市轨道交通系统乘客出行体验和确保运营安全可靠的目的,为城市轨道交通行业可持续发展贡献力量。

2020 年 9 月

前　言 FOREWORD

经过近20年不断发展，城市轨道交通目前已经成为我国大中城市主要的交通方式之一。未来，随着城市化的持续推进、城市群的建设和智慧城市的发展，我国城市轨道交通里程的增加与质量的提升仍然存在很大空间。城市轨道交通是现代大城市交通的发展方向。发展轨道交通是解决大城市病的有效途径，也是建设绿色城市、智能城市的有效途径。城市轨道交通的建设是百年工程，规划设计阶段尤为重要。为了更科学、更形象、更全面地进行城市轨道交通规划建设，在设计过程中充分利用先进的科学技术手段是必然趋势。而在城市轨道交通运营阶段，同样面临诸多挑战。为保障系统安全，完成高效运营，需要对车站、线路等进行维修改造提升；在遇突发事故时，要求管理人员及整个城市轨道交通系统能及时做出反应，科学决策，保障乘客生命财产安全。面对这些问题时，单纯的管理经验是远远不够的，需要充分结合前沿的理论技术，提升规划、设计和运营管理水平。

随着信息时代的到来，计算机技术日趋完善，行人微观仿真逐步发展成为城市轨道交通领域科学研究及实践工作中常用的科学手段，充分发挥了低成本、高效率、精确性、系统性的优势。利用仿真技术可以轻松构建高度还原实际场景的模拟环境或车厢环境，实现乘客与周围环境的交互，大大节约了试验测试成本。模型理论的不断优化与计算机性能的提高也使得仿真速度稳步提升。行人微观仿真技术力求还原每一位乘客在城市轨道系统中的真实行为，重现每一个设备设施在系统中的运行，例如乘客乘降、扶梯运转等。仿真中的任何细节都能被直观展示，基于此进行的研究应用能够达到精细化溯源要求。城市轨道交通是一个综合系统，利用仿真模型可以实现各个子系统协同运作，有利于从全局角度直观地发现并解决问题。

行人仿真在城市轨道交通全生命周期中都扮演着十分重要的角色，将行人微观仿真技术应用于城市轨道交通规划建设是先进科学手段应用于工程实践的范例。

本书基于作者团队十多年的行人微观仿真研究及其在城市轨道交通中的应用经验，依托国家自然科学基金（51278029，51408029，51308041），全面探讨了行人微观仿真技术如何在城市轨道交通规划、设计、运营各个阶段发挥重要作用。本书第1章针对城市轨道交通中常见的车站内设施布局优化、拥挤人群行为模拟以及紧急情况下的应急疏散等应用场景，系统总结了行人微观仿真在这些场景中的理论研究现状和实践应用现状。第2章阐述了行人微观仿真主流模型，并且介绍了市场上主流的行人交通仿真软件及其特点和不足。第3章总结了作者团队长期积累的城市轨道交通车站内多种场景下的行人行为特征数据，分别分析了城市轨道交通乘客在正常状态、拥挤状态及紧急疏散状态下的不同交通行为特性。行人建模是微观仿真技术中的重要环节，通过对行人不同行为特性的全面考察，建立趋于真实的行人模型是整个仿真的基础。第4~6章结合实际案例，具体阐述了行人微观仿真在车站布局优化、拥挤状态下车站运营评价以及紧急疏散中的应用。值得一提的是，本书首次将虚拟现实（VR）技术与行人仿真相结合，构建了车厢火灾场景，完成了乘客在火灾情况下的沉浸式试验，并基于此改进了在火灾状况下的行人疏散模型。这一创新性的技术结合对城市轨道交通的乘客疏散模拟演练、安全运营及疏散策略的制定都有着深远影响。

希望本书的研究成果能为城市轨道交通领域的研究人员、工程设计人员提供一定参考。由于行人交通仿真综合性、专业性强，是一门正在迅速发展中的新兴技术，加之作者水平有限，本书难免存在纰漏和不足之处，恳请同行和读者批评指正。

作　者

2020年9月

目 录 CONTENTS

1 绪论

1.1 我国城市轨道交通发展现状

我国城市轨道交通发展较晚，自 1965 年北京开始进行地铁工程建设，1969 年 10 月 1 日中国第一条地铁在北京通车。在这几年中，我国的地铁建设以人防战备需要为主，交通功能并没有显现。由于经济实力和技术水平的限制，直到 2000 年，全国仅有北京、上海和广州三个城市拥有轨道交通线路。此后，随着改革开放和经济体制改革的不断深入，居民对交通出行的需求不断增加，道路供给能力不足，供需矛盾日益突出。为了缓解交通压力，适应发展需求，我国加大了对城市轨道交通的投入，建设速度大大加快。到 2008 年，我国的城市轨道交通建设总体步入一个快速发展阶段，计划建设 1500km 左右的轨道交通，总投资 4000 多亿元。之后政府加大对基础设施的投资力度，在全国范围内一度引发了“地铁热”的建设高潮。截至 2019 年，据中国城市轨道交通协会统计，中国[1]共有 40 个城市开通城市轨道交通运营线路 208 条，运营线路总长度 6736.2km。其中，地铁运营线路 5180.6km，占比 76.9%；其他制式城轨交通运营线路 1555.6km，占比 23.1%；共有 65 个城市的城轨交通线网规划获批，在实施中的城市有 63 个，在实施的建设规划线路总长 7339.4km（不含已开通运营线路）。为加快建设交通强国，切实提高城市居民出行水平，城市轨道交通将持续保持发展的态势，在各级城市中发挥重要的交通主导作用。

城市轨道交通相比于其他城市交通方式，具有准时、快速、环保、运量大等不可替代的优势，在居民出行中逐渐占据主导地位，然而在一些大中城市，城市轨道交通的运营随着客流的增长也出现了新的问题。轨道交通以其优势吸引着大量的乘客，而过多的乘客聚集在车站和车厢内部，造成严重的拥挤现象，危害乘客安全。2014 年北京市地铁 5 号线惠新西街南口站“11·6”夹人事故和 2015 年深圳市地铁 5 号线黄贝岭站“4·20”拥挤事故所造成的后果，无不在提醒我们城市轨道交通拥挤问题的严峻。不仅在车站内部，地铁列车车厢内过多的乘客导致线路长期处于超负荷的状态，尤其是早、晚高峰时期，车厢内拥挤不堪，服务水平远低于正常状态，一旦发生安全问题，后果将是无法估计的。造成站内及车厢的拥堵现象绝不仅仅是客流过多这一单一原因，很多车站内部设施布局不合理、乘客行走流线混乱、对乘客的交通行为缺乏全面认知等原因综合导致了问题的发生。

随着我国城市轨道交通规划建设经验逐渐丰富，计算机等技术的快速提升，车站及线路等基础设施的建设规划开始从传统经验导向到现代科技导向转变。在规划设计阶段，行人微观

---

[1] 本书中全国统计数据不包括香港、澳门和台湾地区数据。

仿真、虚拟现实(VR)等先进的计算机技术开始发挥重要的作用。科学有效的技术手段不仅有助于解决现阶段面临的问题,更加有助于未来我国城市轨道交通科学的快速稳定发展。

1.2 行人微观仿真的流程及应用

行人交通仿真是计算机应用于交通工程的重要技术之一。通过建立交通系统中的各个要素模型,模拟交通系统运行状态,行人仿真技术可以还原真实的行人行为、交通运营状态、行人与系统要素的交互作用等。在此基础上,我们可以认识到系统存在的各类交通问题,对仿真结果进行分析评价,给出科学建议,进而提升交通系统的整体服务水平。按照描述交通系统的尺度差异,行人交通仿真可分为宏观仿真、准微观仿真和微观仿真。其中,微观仿真能够洞悉个体的行为、运动特征及受力关系,从而更好地重现实际行人交通状况,准确地模拟特定环境下行人行为及其活动,帮助交通工作者和研究人员深入掌握行人的运行规律。

随着行人微观仿真手段日趋完善,该技术逐渐成为城市轨道交通规划建设中重要的研究分析手段,以较小的成本最大限度地模拟乘客的真实交通行为并发挥出独特的优势。在规划设计阶段,利用行人微观仿真技术合理规划车站空间结构,布局站内设施,设计新增车站布局及乘客流线。在运营过程中,针对轨道交通表现出的一系列问题,如拥挤、乘客疏散等,行人微观仿真技术能够低成本、安全地模拟各种危险场景,掌握乘客在不同状态下的行为特征,从而科学地解决问题,避免安全事故的发生。在城市轨道交通的设施服务提升上,利用行人微观仿真寻找建成车站内部设施布局的缺陷,探索系统内拥挤的原因,定位瓶颈部位。这些技术及科学问题都可以借助行人微观仿真来洞察和解决。可以说,行人微观仿真技术在城市轨道交通中的应用是方方面面的。仿真技术广泛应用之前,城市轨道交通的规划设计是以理论和经验结合的静态研究,而仿真技术将原本静态的工作转变为动态分析,使工作更加高效、完整,结果更加直观、准确。行人微观仿真在城市轨道交通中的实际应用和科学研究方面表现出了强大的优势,尤其是在车站设计和疏散研究中,其地位尤为重要。越来越多的机构采用以仿真工具为主要手段、辅以规划人员优化调整的工作方式进行城市轨道交通的规划设计。

在实际应用的研究中,行人微观仿真的过程大致相同,需要经历仿真建模、模型调试校核、仿真结果运行及分析三个阶段。以城市轨道交通车站设计为例,行人微观仿真可以完整、直观地展现车站的全部信息,包括从整体空间布局到每一个设施设备,从乘客站内流线到每一个乘客的微观交通行为。对真实情况的模拟将规划设计问题变得完整、系统。此外,车站设计是一个十分复杂的工作,而行人微观仿真能够对复杂、庞大的系统进行动态化、可视化甚至细节化的分析。

在城市轨道交通车站设计的实际应用中，根据行人微观仿真的一般过程，首先要构建仿真模型，这其中分为两部分：乘客行为建模和环境建模。乘客行为建模主要针对乘客的运动特征和受力特征。其中，运动特征包括客流分布、乘客形态、步速等；受力特征包括乘客之间的受力种类、受力位置及受力大小等。在整个乘客群体中，每一位都表现出不同的运动行为，乘客之间的异质性是建模阶段需要重点掌握的。构建仿真模型中的另一个部分就是环境建模，如车站、车厢布局。为了真实反映环境条件，需要对车站的整体空间布局、设施设备等相应位置及尺寸进行精确测量，根据真实的数据搭建模型中的模仿环境，从而完成环境建模。至此，行人微观仿真的第一环节完成。

初步模型完成后，开始对其进行调试校核。行人微观仿真最重要的是能够真实地反映现实情况，只有在此基础上进行的分析才是准确、可靠的。因此，建模完成后，调试是必不可少、至关重要的一个环节。复杂模型在建模过程中产生的错误或疏漏、模型表现出与现实不符的情况、乘客状态是否超出正常范围等，这些都是在这一环节需要调整的部分。模型调试的方法有很多，可以利用仿真软件中的辅助调试工具、利用关键结点处的客流规律与实际调研数据进行对比，也可以寻找并观测特殊位置或特殊行为是否符合现实情况等。发现问题后通过增加或删减模块、调整仿真模型的某些属性等手段，保证模型的合理性，为仿真结果的运行和分析打下基础。

仿真的最后一个环节是结果运行与分析。按照不同的需求，仿真结果可以输出为数值、表格、热力图、视频等不同格式，根据输出的结果即可进行分析决策。对于车站设计问题，可以给出具体方案甚至在几个方案中进行优化比选；对于系统提升问题，则可以找到既有问题，并有针对性地提出改进建议和具体方案，同时根据改进的结果，可以再次对其进行仿真，从而确定问题是否得到有效解决。此外，仿真分析结果还可以根据要求输出不同的指标，为设计方案提供设计或评价依据。例如模拟应急疏散场景，得到乘客的疏散时间，判断是否符合设计规范要求。

经过多年发展，行人微观仿真已经作为一项重要的分析技术，在城市轨道交通系统中发挥必要作用。本书将主要针对城市轨道交通中行人微观仿真应用的具体场景给出实例，以便读者更好地了解行人微观仿真技术的操作流程及其对轨道交通而言的重要性。

1.3 行人微观仿真在城市轨道交通的研究现状

经过几十年的探索，国内外学者对行人仿真宏观、微观方法都进行了大量的研究，提出了诸如社会力模型、元胞自动机模型、磁力模型、格子气体模型等一系列模型，并且对不同场景进行仿真建模,包括正常状态和紧急疏散状态等。本节将从城市轨道交通车站设施布局优化、拥挤状态下行人微观仿真、应急状态下行人疏散行为特性,以及基于 VR 的新型疏散试验几个方面介绍行人微观仿真在城市轨道交通的研究现状。

1.3.1 城市轨道交通车站设施布局优化研究现状

城市轨道交通车站设施的作用是为乘客提供便捷服务。车站设施的规模、配置是否合理,其衡量标准最终要落在运营上,要以设施配置是否满足站内客流需求及其特征为准绳。因此,对城市轨道交通车站客流与设施相互关系的研究是必要的。一方面要从运营出发,研究车站客流及其特征,反过来评价车站设施配置的合理性。另一方面也要对车站设施配置如何对行人产生影响进行分析。很多学者采用实地调研、理论分析、软件模拟等手段对此进行了多方位、多角度的研究。

就国内而言,比较有代表性的研究成果主要集中在车站设施内客流特征分析和站内行人仿真系统开发上。下面将着重介绍站内行人仿真的研究现状。

站内行人仿真研究方面,李得伟总结了行人集散的数学模型,建立了基于多智能体的乘客集散微观仿真模型,并开发了相关软件,利用软件验证并发展了自组织等行人理论,同时通过案例分析的形式对既有和新建城市轨道交通枢纽站内行人特征及设施利用情况进行了仿真分析。孙立光在总结当前应用较为广泛的微观行人仿真模型优缺点的基础上,综合连续模型和离散模型的优点,提出了基于连续模型的,以行人临域作用原理和转向调速决策模式为核心的微观行人仿真系统框架,并设计了相应的算法。其核心是认为行人的行为是改变方向和调节速率的组合,二者同时发生并相互影响。而方向和速率调节的大小和过程则取决于由临域其他行人和障碍物等因素所确定的最佳可行方向和最佳可行距离。蒋启文、吕鹏等运用元胞自动机、排队论等模型对轨道交通进出站设施进行了客流特征分析,对进出站闸机、楼扶梯规模和布局进行了评价和优化。张建勋等采用计算机行人仿真工具模拟车站乘客疏散的动态过程,以此评价车站计算效率。通过 VISSIM 软件建立了车站仿真环境,校核了行人参数,优化了部分设施布局。徐尉南等将流体力学建模方法引入车站行人流模拟,分别建立了站内行人流的一维及二维流体模型,进行了站内行人行走时间的测算。

紧急疏散方面,汪晓蓉根据《地铁设计规范》(GB 50157—2013)中的疏散公式计算了广州某地铁站的楼扶梯宽度,认为该规范规定的紧急疏散状态下楼梯通过能力取值有待商榷,导致对客流量较大的车站,紧急疏散状态下计算的楼扶梯宽度过大,造成车站规模较大。喻言利用 STEPS 行人仿真软件,建立了简单的车站模型,对不同出口布局与紧急疏散效果的关系进行了研究,得到了是否设置闸机及闸机类型对疏散时间的影响程度。吴娇蓉等比较了中国与美国车站紧急疏散检算方法,认为《地铁设计规范》(GB 50157—2013)采用的公式欠合理,没有计人疏散过程中瓶颈处乘客等待时间,应有所改进。姚斌等利用自编软件对地铁车站自动扶梯不同运行方式对紧急疏散的影响进行了定量分析,得到了案例车站自动扶梯停运及反转运行下安全疏散的效果。

国外此方面的研究集中体现在行人微观模型方法的研究及相关软件的开发上,这里仅作简单介绍。比较有代表性的行人仿真工具是英国 Legion 公司基于离散模型开发的 Legion 软件。该模型不仅可以用于正常状态下设施规模布局设计方案评价和比选,还可用于紧急疏散分析。Greenwich 大学开发的 Exodus 在紧急疏散方面比较有代表性,该工具可以得到疏散时间、疏散速度及瓶颈拥堵方面的指标。由德国 PTV 公司在计算机路面交通模拟软件的基础上开发的行人仿真模块,近几年也在城市轨道交通车站行人仿真方面得到了应用,该行人模块采用社会力模型,能对车站设施的服务水平和效率做出多方面的评价。其他已取得不错应用效果的软件还有 SimPed、SimWalk、AnyLogic、Steps 等。毫无疑问,这些软件都可以用于轨道交通车站行人流分析评价。

1.3.2 拥挤状态下行人微观仿真模型研究现状

由于地铁车站行人密度高,行为复杂,试验研究的可实施性和经济性差,采用微观行人仿真手段研究高峰期拥挤状态下站内行人行为特征,可以为评价车站拥挤风险关键节点、改善设施布局和站内客流组织方案提供依据,对保障车站安全运营和乘客的生命财产安全具有重要意义。地铁车厢内封闭环境中的乘客拥挤情况主要发生在乘客上、下车或者在车厢内的移动环节,因此,必须对此进行专题研究。

目前,国内外此类研究主要集中在拥挤状态下的行人行为和行人微观仿真两个方面。

1) 拥挤状态下的行人行为

澳大利亚的 R. S. C. Lee 和 R. L. Hughes 开展了对人群拥挤和踩踏事故的研究,主要是利用一些公开的事故数据,引入连续行人流模型,通过实例对人群拥挤和踩踏分别进行定量分析,并预测人群行为规律。研究成果显示,人群拥挤踩踏事故死亡原因可分为两种类型:第一种是人群中个体由于相互踩踏致死;第二种是个体由于相互拥挤致死。

上海交通大学的卢春霞依据激波理论,对拥挤人群的发生机理进行了相关研究,通过特征值解法,求解了不同初始密度分布下的行人速度,并预测拥挤将在何时何处发生,总结了可能消除拥挤现象的一些措施。

南开大学的张青松、刘茂、任常兴等做了人群拥挤踩踏事故风险方面的研究工作,主要包括对人群滞留和人群安全疏散定量方法等方面的研究;对行人和疏散动力学研究现状及进展进行综合分析;提出了对于拥挤踩踏事故分析的一般方法,用群集指数来表征人群高度聚集。

北京市劳动保护科学研究所的刘艳等运用数据包络分析(DEA)方法,建立了改进的地铁车站拥挤踩踏事故风险评价 DEA 模型,并将该模型应用于评价北京 13 个地铁车站的拥挤踩踏事故风险。

国内其他对于人群拥挤踩踏事故的描述多偏重于社会管理方面。中国人民公安大学的寇丽平认为群体性拥挤踩踏事故的直接原因是群集现象,客观原因是公共场所硬件设施不合理和公共活动应急准备不足,并针对这些原因提出了预防建议,如开展公众安全教育、改进场所硬件设计、提前制订应急预案并演练等。同济大学的胡志莹提出了大型社会活动人群拥挤事故防范系统。

2)行人微观仿真

目前行人微观仿真模型中具有代表性的有磁力模型、排队论模型、元胞自动机模型和社会力模型等。其中,社会力模型和元胞自动机模型应用更为广泛,对此研究现状总结如下。

德国的 D. Helbing 和法国的 A. Johansson 构建了社会力模型,并总结了该模型对不同仿真条件的修正,给出了重现人群行为的解释;针对高密度拥挤状况下的介绍,总结了 20 世纪 70 年代以后世界上由于拥挤状况导致的各种灾难及危害,以及在拥挤状况下人群的群体行为,为重现高密度人群行为提供了经验指导;依据这些行为理论,又通过修正社会力模型重现了人群群集、忽略可用出口、人群锁死、快即是慢、间歇流动等实际现象;此外,为了模拟高密度条件下人群产生的动荡现象,引入流体力学中有关紊流的相关理论予以类比修正。D. Helbing 等对于引起人群拥挤踩踏的主要原因——人群恐慌进行了详细分析;依据社会力模型,对人群恐慌状况下的各种自组织现象进行模拟研究;通过设定不同的场景模拟人群运动,得出“人群聚集最危险的一种情形是由于恐慌引起的人群惊挠、乱跑,个体之间相互碰撞和相互踩踏会引起重大伤亡”的观点。

加拿大的 C. M. Henein 和 T. White 对元胞自动机模型进行了改进,并利用基于多智能体技术的计算机模拟对疏散过程中的人群行为进行了分析;阐述了人群中的个体伤亡是因为个体之间的相互作用力达到一定的阈值,并给出了个体之间相互作用力遵循的四个基本规则。

南京大学的张青松认为,虽然加拿大的 C. M. Henein 对于人群拥挤踩踏事故的主要致因(即人群之间的相互作用力)进行了研究,但没有对个体之间的作用力类别进行详细分析。

上海交通大学的卢春霞建立了允许行人身体接触的社会力模型,以解决原模型在人群密度过大时失效的问题;同时还提出,高人群密度(6~8 人/m^2),不光会影响行人对于运动方向的控制,长时间的积累还会导致行人自身舒适度降低,进而引发事故。

中山大学的李连天研究发现,在一些特殊情况下,尤其是发生人群挤压时,社会力模型会出现不合理的振荡现象。而根据社会力模型公式,其中的社会心理力受到行人间相对速度的影响。李连天从这个角度进行模型修正，排除了原模型模拟时出现的不符合规律的现象；同时，修正行人之间的挤压力，模拟实际情况中人群疏散时所出现的人群密度较大的情况。

北京交通大学的王子甲等引入分子动力学的Gear预测校正法和链接列表元胞算法，基于Agent感知-决策建模方法，构建了改进的社会力模型，并用于进行地铁车站通道的单向和双向仿真。结果显示，改进的模型可以明显减少仿真时间，且与车站调研得到的通道客流密度-流量关系相吻合。

北京交通大学的李德伟通过大量的实地行人交通特性调查，开发了半自动行人交通数据视频分析系统；对调查的交通参量数据进行统计，总结分析了乘客的宏观特性，研究了乘客集散的静态分析方法，提出了枢纽中的冲突点分析、延误分类界定及计算、瓶颈判别的理论与方法；建立了乘客集散模型，提出了一种逆向改进型 A^* 路径选择模型，并运用动态博弈和交换机制的方法解决了同步决策和交织死锁问题，开发了地铁车站乘客集散仿真软件MTR-PedSIM。

清华大学的沙云飞提出基于离散势能场及精细网格划分的元胞自动机模型。区别于连续势能场，其研究提出了网格划分的最小元胞尺寸为10cm×10cm，利用离散势能场描述目的地、障碍物及其他行人运动的影响。由于网格较小，该模型相较于普通元胞自动机模型，能够更精细地描述行人运动，具有高密度行人仿真的潜力。

中山大学的李连天在社会力模型中引入行人间的挤压力，并在挤压时对心理作用力进行修正。修正后的模型可以实现人与人之间间隙缩小，并且行人能通过比其身体宽度窄的间隙这种情景。另外，卢春霞和张青松也在社会力模型中引入“挤压力”来进行高密度人群仿真。宋卫国等在元胞自动机模型中加入了量化的摩擦力和排斥力运算规则，提出了一种新的元胞自动机模型，通过计算表明，新模型可以较好地描述人员疏散中的典型现象，如拥挤、堵塞、人群的拱形结构、快即是慢现象等。

总而言之，由于地铁车站行人密度高，行为复杂，试验研究的可实施性和经济性差，采用微观行人仿真手段进行研究已成为主流研究方向。然而目前的几种微观仿真模型都有其各自的局限性和不足，元胞自动机模型将人的受力与运动状态割裂开，不能反映行人的受力特征，这与拥挤状态下车站内部行人密度和较大的挤压力特征是不相符的，在应用上表现为不能反映疏散过程中较大的压力引发的伤亡事故。

1.3.3 应急状态下行人疏散行为特性研究现状

行人在紧急情况发生时处于应急状态。此状态下的人员疏散行为是一个复杂的动态过程，受到周围环境、个体心理素质和运动能力等多方面的影响。在人群疏散问题的研究中，行人在疏散中的行为和运动特点是进行建模分析和制订应急预案的基础。

1) 行人疏散特征基础数据收集方法

行人疏散特点的基础资料主要来源于问卷调查、疏散演习或试验。针对不同的人群实行问卷调查，是目前最常用的获得事故中人员心理和行为规律的方法。根据调查对象的特点，可以分为灾后调查和陈述性问卷调查。灾后调查即对经历灾害的人通过访谈和问卷的方式，了解人们在灾害中的行为反应。美国的 Bryan 最早通过对经历火灾的人员的访谈和问卷调查获取火灾中人员的行为反应特征数据。国内部分学者也通过对家庭火灾和建筑火灾的调查，收集了火灾发生时人员所处的环境状态、人员疏散行为等信息。灾后调查最大的优点是数据真实，但存在受灾人员难以寻觅和事后回忆带有主观色彩等缺点。陈述性问卷调查是通过描述让调查对象设想发生灾害时将采取哪些行为反应，可以对地铁突发事故下乘客的安全行为及心理特性进行初步调查分析。在此基础上，基于 Logistic 回归模型等可进一步分析性别、年龄、安全知识掌握程度等因素对乘客在火灾、重大客流等应急状态下的行为决策的影响。调查结果在一定程度上可以用于建模分析和指导疏散设计，但由于被调查者缺乏真实感受，可能导致结果与实际情况存在偏差。

目前，国内外对城市轨道交通内乘客复杂行为特性认识不足，相关的实测和调查研究还很缺乏。一些研究直接采用常态行人流观测的调研数据，将正常情况下人员流动状态的观测结果用于人员疏散模拟。通过常态观测总结出的人群运动规律尽管对紧急状态有参考意义，但是毕竟有区别。事实上，在火灾情况下，由于逃离至安全地带的焦虑与对烟火的恐惧交织在一起，“心理-行为”系统将会发生异常，紧急疏散时行人的运动特点与正常情况下有很大不同，人员在疏散中的心理和行为也存在差异。Quarantelli 将地铁人群在正常状态与紧急状态下的心理活动进行了比较，发现在紧急情况下乘客更加害怕，产生相互依赖心理。当发生紧急情况时，人员变得紧张，会出现盲目的行动；比正常状态下运动要快；人群开始拥挤，通过瓶颈时变得自私；在出口处，出现堵塞现象。

随着对行人疏散研究的深入，人们认识到行人疏散是由人群一系列行为组成的复杂过程，既有疏散运动，也有行为反应，二者相互影响。因此，国内外研究者开始注重将试验和调查研究结合起来，开展行人疏散演习和试验研究。日本 Jin 通过刺激性烟气中的行人疏散试验，研究了烟气浓度对行人视距、行走速度和心理特征的影响，目前仍是许多行人疏散仿真模型的重要依据。Takashi Nagatani 等通过试验研究了黑暗环境下行人的疏散行为及影响因素。瑞典学者 Nilsson 通过在公路隧道中设置不同的火灾场景试验，分析参与者的心理、警报、安全设施等对于行人疏散的影响。西班牙学者 J. A. Capote 在高速列车内开展疏散演练，得到了列车起火后的乘客反应时间、车内行走速度、疏散设备取用安装时间等基础数据。中国李修柏、李冬等分别进行了动车组车厢、普通列车和地铁列车的乘客疏散试验及横通道通过能力试验，获得了乘客疏散时间和疏散速率等关键参数。

2)行人个体和群体的疏散特征

行人的疏散特征主要包括运动特征、行为(心理)特征和周围环境三个方面。运动特征即紧急疏散时行人的疏散行动能力,主要包括待疏散行人个体的步行速度和群集步行速度等。紧急疏散时,行人疏散的步行速度与疏散行人属性、火灾事故现场的空间结构状态和事故状态有关。张培红等通过实际观测,总结分析了时间压力下行人流动速度与群集人员密度的关系。Rani 等利用模型模拟分析了行人爬行行为、行人速度以及密度的关系。Gyu-YeobJeon 等研究了火灾烟雾造成的低能见度条件下行人的疏散行为特征和平均行走速度。林瑞炽通过疏散演练得到 CRH 型高速列车车内乘客行走速度,并发现当车厢内烟雾较大时,乘客在浓烟下难以找到正确逃生路径。通过在隧道环境进行疏散演练,李琦等得到了在铁路隧道内成年人的疏散速度,瑞典学者 KarlFridolf 等发现烟密度对行人步行速度具有负面影响。

针对行人疏散中的一些常见特殊心理和行为,如恐慌心理、从众行为、小群体现象以及亲情行为等,已有学者利用意向调查和计算机仿真进行了研究。Shiwakoti 通过问卷调查发现,在紧急情况下乘客更愿意合作(如帮助他人)而不是竞争(如推挤其他乘客)。陈长坤通过对地铁站乘客的折返意向调查,利用 Pathfinder 软件分析了疏散楼梯宽度、折返人员比例、折返位置等对地铁车站疏散速率和疏散时间的影响。从众行为研究方面,崔喜红分析了行人疏散过程中从众行为的成立条件及其对疏散时间的影响,结果表明,盲目从众只会干扰疏散人员自身做出正确的判断和行为,从而延误疏散时间;Lovreglio 等研究了紧急疏散时从众行为对出口选择的影响;李强利用元胞自动机模型模拟探讨了如何在疏散过程中通过合理的引导,使从众行为向有助于提高疏散效率的方向转化。心理恐慌研究中,Helbing 将疏散中的恐慌定量描述为个人的行为波动和速度的变化;Hong 等基于波纹扩散原理的疏散模型,模拟发生突发事故时恐慌信息的获取和传播;Wang 等通过调查研究,分析了地铁乘客在紧急情况下疏散行为特征与恐慌的相关性。

疏散中行人的个体行为可能会影响疏散路线的选择、反应时间等疏散行为,并进一步影响疏散时间、疏散效率等群体疏散结果。赵道亮的研究表明小群体和亲情行为对疏散有不利影响;日本学者 Kose 研究了自救能力较弱的或需要他人协助才能安全疏散的人群的疏散特点及对整体人群疏散的影响;任可依据个体特征,将人群划分为协调型、逆反型和跟随型 Agent 群体,总结了不利于人员疏散的主要因素,指出了地铁站台疏散时人员疏散滞留、拥挤的“瓶颈”以及建筑物在安全设计方面的不足,通过仿真分析发现协调型人群能从正面影响其他人群在疏散过程中的行为,从而提高安全疏散的效率。

行人的疏散过程除受到疏散策略、恐慌程度以及个体对环境熟悉程度等主观因素影响外,还受到疏散指示标志、出口条件、疏散环境能见度等客观因素的影响。日本 Nagai 等探讨了能见度为零时建筑物出口分布对行人疏散的影响。匈牙利 Helbing 等分析了走廊宽度局部增大对人流通行效率的影响。Serge. P 等通过试验研究了狭窄通道出口处人员疏散的瓶颈现象及"拉链效应",分析了人流方向、通道宽度对疏散的影响。

1.3.4 基于 VR 的新型疏散试验研究现状

目前对于疏散行为特征的研究主要结合社会心理学进行理论模型研究,然而不同疏散条件下疏散人员的行为存在较大差别,理论模型与真实疏散存在差异。对于火灾状况下的紧急疏散,目前的研究趋势是利用计算机仿真技术综合模拟行人疏散和火灾烟流演变。然而,既有研究普遍存在以下两个问题:

(1)模型参数标定依据早期试验成果,不能满足复杂模型要求。由于火灾疏散试验的危险性,除早期的一些控制性试验研究之外,关于火灾条件下真人参与的疏散试验缺乏进一步的研究。这导致了缺少能用于标定计算机仿真模型的基础数据,对于构建能反映真实行人疏散行为的复杂模型造成了一定障碍。

(2)火灾中的行人疏散模型参数的获取困难一直是阻碍模型发展的一个重要因素。由于紧急疏散试验的危险性,全尺寸真人试验性研究的可实施性较差,检测难度高、安全性低,在进行现场试验时存在不少隐患,无法分析真实疏散情况下的个人行为特征,因此鲜有人涉及。需要结合新型技术手段,如计算机虚拟现实(VR),在保证试验参与者人身安全的前提下,设置多种试验场景进行疏散试验,让试验参与者能够在由引擎搭建的场景中,通过浸入式的虚拟环境进行试验,记录试验参与者的行为特征。

早在 20 世纪 50 年代,VR 技术被开发,2005 年应用于车辆模拟器上,之后涉及火灾和交通安全方面。随着 VR 技术发展成熟,一些学者在行人疏散方面应用取得了较大的进展。Max Kinateder 在隧道发生事故的行人疏散选择行为中应用了 VR 技术,控制组中的试验参与者相互不干扰且独立,参照组中加入了一名虚拟的引路人且试验参与者具有社会影响(SI)属性。结果显示,拥有 SI 属性的行人在发生事故时往往会跟随引路人,继而有可能会忽略该路径是否为正确的疏散路径;而单独疏散的行人即使疏散路径长度更长也往往会贴着隧道墙壁行走。Giovanni Cosma 等应用 VR 技术模拟铁路隧道在充满浓烟的情况下,隧道内指路灯的设置对行人疏散的影响。结果显示,指路灯的设置对行人疏散有着积极作用,大幅缩短了疏散时间,也证明 VR 技术在紧急疏散中有着良好的应用。韩国的 Moohyun Cha 将 VR 技术应用到火灾消防演习中,为火灾消防救生员提供救援训练。将计算流体动力学(CFD)模拟的火灾烟气扩散数据与 VR 技术相结合,在模拟器中模拟了公路隧道中的毒气和热量扩散,结合操纵杆和追踪系统,成功建立了针对火灾消防救生员的 VR 训练系统,证实了 VR 技术在火灾疏散中能够良好地模拟出现场环境与行人特性，为行人疏散安全提供了技术参考。

1.4 技术路线

根据行人微观仿真在城市轨道交通的研究现状，本书的技术路线如图 1-1 所示。首先，本书总结介绍常用的行人微观仿真模型构建及原理，包括以社会力模型为代表的连续空间模型、以元胞自动机为代表的离散空间模型以及其他相关模型；同时，总结介绍了以这些模型为基础开发的商用仿真软件。这些模型及软件是我们进行城市轨道交通乘客仿真建模和应用的基础。

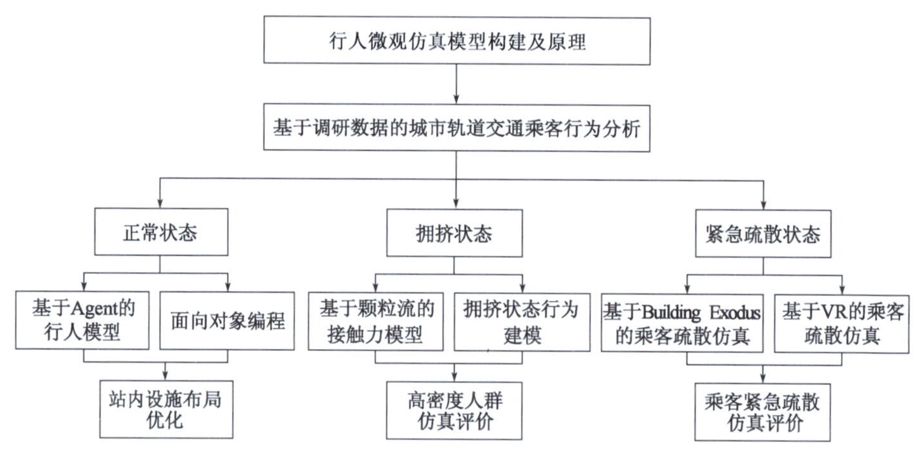

图 1-1 技术路线图

为了使模型能够更加真实地反映城市轨道交通乘客在各种状态下的活动状态，本书总结作者团队的研究成果，基于调研数据分析了城市轨道交通乘客在正常状态下、拥挤状态下以及紧急疏散状态下的行为特征；基于这些特征，对行人微观仿真模型进行相应的修正，并将修正的模型应用于实践中以检验模型的有效性和适用性。

对于正常状态下乘客的仿真，我们针对传统的社会力模型，引入了智能体的概念，构造了基于 Agent 的行人模型，并利用面向对象编程技术实现了模型，用于站内设施的优化布局。对于拥挤状态下的仿真，我们在正常状态下的模型基础上，加入了基于颗粒流的接触力模型，并对拥挤状态下的乘客行为进行建模；该模型可以很好地模拟站内高密度的客流动态演化。对于紧急疏散状态下的乘客仿真，本书基于调研得到的紧急疏散乘客行为数据，对 Building Exodus中的模型参数进行标定，并进行隧道内乘客疏散仿真，对隧道内疏散策略进行了分析；同时，基于 VR 技术实现了城市轨道交通站内乘客的疏散模型，并针对北京地铁青年路站设定火灾场景进行了疏散模拟，取得了理想的仿真效果。

2

行人微观仿真模型构建及原理

2.1 行人微观仿真模型构建

经过几十年的发展,行人微观仿真形成了许多理论和模型。本章首先介绍常用的微观仿真模型及其进展(其中对社会力模型和元胞自动机模型进行详细介绍,对其他微观仿真模型进行简要介绍),然后对微观仿真模型的发展趋势进行分析。

2.1.1 社会力模型

1)社会力模型简介

社会力模型(Social Force Model)是目前为止较为成熟的行人动力学模型。Helbing 和 Molna 首先于 1995 年建立了正常状态下的行人社会力模型,在分子动力论的基础上提出了支配行人运动的“社会力”概念,提出社会力模型的雏形,并在之后的 2000 年在《自然》杂志上发表了文章,正式建立了社会力模型。在此之后,有许多学者对其进行修正或改进,其中包括 2000 年、2002 年 Helbing 等的研究,2003 年 Hoogendoornvy 的研究,2005 年 Lakoba 的研究。

社会力模型的核心思想认为,行人的运动受到来自环境及自身目的性的影响,将这些影响用类似于力学的公式表达出来,即形成社会力模型。社会力模型的基本理念就是通过与牛顿力学相似的受力分析,来建立行人基本行为趋向性的模型。心理和物理上产生的影响将共同构成对行人行为的推动力,随后这一推动力将整合成行人移动过程中的物理参数——加速度。这些影响行人行为的力可以是行人对目的地的驱动力、周围行人对其的影响以及障碍物对其的干扰。因此,周围行人对于行人对象同时具有吸引力和排斥力。虽然社会力模型是以力学原理为基础的,但是它与牛顿的经典力学有很明显的区别:①前后行人间作用力不对称;②能量和动量守恒定律在社会力模型中不存在;③行人(包括人群整体和个人)是一个相互影响的体系,相互产生社会力并以此来改变状态;④社会力的改变是来源于信息的变化,例如心理、身体接触等变化。

在社会力模型中,每个行人除了受自身期望以舒适的速度到达目的地的驱动力外,还受到其他行人或障碍物施加的两种力:行人间的作用力或物理力(即接触力),以及期望以舒适速度走向目的地的驱动力和避免与其他行人或障碍物相撞或过于接近的排斥力(即非接触力)。接触力则只在行人密度特别大、行人相互之间或者行人与障碍物之间发生物理接触时产生,主要包括法向的挤压力和切向的摩擦力。而非接触力没有实际的物理来源,而是反映了行人希望自己以舒适的速度沿着特定的方向走向目的地，同时又避免与其他行人距离过近或碰撞的心理趋势。社会力模型作用力示意图见图 2-1。

图 2-1 中，$\vec{F}_{\alpha}^{0}$ 为行人运动的驱动力，方向指向目标点 D；$\vec{F}_{\alpha\beta}$ 为行人 α 受到的对行人 β 的心理作用力，方向由行人 β 指向行人 α，表现为排斥力；$\vec{F}_{\alpha B}$ 为行人 α 受到的对障碍物(墙体) B 的心理作用力，方向为垂直于障碍物(墙体) B 表面指向行人，表现为排斥力；$\vec{f}_{\alpha i}$ 为其他行人或地点对行人 α 的吸引力；ξ 为随机力，以模拟行人行走过程中行为的随机变化，例如行走方向存在可选情况下，随机力可更加真实模拟行人的随机选择，其方向和大小均不定。

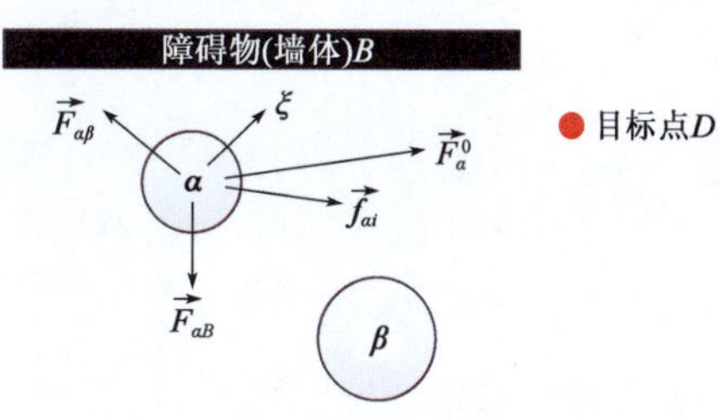

图 2-1　社会力模型作用力示意图

根据牛顿第二定律，可以写出行人 α 的动力学运动方程，如式(2-1)所示。

$$m_{\alpha}\frac{\mathrm{d}\vec{v}_{\alpha}}{\mathrm{d}t}=\vec{F}_{\alpha}^{0}+\sum_{\beta\neq\alpha}\vec{F}_{\alpha\beta}+\sum_{B}\vec{F}_{\alpha B}+\sum_{i}\vec{f}_{\alpha i}+\xi \tag{2-1}$$

(1)行人自驱动

驱动力是行人为了到达目标点而抽象出来的心理力。假如行人的运动没有受到干扰，该行人将以自己的期望速度 v_{α}^{0} 朝期望方向 $\vec{e}_{\alpha}(t)$ 运动。然而，由于行人运动过程中受到其他行人或障碍物的干扰不断加减速，导致行人实际速度 $\vec{v}_{\alpha}(t)$ 与期望速度 $\vec{v}_{\alpha}^{0}(t)=v_{\alpha}^{0}\vec{e}_{\alpha}(t)$ 存在差异。为了在反应时间 τ_{α} 内再次达到 $\vec{v}_{\alpha}^{0}(t)$，就需要通过驱动力来实现。故驱动力的计算公式见式(2-2)。

$$\vec{F}_{\alpha}^{0}(\vec{v}_{\alpha},v_{\alpha}^{0}\vec{e}_{\alpha})=m_{\alpha}\frac{1}{\tau_{\alpha}}(v_{\alpha}^{0}\vec{e}_{\alpha}-\vec{v}_{\alpha}) \tag{2-2}$$

行人在运动过程中尽量采取不走弯路的形式来达到目标点，因此行人的行走路径就形成了以 $\vec{r}_{\alpha}^{1},\vec{r}_{\alpha}^{2},\cdots,\vec{r}_{\alpha}^{n}$ 组成的连续有向折线。假设 t 时刻行人所处的位置为 $\vec{r}_{\alpha}(t)$，下一时刻他期望到达 $\vec{r}_{\alpha}^{k}$，则它的期望方向 $\vec{e}_{\alpha}(t)$ 如式(2-3)所示。

$$\vec{e}_{\alpha}(t)=\frac{\vec{r}_{\alpha}^{k}-\vec{r}_{\alpha}(t)}{\|\vec{r}_{\alpha}^{k}-\vec{r}_{\alpha}(t)\|} \tag{2-3}$$

(2)行人之间的作用力

一般情况下，行人 α 受到的行人 β 的作用力包括排斥力、人群密度较大接触之后产生的挤压力和摩擦力，但少数情况下行人则可能受到其他行人的吸引(结伴出行者分散之后再聚集等情况)，此时其作用力表现为吸引力。其描述原理与排斥力相同，因此仅以排斥情况加以说明。这种情况下行人之间作用力可以用式(2-4)描述。

$$\vec{F}_{\alpha\beta}=\vec{f}_{\text{replusion}}+\vec{f}_{\text{pushing}}+\vec{f}_{\text{friction}} \tag{2-4}$$

其中：

$$\vec{f}_{\text{replusion}} = -\nabla_{\vec{r}_{\alpha\beta}} U_{\alpha\beta}[b(\vec{r}_{\alpha\beta})]$$

$$\vec{f}_{\text{pushing}} = k\Theta(R_{\alpha\beta} - d_{\alpha\beta})\vec{n}_{\alpha\beta}$$

$$\vec{f}_{\text{friction}} = \kappa(R_{\alpha\beta} - d_{\alpha\beta}) < v_{\alpha\beta}, \vec{t}_{\alpha\beta} > \vec{t}_{\alpha\beta}$$

对于接触力$\vec{f}_{\text{pushing}}$和$\vec{f}_{\text{friction}}$，其中 k 为弹性系数；Θ 作用函数为自变量，大于或等于 0 时，其值为自变量，小于 0 则为 0；$R_{\alpha\beta}$与 $d_{\alpha\beta}$分别为行人 α 半径之和与其他行人的质心距（模型中将行人当做二维平面圆形）；$< v_{\alpha\beta}, \vec{t}_{\alpha\beta} >$为切向方向行人的相对速度；$\vec{n}_{\alpha\beta}$与 $\vec{t}_{\alpha\beta}$分别为行人 β 指向行人 α 的单位向量及其切向单位向量，该切向量与行人 α 与行人 β 质心连线垂直，且与相对速度方向大致相反；κ 为摩擦系数。

对于排斥力$\vec{f}_{\text{replusion}}$，主要由于行人都有私人空间需求，因此每个人都倾向于与其他人保持一定的距离。该距离取决于行人密度等因素，但要保证每个人都有跨步行走的可能性。可理解为每个人周围都有一个势能场 $U_{\alpha\beta}$，该势能场强度与两人的相对位置 $\vec{r}_{\alpha\beta}$有关。这种关系用$\vec{r}_{\alpha\beta}$的函数 $b(\vec{r}_{\alpha\beta})$表示。$U_{\alpha\beta}$是 $b(\vec{r}_{\alpha\beta})$的单调减函数，具体函数形式可自由选择。当行人进入势能场作用范围时，即受到排斥力作用，排斥力大小为 $\vec{r}_{\alpha\beta}$方向上的势能梯度。Helbing 建立了等势能线为椭圆的模型，见式（2-5）。该椭圆以行人 β 的当前位置和跨出一步（即 $v_\beta \Delta t$ 的距离）之后的位置为焦点。以行人 α 的位置确定的椭圆短半轴作为 b 的取值。如图 2-2 所示，图中两个实心小圆形分别为行人 α 与 β，虚线圆为行人 β 跨出一步后或下一时刻的位置。

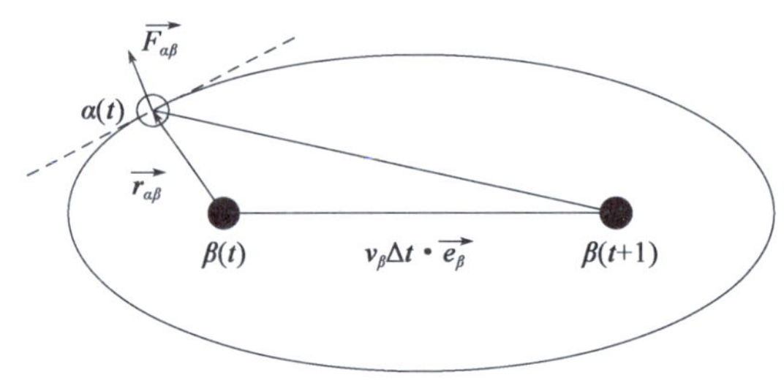

图 2-2　行人间斥力示意图

$$2b = \sqrt{(\|\vec{r}_{\alpha\beta}\| + \|\vec{r}_{\alpha\beta} - v_\beta \Delta t \cdot \vec{e}_\beta\|)^2 - (v_\beta \Delta t)^2} \tag{2-5}$$

在 Helbing 的原始模型中，势能函数采用了负指数函数，见式（2-6）：

$$U_{\alpha\beta}[b(\vec{r}_{\alpha\beta})] = Ae^{-b/B} \tag{2-6}$$

式中：A——待标定参数；

B——势能降低为 0 的距离，即社会力的作用范围。

这种形式的描述方法有效地模拟了行人的碰撞规避策略，与行人绕开附近其他行人的轨迹较为相似。

在某种情况下，行人可能被其他行人（如同伴或街头艺人等）或其他地点（如售票口）所吸引。借鉴排斥力势能函数的概念，引入单调递增的势能函数 $W_{\alpha i}(\|\vec{r}_{\alpha i}\|, t)$ 来描述行人在行进过程中的这种心理作用。位于$\vec{r}_i$ 处的物体对行人 α 的吸引力如式(2-7)所示：

$$\vec{f}_{\alpha i}(\|\vec{r}_{\alpha i}\|, t) = -\nabla_{\vec{r}_{\alpha i}} W_{\alpha i}(\|\vec{r}_{\alpha i}\|, t) \tag{2-7}$$

吸引力与排斥力的区别在于，吸引力与关注时间有关。随着关注时间的增加，兴趣降低，从而导致吸引力减小，这一点反映在势能函数与时间相关上。由此可以看出，吸引力的描述比排斥力更为复杂，它不仅与空间位置有关，还与时间有关。吸引力的存在可以使独立的行人形成小规模人群，这种情况存在于实际生活中，但在模型仿真时不是必须存在，故大多数仿真模型中一般不添加吸引力。

(3)行人与障碍物之间的相互作用

行人在行进过程中与障碍物、墙体也会保持一定的距离，当行人与障碍物距离过近时，需要更加注意，以避免自身与障碍物碰撞。类似于行人间的排斥力作用公式，行人对障碍物的排斥力可以用式(2-8)来表示：

$$\vec{f}_{\alpha B}(\vec{r}_{\alpha B}) = -\nabla_{\vec{r}_{\alpha B}} U_{\alpha B}(\|\vec{r}_{\alpha B}\|) \tag{2-8}$$

式中：$U_{\alpha B}$——单调递减的势能函数；

$\vec{r}_{\alpha B}$——行人 α 与障碍物 B 的间距。

同时，与障碍物排斥力通常采用负指数形式，如式(2-9)所示：

$$\vec{f}_{\alpha B} = A_w e^{(r_\alpha - d_{\alpha B})/B_w} \tag{2-9}$$

式中：A_w、B_w——行人与墙的排斥力强度和范围。

当行人与障碍物接触以后，产生挤压力和摩擦力。与行人接触力类似，挤压力和摩擦力分别见式(2-10)和式(2-11)：

$$\vec{f}_{\alpha Bp} = k\Theta(r_\alpha - d_{\alpha B})\vec{n}_{\alpha B} \tag{2-10}$$

$$\vec{f}_{\alpha Bf} = \kappa\Theta(r_\alpha - d_{\alpha B}) < v_\alpha, \vec{t}_{\alpha B} > \vec{t}_{\alpha B} \tag{2-11}$$

式中：$d_{\alpha B}$——行人质心与墙壁的距离；

$\vec{n}_{\alpha B}$、$\vec{t}_{\alpha B}$——墙壁法向量和切向量。

其他符号意义同前。

(4)其他发展

随后，Helbing 又对行人视野的影响权重因子做了进一步的修正，在作用函数中添加了视角和形式因子等参数，其表达形式如式(2-12)所示：

$$\omega_{\alpha\beta} = \lambda_\alpha + (1 - \lambda_\alpha)\frac{1 + \cos(\varphi_{\alpha\beta})}{2} \tag{2-12}$$

式中：λ_α——形式因子，取值会影响权重系数的结果。λ_α越小，身后的影响系数越小；反之则影响系数越大。取值与折减关系如图 2-3 所示,社会力的大小如图 2-4 所示。

另外,在实现建模仿真时,由于向目标点的驱动作用力、行人间的排斥力、行人与障碍物间的排斥力以及行人的视野影响是一定存在的,故驱动力、排斥力以及视野方向权重系数均需要考虑。但是行人吸引作用的存在一般是有一定条件的,例如出行目的性比较强的行人一般对外界吸引关注较少,故通常建模分析可以不考虑吸引力的存在,这样可以简化模型。

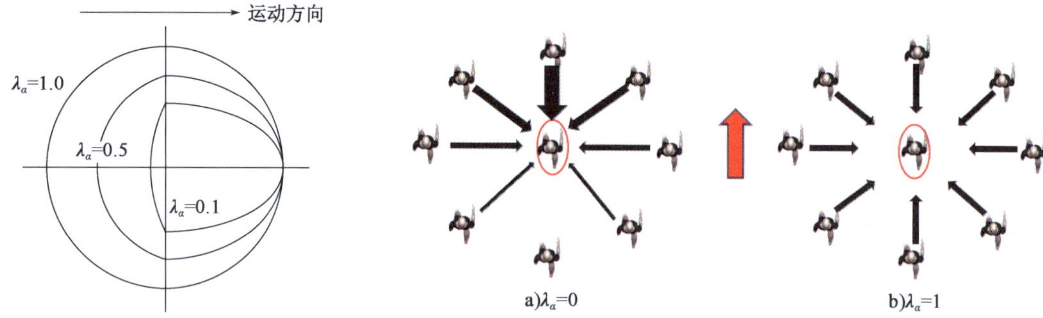

图 2-3　加入形式因子的视野影响权重系数

图 2-4　λ_α 值分别取 0 和 1 时的社会力分布示意图

2)社会力模型在行人微观仿真中的应用

社会力模型在模拟行人群体特性方面具有很多优点。相对于元胞自动机等模型,社会力模型从驱动行人运动的根本原因出发,引入力学与运动学原理,更真实地模拟了行人决策过程,因此该模型在不引入复杂的行人决策规则的情况下,就能模拟行人的自动渠化等自组织行为,双向流通过狭小通道时的振荡现象,以及大量行人无序通过窄小出口时的成拱现象。基于原始的社会力模型,在标定基本参数的基础上编程进行仿真,可以模拟双向流的自动渠化、瓶颈摆动等自组织现象。基于紧急疏散人群的社会力模型引入恐慌系数后,可以描述在紧急疏散状态下的行人行走欲望更强烈,且可能受周围人群的影响,有一定盲目性。将社会力模型应用于正常行走和紧急疏散状态下的行人群仿真,可以模拟更多的行人群集现象,包括正常状态下的自动渠化、瓶颈振荡、行人流交叉口的涡流现象,紧急状态下的死锁、阻塞导致的混乱、快即是慢、恐慌蔓延、忽略可用出口等现象。通过社会力模型,可以研究期望速度和出口宽度对疏散时间的影响,进而解释过大或过小的期望速度都会造成疏散时间较长的现象。德国公司 PTV 基于社会力模型开发了 VISSIM 行人仿真模块,该模块已被应用于建筑物的设计评价。

同样,社会力模型存在算法上的缺陷。首先,该模型并不对每个行人赋予独占性的空间,因此可能存在同一空间被多个行人占用的情形,即行人重叠的问题。其次,目前的社会力模型虽然考虑了行人间的相对位置对社会力的影响,并引入了各种折减系数以体现这种影响,但是没有考虑同一位置处行人行进方向的影响。比如某一行人的正前方有另一行人,如果两人对向行走,显然会比同向行走更早引起避让动作,即产生的社会力更大。如果要更准确地体现这些影响,必须考虑引入所有人的相对行走方向,并设置相应的算法。最后,社会力模型涉及大量待标定的参数,包括排斥力或吸引力的作用范围、作用强度等。这些参数相互之间也有影响,给参数标定带来很大困难。很多后续的改进模型,即使设置了差异较大的基本参数,仍然得出了较为类似的结果。因此,制定更加客观、详细、全面、定量的参数标定评价标准,而不是仅仅用自动渠化、成拱等现象定性去验证模型及参数设置的合理性,是解决参数标定问题的途径。

2.1.2 元胞自动机模型

1) 元胞自动机模型简介

元胞自动机(CA)模型在实质上是设定了一个元胞空间,这个空间被一些很有规则的网格分割成一系列的元胞,每一个被分割出来的单个元胞的状态属性都是有限而离散的。而每一个被分割出来的元胞,其演化规则也都是局部的,依照这些局部的规则,元胞都会在离散的时间维度上实时更新自身的状态属性。经过这一系列复杂的实时动态演化过程,CA 形成一套完整的动力学系统循环。和一般意义上的动力模型不一样,CA 模型将物理方程替换成演化规则。

CA 模型的构成可以用图 2-5 来表示,从图中我们可以看出其四个主要组成部分。

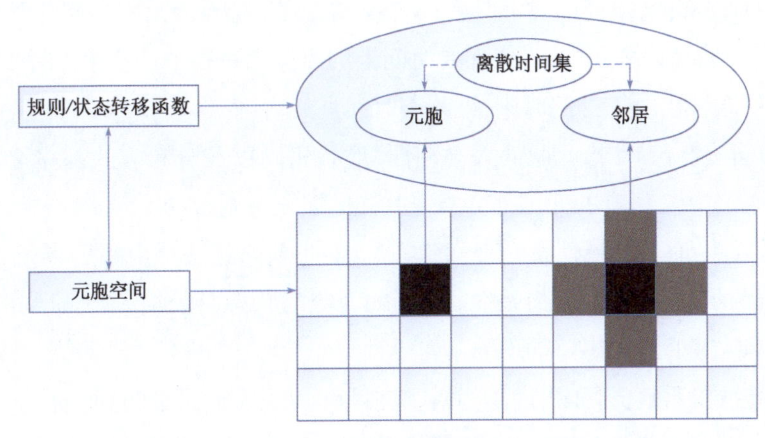

图 2-5　CA 模型构成图

(1)元胞:CA 模型里面最基本的元素组成,具有状态属性。它在元胞空间的格点上分布着,元胞空间划分的差异导致其具有不一样的形状,而且由于研究问题的不同也会导致其状态存在差异。

(2)元胞空间:指元胞分布的所有空间里的网格点的集合整体。依照 CA 模型维数的差异,元胞空间的划分方式也存在诸多的不一样。例如一维 CA 模型是一条直线,二维以及二维以上的划分形式则有很多种。

(3)邻居：指这个元胞在更新状态时所产生的所有可能影响到的空间范围，而且规定所有邻居的大小都必须是一样的，邻居里面元胞的数量正比于规则的复杂性。一维 CA 模型的邻居可以用邻居半径 r 来进行确定，二维 CA 模型的划分方式主要分为 VonNemnann 型、Moore 型以及扩展 Moore 型三种方式，如图 2-6 所示。位于边界的元胞和位于内部的元胞的邻居并不相同。可以将边界处理方式分为周期型边界、固定边界、绝热边界和映射边界等。

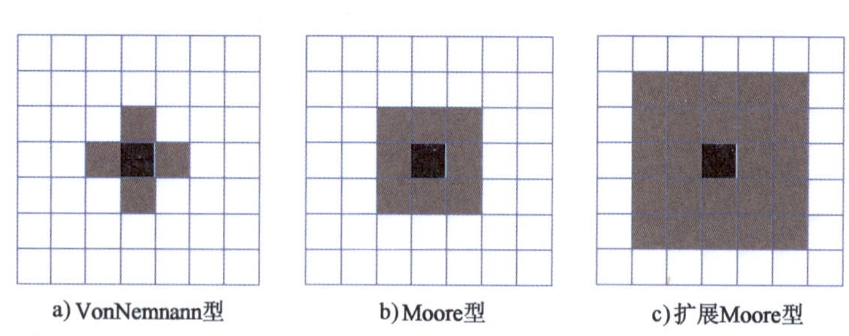

图 2-6 二维 CA 模型邻居划分图

(4)规则：确认这个元胞当前的状态以及邻居的状态，然后由仿真要求可得出下一时间点这个元胞可能的状态，进而确定其状态转移函数，这个过程即被称作是演化规则。演化规则是整个 CA 模型中的精髓部分，其是否合理直接决定着仿真的结果是否可靠以及是否可信，而其灵活性也直接决定了 CA 模型适用的范围。

通常来说，CA 有下列几种特性：

(1)空间和时间离散：空间的离散具有两方面的含义，它既指元胞空间自身结构的离散，又指元胞在元胞空间里面分布的离散；而在时间上的离散则是指系统按照等时步长来演化，它的时间取值是在 t、$t+1$、$t+2$ 等的时刻，即某一时间点。

(2)齐性和同质性：齐性指元胞的大小相同、形状相同以及分布方式都完全相同；同质性则指在元胞空间范围中，所有的元胞都会遵守一样的演化规则。

(3)时空局域性：时空局域性指一个元胞在 $t+1$ 时刻的状态是由邻居半径 r 范围里所有的元胞在 t 时刻的状态所决定的，但是在 t 时刻的元胞的状态只会给 $t+1$ 时刻的状态产生影响，所以会在时间与空间上有一些局限。

(4)并行性：指在元胞空间内的每一个元胞，其状态的更新是同步进行的。

(5)状态离散有限：指元胞本身的状态量只能在有限的而且离散的状态集合里面进行取值。

(6)高维数：维数是 CA 模型里研究变量的数目。在应用的具体实例中，计算机模拟会根据变量的个数来处理大数目、高维度的系统。

根据元胞空间的维数可把 CA 模型划为以下三类：

①一维：元胞等距离分布在直线上，其状态与规则都很简单，动态演化过程比较容易观察

[图 2-7a)]。

②二维:二维 CA 模型有三角形、正方形和正六边形几种空间的划分方式[图 2-7b)~d)]。

③高维:指三维和三维以上的 CA 模型,在实际的模拟过程中应用很少。

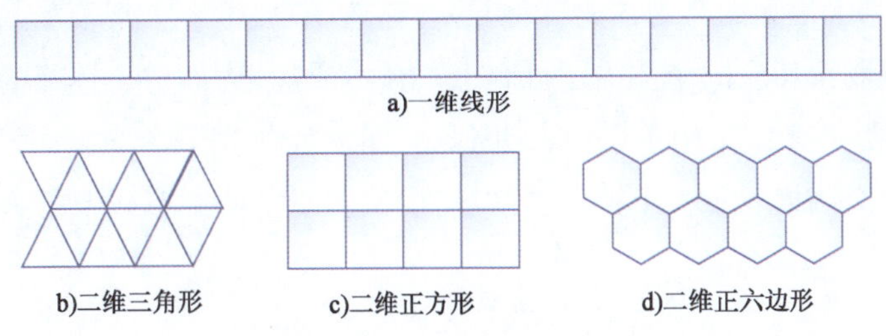

图 2-7 CA 模型的空间结构图

2) CA 模型在行人微观仿真中的应用

CA 模型可以利用简单的行为规则,以较快的速度模拟大规模路网,揭示各种微观行为变化所带来的宏观行人交通流的特征,通过统计方法给出交通流基本参数速度、流量和密度之间的关系。微观规则和路网的形状、规模等都可以根据实际情况非常方便地调整,并且只需抓住其本质特征而无须精确模拟实际的行为。

在二维正方形元胞的描述机制中,描述行人在二维空间内的运动需要包括三种运动规律:侧向运动、直线运动和碰撞规避机制。侧向运动的目的是获得加速空间或者避免迎头相碰。直线运动是最常规的运动方式,需要考虑行人的期望速度以及实际可行距离,最终确定实际可前进的步数。碰撞规避机制包括对向行人之间的避撞以及侧向运动时的避撞。

Blue 和 Adler 建立的双向行人流 CA 模型,成功地给出了三种运动的描述规则。其中最核心的变换路径规则(包含避撞规则)为:

(1)两个侧面相邻的行人不能选择侧向移动。

(2)两个行人侧面之间的空位,两人各有 50% 概率可以占据。

(3)基于最有利于加速到 v_{max} 的原则,选择"前进""左移"或"右移"。

(4)行人视距为八格。为了躲避视野范围内的逆向行人,可能向邻道躲避。

(5)如果超过前方同向速度较慢行人的行动受到反向行人的干扰,则选择跟在前方速度较慢的行人身后。

(6)遵守随机邻道变换概率规则,即相邻的两条道路各有 50% 的选择概率;如包括本道在内,不受干扰下的选择概率是 80%/10%/10%;如有一道不可达则选择概率为 80%/20%。

继 Blue 和 Adler 之后,基于 CA 的行人仿真模型涌现了大量的研究成果,除了对行人交通流进行研究外,还重点关注人群疏散过程的模拟,其中很多国内学者也做了贡献。这些研究成果针对不同侧重点,对最基本的 CA 模型进行改进,研究重点包括:CA 模型中基于智能体理念的引入，对向行人的位置交换概率，右侧行走偏好的体现，行人后退行为的模拟，考虑动态行人密度的出口选择机制，网格大小、仿真步长对于仿真结果的影响，以及疏散过程中速度差异在CA 模型的描述方法等。

CA 模型采用基于规则的行为描述，模型的计算效率高，适合大规模场景的模拟。但是离散化的空间描述机制及相应的个体描述机制也存在本质缺陷，如对个体行为的细节描述能力有限，同时仿真精度受制于元胞的尺寸等。因此，目前 CA 模型一个突出的发展方向就是精细网格模型。使用多个网格表示一个行人，可以使模型对于空间细节以及行人行为的描述更加精确。

2.1.3 其他模型

1）成本效益元胞模型

成本效益元胞模型由 Gipps 和 Marksjo 于 1985 年提出。该模型把二维空间划分成等大小的均匀网格（元胞），行人被模拟成元胞上的粒子。每个元胞最多能被一个行人占据，模型根据周围元胞的情况对每个行人所在的元胞赋予成本值 S。S 表示临近的行人或障碍物的排斥作用，在与行人向目的地移动的效益值共同作用下向目标点运动。成本值 S 的计算公式可以参阅 Gipps 和 Marksjo 的论文。如果两个行人所占位置出现重叠，元胞的成本值等于各个行人产生的成本值之和。每个元胞的成本值与其周围的 9 个元胞（包括自己）有关，行人将向效益值最大的元胞移动。

成本效益元胞模型的优势在于计算简单，但是对元胞赋值的随意性使得其在实际情形中难以对模型参数进行标定。

2）磁力模型

Okazaki 于 1979—1993 年间与 Matsushita 共同开发了行人运动仿真的磁力模型，运用磁场力学的原理对行人运动进行模拟。模型中，行人个体被定义为阳极，障碍物如墙、立柱、栏杆等也被定义为阳极，行人的目的地被定义为阴极，在磁场吸引力和排斥力的作用下，行人向着目的地运动并避免与其他行人障碍物发生冲突。在磁力模型中，有两个力作用于行人，一个是用库仑公式计算的磁力，其大小取决于一个行人的磁场强度和行人之间的距离；另一个是作用于行人用以避免与其他行人冲突的力。

模型中，来自目的地、障碍物、其他行人的合力共同作用于每个行人，从而决定了每个行人在任意时刻的速度，这个速度达到某个给定的上限时将维持恒定。模型中磁场强度值是预先定义的，如果磁场强度大，相应的行人之间或与障碍物之间的排斥力也越大。模型中墙壁等障碍物用一系列连续的点来表示，当行人不能直接到达目的地时，某些特殊的地点（如墙角）被设定为临时目的地。

磁力模型中的排斥力充分考虑了避免行人与其他行人或障碍物发生冲突的情形。但是，与成本效益元胞模型类似，由于磁场强度值设定的任意性，该模型的参数标定较为困难。

3）排队网格模型

Lovas、Thompson 和 Watts 等学者将行人微观仿真用于疏散设计，他们用排队网格模型作为模拟建筑物火灾疏散的工具。排队网格模型采用的方法是基于离散事件的蒙特卡洛仿真，在该模型中，房间用节点表示，房间之间的门用连接线表示。每一行人离开一个节点，并在连接线中排队，然后进入另一个节点。行人由一个节点向另一个节点移动，寻找建筑物的出口。行人都有特定的目标，并且尽可能快速且安全地由当前位置向出口移动。每个节点会记录下行人的路径和时间。当行人到达某一个节点时，会根据权重随机选择的原理在所有可能的路径中作出选择，权重系数为建筑物中人群密度的函数。在起始节点，行人在开始运动之前有一段反应时间，当行人到达目的地节点时结束运动过程，仿真过程结束。

在排队网格模型中，行人的疏散时间是一个重要的评价指标。然而，排队网格模型并未清楚地描述出行人个体的行为，行人之间的冲突也未被充分考虑。此外，排队网格模型中所采用的先进先出（First In First Out，简称 FIFO）原则在人群拥挤疏散情况下并不完全真实。

2.1.4 行人微观仿真模型的发展趋势

行人仿真模型的基本原则就是通过舍弃次要信息（比如行人具体的三维形体、跨步动作等），提取主要信息（比如行人平面投影、速度等），通过尽可能简单的模型方法，反映和再现最多的行人流特征。随着计算机容量及计算速度的增加，且现实需求对行人仿真模型有更高要求，行人仿真模型逐渐向更精细、更准确的方向发展。但因为建模只能是选取符合现实的主要方面进行数学建模以及二维模型本身存在局限性，致使在模型仿真过程中遇到了各种各样的问题，克服这些问题成为仿真的发展趋势。归纳起来，如今行人微观仿真模型朝着运算速度快、行人描述精确、适用高密度人群、智能化等方向发展。

行人微观仿真发展至今，形成了多种模型和方法。其中部分模型（如磁力模型）由于舍弃了过多的信息，已经逐渐失去了吸引力；如社会力模型和元胞自动机模型，却仍然在被改进和发展。而连续模型和离散模型的结合，是一个重要的发展方向。

模型精细化方面，元胞自动机模型具有设施建模和行人行为描述粗糙的问题，为了更精确地建模，精细化网格模型成为了元胞自动机模型的最新发展趋势。精细化网格模型是使用多个网格来描述一个行人，可以使模型对于空间细节以及行人行为的描述更加精确，从而达到更好的聚集效果。

智能化发展方面，主要通过对连续空间粒子模型中的行人粒子进行智能化算法设计，保持粒子模型优势的同时减少粒子的盲目性、提高粒子的自控性，从而更好地对行人实现模拟。

2.2 商用软件

2.2.1 VISSIM 软件简介

VISSIM 是由德国 PTV 公司开发的微观交通流仿真系统。该系统是一个离散的、随机的、以 1/10s 为时间步长的微观仿真软件。它可以分析各种交通条件下(如车道设置、交通构成、交通信号、公交站点、城市轨道交通站点等)的城市交通和公共交通的运行状况，是评价交通工程设计和城市规划方案的有效工具。VISSIM 内部由两部分组成，它们之间通过接口交换检测器数据和信号状态信息。VISSIM 既可以在线生成可视化的交通运行状况，也可以离线输出各种统计数据，如行程时间、行程速度、损失时间、节约时间等。VISSIM 中有专门针对行人仿真的模块，利用该行人模块进行仿真具有以下优点：

(1) VISSIM 使用社会力模型，是一个基于行人交通微观仿真模型的软件。

(2) 能模拟仿真各种形式的行人车辆交互、交通信号控制等。

(3) 可以针对行人仿真进行三种类型的评价——行人记录评价、行程时间的评价、面域(某一设定的空间)评价。

(4) 基于面域的行走行为，行人根据空间和时间来改变他们的行为(例如速度、行走方向)。

(5) 仿真时，可以随意选择二维(2D)或者三维(3D)视角模拟仿真各种形式的行人走行情况，直接观看模拟效果。

仿真主要模拟城市轨道交通中乘客的三种过程：进站客流通过闸机、进站楼扶梯、通道到达站台，候车，上车离站；出站客流随列车到站下车，经过站台、出站楼扶梯、站厅、闸机出站；换乘客流随列车到站下车，经过站台、换乘楼扶梯、站厅、换乘通道，到达另一条线路的站台、候车、上车离站。

乘客的行走、候车等行为服从社会力模型，软件还可以完整实现乘客在列车和车站之间的交换过程，并重现候车、滞留、排队等待等过程，真实呈现站内客流流动现象。根据输出的二维密度分布图，能准确反映出车站存在的问题，借此提出有针对性的解决方案，并对可能的优化方案进行再次仿真，评价优化效果。

作为 VISSIM 软件的一个模块，行人仿真模块在交通工程、城市规划、设计评价及其工程展示中都有着极广泛的应用。该模块采用在行人仿真领域广泛使用的社会力模型，适时模拟实现了行人和周边环境的动态交互行为，同时创新性地允许用户自定义部分行人的行为，很大程度上提升了仿真的准确性。下面对利用 VISSIM 软件进行行人仿真的基本流程和主要功能进行介绍。

1）仿真环境构建

在微观交通仿真中，建立一个符合实际的仿真环境是交通仿真的基础。对城市轨道交通而言，仿真环境的构建包括三部分：车站框架的构建，附属设施的构建以及行车设施的构建。

①构建车站框架，包括各种层和面域。车站框架包括车站内部不同高程的各种层，例如轨道层、站厅层、站台层，不同的车站结构设施由于高程不同要放在不同的层上。（VISSIM 软件可以和计算机辅助设计 CAD）图纸进行交互，将 CAD 图纸导入 VISSIM 软件中，然后根据 CAD 图纸给出的尺寸绘制并定义多个面域，例如站台面域、站厅面域、等车面域、闸机两侧之间的辅助面域、通道面域等行人面域，同时设置面域的编号、名称、厚度、面域类型等。

②构建站内各种附属设施，包括安检机、自动检票机、楼梯与自动扶梯、栏杆、柱子等。VISSIM 软件中，各类附属设施都属于障碍物。所以要激活障碍物功能，绘制安检机、自动检票机、楼梯与自动扶梯、栏杆、柱子等障碍物，不同的障碍物同样要放置在不同的层上，同时设置障碍物编号、名称、高度等属性。当添加楼梯、自动扶梯等跨层结构时，要设置其开始层以及结束层，表示上下楼梯、扶梯等，对于自动扶梯，还可以设置栏杆和运动速度、方向等状态。

③构建列车、轨道等，包括构建路段面域、车站面域和公交线路。由于列车在轨道上行驶，轨道放置在路面上，因此，首先要根据 CAD 图纸绘制路段面域，同时设置路段车道数、行驶方向、车辆类型、显示材质类型以及所在的层等属性。VISSIM 模型中，可以将路段定义为行人面域，借此为车辆交通和行人交通之间的交互作用建模。车站面域必须构建在路段上，同时设置编号、名称、车道数、长度、位置等属性，车站面域的作用主要是限制列车的停车区域，列车只能在车站面域停车。然后在车站面域上构建公交线路，同时设置该线路的行车方向、发车间隔、频率等属性。必须构建公交线路，否则列车无法运行。

仿真环境构建好以后，VISSIM 模型可以显示 2D 和 3D 视图界面。2D 视图利于进行各种属性操作，3D 视图更加直观真实。

2）行人模型构建

VISSIM 模型通过社会力模型确定行人移动。当构建完仿真环境以后，需要设置各种行人仿真参数，必须先设置行人模型仿真参数才可以开始仿真或测试运行，具体包括行人输入、行人路径。

VISSIM 模型中要设置行人输入，首先在进出站口构建小块行人面域，在行人面域上添加行人输入按钮，设置行人模型、行人类型、行人类别、行走行为、行人构成、流量大小等，该功能还可实现流量的精细化输入，例如不同时间段设置不同的流量大小。VISSIM 模型中可以将具有相同特征的行人归入行人类型中，其中可以定义的行人类型特征属性如表 2-1 所示。

行人类型特征属性表　　表 2-1

类型	行人类型的唯一编号
名称	行人类型名称
行走行为	行为参数文件的路径和名称
2D/3D 模型分布	定义该行人类型的行人外观（长、宽和高）
可变长度	对象长度的缩放范围（3D 模型长度，例如前脚尖到后脚跟的长度）
高度差	对象高度的缩放范围（3D 模型高度，例如高度仅限成人或者成人和儿童）
可变宽度	可变宽度：对象宽度的缩放范围（3D 模型宽度，例如肩膀宽度）
衬衫颜色分布	定义所选行人类型 3D 模型的上衣衬衫颜色、头发颜色、裤子颜色、鞋子颜色，适用于行人类型的所有对象
头发颜色分布	
裤子颜色分布	
鞋子颜色分布	

VISSIM 模型中需要设置的行人的行走路径包括局部路径和静态路径。局部路径一般设置在进站口闸机处和楼扶梯处，主要控制行人通过哪个闸机进出站以及通过哪个楼扶梯上下楼。静态路径指行人在车站内行走的全局（即从起点至终点）路径。局部路径是静态路径的一部分，两者通过行人面域进行连接，静态路径可以定义不同路径的流量比例构成，并通过移动路径中间点编辑路径走向，以及通过定义不同的行人类别控制路径。行人与车辆的交互中可以将路段作为行人面域，并设置信号控制或优先级方案。

当行人输入和行人行走路径设置完成后，即可运行仿真，提取仿真结果进行分析。

3）仿真结果提取

提取仿真结果的主要流程包括定义仿真参数、选择仿真运行次数并开始仿真、在列表中显示有关仿真运行的数据并进行输出。

VISSIM 模型的评价指标非常丰富。城市轨道交通领域常用的评价指标有不同路径的行程时间，不同车站面域的行人流量、速度、密度等，根据不同面域的相关指标随时间的变化分布，可对关键区域例如站台进行密度分析，对关键设施例如楼扶梯、闸机口进行通行能力检算，对进出站以及换乘时间进行分析等。

VISSIM 模型可以对车站内行人走行状况进行实时动画效果仿真评价。在对站内任意位置的运行情况进行跟踪记录的前提下，不仅可以得到车站的各种常用评价指标，还可以根据评价需要得到一些特殊的评价指标。系统将这些评价指标以文本形式输出后，供专业人员进行交通分析。

4) VISSIM模型在城市轨道交通中的应用

从VISSIM模型5.1版本开始，PTV公司开发了行人仿真模块，通过逐步的修正和完善，目前已包含了地铁列车、轨道等元素，能较好地应用于地铁车站等人员密集场所的仿真。VISSIM模型在地铁中的应用主要集中于客流分析、车站优化、参数校核等方面。利用VISSIM模型中的行人仿真模块，可对早高峰客流进行模拟。对仿真结果进行分析，找出车站的瓶颈部位，提出优化措施。通过对比优化前后乘客在通行设施内行走速度和行走时间的变化，验证优化措施的有效性。有研究者采用计算机行人仿真工具模拟车站乘客疏散的动态过程，以此评价车站计算效率，并通过VISSIM模型建立了车站仿真环境，校核了行人参数，优化了部分设施布局。由于真实的断面客流不可获取，可先利用VISSIM模型进行客流分配仿真，再对仿真后获得的客流分配结果进行校核。

2.2.2 BuildingExodus软件简介

Exodus是英国格林尼治大学火灾安全工学小组(FSEG)研究开发的避难解析模拟软件，是在紧急情况下，以模拟人与人、人与火灾、人与结构物的相互作用为基础，考虑热、烟、有毒气体的影响，从室内逃出的每个人的避难路径。Exodus系列现包括AirExodus、BuildingExodus及MaritimeExodus。下面主要对BuildingExodus进行简介。

与VISSIM模型不同，BuildingExodus是基于元胞自动机模型，主要用于紧急疏散情况下的仿真，而VISSIM模型基于社会力模型，主要用于正常行人状态下的仿真。此外，BuildingExodus还要和SmartFire等火灾模拟软件结合使用，以构建紧急疏散场景。

BuildingExodus由五个互相交互的子模型组成，它们分别是被困者子模型、行动子模型、行为子模型、毒性子模型和灾险子模型。被困者子模型主要用于设定个体属性，包括年龄、性别、耐性等。行动子模型主要根据被困者所处不同地形处理其身体行动。行为子模型模拟被困者的移动，如果被困者没有合适的移动可用，行为子模型会引导一段等待期。在这段等待期内被困者保持静止，直到有合适移动可用。毒性子模型主要是测定火灾对于被困者的影响。灾险子模型控制着大气环境(如二氧化碳、一氧化碳等)和物理环境(包括开启时间和关闭退出时间的设定)的变化发展。

BuildingExodus中，空间和时间分别用二维空间网格和模拟时钟表示。空间网格描绘了建筑物的几何形状、出口位置、内部分区、障碍物等。多层几何形状可以由楼梯连接的多个网格组成,每一层放在独立的窗口中。建筑物平面图可以用 CAD 图纸或由其他交互工具提供,然后存储在几何库中备用。网格由节点和弧线组成,每一个节点代表一个小的空间,每一段弧代表节点之间的距离,人员沿着弧线从一个节点到另外一个节点。时间由模拟时钟计量,模拟时钟是模式的主控程序,决定和动作时间计量只能依据每个模拟时钟单位,每个模拟时钟单位为 1/12s。

下面对利用 BuildingExodus 建立和运行一个逃生模拟的基本步骤和其应用进行介绍。BuildingExodus 提供了四种操作模式以帮助用户进行逃生模拟,这些模式为几何模式、人群模式、情景模式、模拟模式。必须按规定顺序依次使用四种模式可模拟逃生情况,即先要设定一个几何模型(几何模式),定义人群(人群模式),设定一个模拟情景(情景模式),只有当这些步骤都完成时,模拟模式才可运行。在任何一个步骤中,用户都可以回到上一步。下面对四个步骤进行详细介绍。

1)定义几何模型(几何模式)

几何模式是进入 BuildingExodus 后的第一种操作模式,用户通过几何模式构建城市轨道交通车站结构,构建方法主要分为三种:①利用交互工具从零开始绘制车站结构;②用 CAD 图纸输入车站结构;③从图形库提取现有的结构进行构建。只有当几何模型构建完成后才能进入下一个模式。

BuildingExodus 中城市轨道交通车站结构由二维节点网格模拟,站厅、站台等不同层由单独网格组成,层间通过楼梯或梯子连接,层内可通过导入 CAD 图纸生成自由空间节点,座椅节点、障碍物(例如柱子、闸机等)节点、出入口节点等可手动设置,节点之间通过弧线连接。当两个节点之间没有弧线时,说明行人不可从该节点行走到另外一个节点。

BuildingExodus 中城市轨道交通车站结构相对于 VISSIM 中的车站结构要简化许多,由于其基于元胞自动机模型,所有的车站结构也因此都由网格节点组成,如图 2-8 所示。

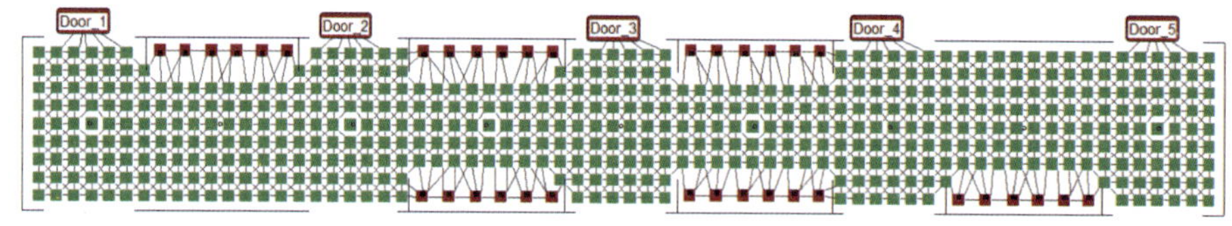

图 2-8 非驾驶员室车厢节点图

2)定义人群(人群模式)

在 BuildingExodus 中,一个疏散情景要定义人群特性、人群行为、火灾情况和出口运行情况等。人群模式是定义逃生模拟中所使用的被困人群特性及人群行为。

(1)人群特性方面,BuildingExodus 系统中的人群由单个的被困者组成,每个被困者有一系列的属性,以便在整个模拟过程中确定和追踪个体,其中一些属性(如性别、年龄、期望速度等)是固定不变的,其他属性是随着整个模拟过程而动态变化的(如行走距离、个人经历时间等)。

(2)人群行为方面,可通过设定个体的行为规则进行模拟,如跳过座位的能力、躲避火灾险情(如烟雾、高温、有毒气体等)的能力。与 VISSIM 不同的是,BuildingExodus 中不可设置行人路径,只能设置行人路径起终点以及一些走行规则(如绕开高密度区域、规避拥挤等)。

3)定义情景(情景模式)

情景模式用于设置城市轨道交通车站内紧急疏散场景的各种细节,如紧急出口的处理能力,烟雾、高温和有毒气体等火灾危害。

其中,地铁紧急出口的处理能力是决定疏散执行的重要因素。在 BuildingExodus 中,可通过情景模式改变紧急出口执行情况,例如控制出口开放和关闭时间、控制哪个紧急出口开放、控制紧急出口延迟开放等。

定义疏散情景还要定义是否有烟雾、高温和有毒气体等火灾危害,BuildingExodus 需要和 SmartFire 等软件结合使用,将 SmartFire 中构建的火灾场景数据导入 BuildingExodus 中,以完成疏散场景的设置。该情景模式是 BuildingExodus 与 VISSIM 的一个较大不同点。

4)运行模拟(模拟模式)

模拟模式中运行模拟场景,应先设置规则库选项,包括设置行人是否具有攀爬、爬行、弯腰等行为,然后便可以开始运行模拟,模拟过程中可以通过按钮暂停、重放模拟场景等,从而能更详细地检查逃生情况。模拟过程中也可以进行对象查询,包括查询某一个行人或行人群体的行程时间、走行路径等。模拟模式提供一些可视化指标来监控逃生进程和逃生结果,例如可通过行人密度图(density map)、行人脚本图(foot map)等可视化图形查看紧急情况的扩散结果。为了后续的分析与重放,用户可将逃生数据生成输出文件。用户还可以选择用批处理模式执行模拟。在该模式下,运行模拟不用交互式图形,不需要用户操作,运行时间将会明显小于在交互模式下同一实例所需时间。

5)BuildingExodus 在城市轨道交通中的应用

BuildingExodus 应用在建筑环境中,适用于超市、医院、剧院、车站、机场、高层建筑、学校等。BuildingExodus 也可用于论证是否建筑符合规范,评估各种建筑物的逃离能力,以及调查建筑内部的人群移动效率。

在城市轨道交通设施中,BuildingExodus 主要应用在人员疏散方面,通过建立火灾条件下乘客疏散模型，可实现乘客在系统内的行走和逃生行为模拟。针对车厢、隧道、站台的乘客疏散进行仿真试验，得到乘客的必要疏散时间和可用疏散时间，提出乘客组织优化方案。西南交通大学的张立龙以成都地铁1号线车厢为研究对象，运用数值模拟计算软件 Pathfinder，结合 BuildingExodus 对地铁车厢四种工况下的乘客疏散情况进行了模拟计算和分析。以在建的地铁车站站厅层为物理模型，采用 BuildingExodus 对地铁车站火灾下乘客安全疏散进行模拟计算，通过分析乘客安全疏散时间的组成和比较各个出入口附近在不同时间段内的乘客分布情况，提出改善地铁车站安全疏散设计的建议，为实际工程提供可参考的依据。他还用建立的模型仿真模拟了北京地铁现役车厢的单车厢疏散与车厢之间疏散工况，分别代表了日常大客流集散与紧急情况下的应急疏散过程，分析乘客的必要安全疏散时间，为车厢的设计和车厢内的乘客疏散组织提供理论依据。

2.2.3 其他仿真软件简介

1) AnyLogic

AnyLogic 是一种创新的建模工具，是基于过去十年内建模科学和信息技术的最新进展而创建的。AnyLogic 具有开放式的体系结构，因此可以与任何办公或企业软件及用 JavaTM 语言或其他语言编写的自定义模块协同工作。所建模型可以动态地对电子表格、数据库、企业资源计划(ERP)或客户关系管理(CRM)系统进行数据读写，或嵌入到实时运行环境中。可以在模型中任何地方调用外部程序，可以借助 AnyLogic 仿真引擎的开放接口从任意外部程序中调用仿真模型。另外，在 AnyLogic 中可以使用自定义的随机数发生器、数值方法或优化算法等。AnyLogic 的主要优势如下：

(1)更快速地创建可视化的、灵活的、可扩展的、可复用的活动对象，这些活动对象可以为标准对象或自定义对象，也可以是 JavaTM 对象。

(2)通过使用多重建模方法，能够更精确地建模和捕捉更多的事件，并针对特定问题，对这些事件进行联合和调整。

(3)在建模环境中可以直接使用一组优秀的分析和优化工具。

(4)轻松有效地将 AnyLogic 开放式体系结构模型与办公或企业软件，包括电子表格、数据库、ERP 和 CRM 系统等集成起来，或将模型直接嵌入到实时运行环境中。

(5)当现实世界中的系统发生变化时，可以通过对模型进行有效维护，延长模型寿命周期。

在 AnyLogic 中，可以创建随机性或确定性的模型，并对模型的输出数据进行分析。AnyLogic 支持超过35种随机分布，也允许自定义分布。可以使用数据随机分布拟合软件对历史数据进行分析,并创建 AnyLogic 可用的解析分布。AnyLogic 中包含了数据采集与统计分析的工具,以及强大的数据展示框架。用户可以根据实际情况进行蒙特卡罗试验、敏感性分析、优化以及自定义的试验等。

AnyLogic 拥有十分灵活的动画框架,支持二维和三维动画。可以创建具有任意可想象的、复杂的可交互动画,只需在 AnyLogic 动画编辑器中绘制和导入图形,并将其与模型对象关联起来。一个动画中可以包含多个视图或多个细节层次,一套丰富的可用控件(按钮、滑块、编辑框等)以及各种业务图形元素(柱状图、点线图、Gantt 图等)能够将仿真模型转化为一个适合决策者的图板。

2) Legion

Legion 利用预测功能模拟各种场景,并探索行人和人群与基础设施之间的交互方式。对场所的设计和运营进行虚拟试验,并评估不同级别的行人需求的影响。凭借机场、火车站、体育馆等项目的复杂建模、分析和演示功能,Legion 允许用户在模拟的任意点测试疏散策略,从而帮助增加人流量并提高安全性。Legion 的主要优势如下:

(1)科学验证:对行人在真实环境中的行为进行大量科学研究并生成算法,算法已获得专利,模拟结果已得到经验测量和定性研究验证。

(2)数据互用:与其他应用程序集成。

(3)准确报告:通过地图、图表和视频导出并生成报告,输出清晰,可以随时准确地告知用户有关人群密度、疏散时间、空间利用率、社会成本和首选路径等信息。

3) SimWalkPro

SimWalk 是一款用来模拟各种复杂状态下行人交通流微观模拟的专业软件,广泛应用在复杂建筑物针对行人的行走设施的设计、分析与安全评估中。SimWalk 通过对单个行人的精确建模并提供与 CAD 数据的良好兼容性及不同层次需求的可视化来模拟在街道、城市规划、火车站、地铁、大型公交站、机场、大型场馆等复杂建筑物中的行人交通流。同时,针对用户不同需求,提供 SimWalkPro、SimWalkTrans 和 SimWalkAirport 版本。

SimWalkPro 是一款通用的微观行人交通流模拟软件,常用来解决人群拥堵、高密度人群、建筑物布局规划以及紧急情况人群疏散等问题。该软件可以模拟单个行人在正常及恐慌状态下的行为。SimWalkPro 的主要优势如下:

(1)行人安全性、舒适性及通过性综合模拟与分析。

(2)大型复杂建筑物拥堵、瓶颈以及高密度人流模拟。

(3)城市空间及建筑物步行通过性可行性设计研究。

(4)在交通、城市规划以及紧急疏散多个领域的通用性模拟。

(5)和 CAD 规划无缝集成。

(6)2D 和 3D 可视化。

SimWalkPro 的典型应用有人群密度图分析、人群速度和延迟时间、传送时间、人群客流量、空间规划、人群路线选择图、预设的服务水平(LOS)、自定义区域分析、物体容量研究、大型体育场分析、排队时间与效率等。

4) TransModeler

TransModeler 是一款综合宏观、准微观和微观的多功能仿真软件,以 Caliper 公司专门为交通应用而开发的地理信息系统(GIS)为基础,采用最新的交通行为仿真模型,为技术专家和决策者提供科学的仿真数据和形象的演示效果。TransModeler 实现了微观仿真、准微观仿真和宏观仿真的无缝集成,可依据网格范围和仿真解析度选择合适的仿真模型。最为重要的是,TransModeler 将交通仿真模型和 GIS 有机结合起来,路网等空间数据存储与管理完全采用 GIS 数据处理方式,并且可通过数据库管理系统来管理路网等空间数据。此外,TransModeler 可在 GIS 图形界面上微观显示车辆运行状况及详细交通状况。其主要功能有车辆出行状态仿真、出行需求模型分析、交通控制方案仿真、交通管理设施仿真、公交系统仿真、收费站仿真、事故和施工区仿真、行人仿真、车辆行驶路线的追踪、停车仿真、三维动态仿真功能。TransModeler 还提供一套 GIS 应用开发工具库(GISDK),用于系统的二次开发,用户可以定制自己的界面并扩充其需要的功能。

各种交通仿真软件总结如表 2-2 所示。

常用行人交通仿真软件　　表 2-2

软件名称	开发机构	国家	采用的底层模型	输　出	是否支持二次开发
VISSIM	PTV	德国	社会力模型	各种仿真评价指标等	提供多种编程接口作为附加模块,支持二次开发
BuildingExodus	格林尼治大学	英国	元胞自动机模型	安全疏散时间,各种客流、行人行为状态等	支持
AnyLogic	XJ Technologies Company Ltd	俄罗斯	基于系统动力学的 Agent 模型	行人数目、平均密度、停留时间等	开放式结构,支持二次开发
Legion	Crowd Dynaics Limited	英国	元胞自动机模型	可视化输出行人密度、行走时间、速度、排队长度、空间利用率等	不支持
SimWalkPro	Savannah Simulations AG	瑞士	基于社会力模型的势场模型	截图和动画、事故统计、个体统计、人群统计、出口统计等	不支持
TransModeler	Caliper	美国	基于 GIS 的仿真模型	详细的交通运行状态	GISDK 用于系统的二次开发

2.3 本章小结

本章首先介绍了行人微观仿真领域两个主流的研究模型——社会力模型和元胞自动机模型,并详细介绍了它们在行人微观仿真领域内的应用现状。对成本效益元胞模型、磁力模型、排队网格模型等其他行人微观仿真模型的发展历史和基本原理也做了简单介绍,在此基础上,总结了微观行人仿真模型的发展趋势。其次,对行人微观仿真领域的两个主流商用软件——VISSIM 和 BuildingExodus 做了详细介绍,包括软件的发展背景、优缺点以及仿真过程等。对VISSIM 软件,对其仿真环境的构建、行人模型的构建以及仿真结果的提取进行了详细阐述;对BuildingExodus 软件,对其仿真全过程的四个模式——几何模式、人群模式、情景模式、模拟模式进行了详细阐述,并分别针对两个软件在城市轨道交通领域的应用现状进行了总结。最后,对 AnyLogic、Legion、SimWalkPro、TransModeler 等其他行人微观仿真软件也做了简单介绍,并对各个软件的开发机构、国家、底层模型等进行了对比汇总。

3

城市轨道交通车站乘客交通行为特性

乘客在不同的情况下通常呈现出不同的行为特征，理解并掌握乘客行为特征是城市轨道交通乘客仿真模型的构建以及参数选取及标定的关键。因此，本章通过人工实地调研、问卷调查等多种形式，总结了城市轨道交通在正常状态下、拥挤条件下以及紧急疏散状态下，乘客表现出的交通行为特征。

3.1 正常状态下乘客微观交通行为

轨道交通车站设施种类繁多，通过对北京市部分在运营的车站实地调查，在区分设施的基础上，对各种设施（包括安检设施、自动检票机、楼扶梯、水平通道）的行人速度、密度、流量及其相互关系进行分析，得到实际最大通过能力、期望速度分布等，并借鉴其他服务等级标准，建立以速度和密度为指标的服务等级，完成城市轨道交通车站在正常状态下的乘客微观行为特征描述。

3.1.1 安检设施

地铁安检遵循“逢包必检”原则，在车站入口处设置 X 光检测机，对地铁乘客所携带的物品施行安全检查。选取北京地铁大望路和五棵松两个车站作为调研对象，在早高峰时段内，分别对其安检设施处的客流状况进行调查。主要获取乘客平均通过安检设施的时间，得到安检设施的实际通过能力。

1）平均安检通过时间

调查高峰时期连续通过安检设施的乘客人数及相应时间，经过计算可以得到安检设施乘客平均通过时间。共收集了 200 组数据，对调研所得数据进行计算，得到高峰时乘客通过安检设施的平均时间为 4.2s，方差为 0.31。

调查得到的安检设施处排队状况数据整理如表 3-1 所示。五棵松站安检设施处排队状况如图 3-1 所示。

安检设施处客流排队状况 表 3-1

车站	调查数据（组）	最大排队长度（m）	平均排队长度（m）	最大排队人数	平均排队人数	最大排队线密度（人/m）	平均排队线密度（人/m）
大望路	31	5	2.39	12	6.26	3.5	2.66
五棵松	148	8	4.7	40	16.99	6	3.54
极值		8	4.7	40	16.99	6	3.54
加权均值			4.3		15.13		3.39

在高峰时段内，进站客流很大，排队等待安检的现象非常明显。若排队持续时间过长，则阻塞通道，影响乘客进出站。

图 3-1　五棵松站安检设施处排队状况

大望路站排队安检现象虽然明显，但持续时间较短，且排队长度不大，并未形成拥堵。五棵松站进站客流极大，平均排队长度达到 4.7m，排队安检持续时间很长，如表 3-2 所示，最长为 7min36.6s，已严重影响到客流的进站效率。

五棵松站安检设施处排队持续时间　　表 3-2

指　　标	排队持续时间(s)
最大时间	456.60
平均时间	197.39

2）安检设施最大通过能力

通过调查客流高峰时期，调研时间段内（约 1min）通过安检的人数，得到安检设施处客流统计数据，整理如表 3-3 所示。

安检设施处客流统计　　表 3-3

车　　站	调查数据(组)	最大客流量(人/min)	平均客流量(人/min)
大望路	49	41	28.19
五棵松	30	43.54	33.01
北京站	20	27	21
极值		43.54	33.01
加权均值			28.2

北京站等大型客流集散的车站，由于乘客携带很多行李，行李的大小占用了一定的客流通行面积，从而进一步影响了安检设施的通过能力，导致乘客进出站受阻。经计算，北京站安检设施的通过能力为 1620 人/h，设施利用系数为 0.62（设施利用系数为北京站等地铁车站某项设施的实际通过能力与其最大通过能力的比值）。

3.1.2 自动检票机

研究自动检票机(又称闸机)的乘客交通行为特性主要需获取最大通过能力和平均检票时间。自动检票机按承担客流性质分为进站检票机和出站检票机,按照格挡的设置形式可分为门扉式和三杆式。门扉式闸机一般可以双向使用,而三杆式闸机则有单向和双向两种,双向式闸机可根据客流的均衡性或站内客流组织调整进出方向。北京市轨道交通闸机均为非接触式 IC 卡门扉式。每个车站一般会安装 4 组以上闸机,每组 3 ~6 个横列。

1)平均检票时间

由高峰时期连续通过闸机的乘客人数及相应时间,可以计算得到闸机处乘客平均检票时间。对调研所得 360 组数据进行计算,可得到高峰时乘客通过闸机的平均检票时间为 1.77s,方差为 0.12。

2)最大通过能力

根据连续状态下平均检票时间,可得到闸机最大通过能力为 2033 人/h。高峰期,车站检票的平均速度是 16.49 人/min,每个闸机最大通过能力是 2033 人/h。现行《地铁设计规范》(GB 50317)给出了门扉式闸机设计通过能力。当采用磁卡时,设计通过能力为 1800 人/h;当采用非接触 IC 卡时,设计通过能力为 2100 人/h。与调研数据结果相比,规范值略大,说明实际运营中闸机的最大通过能力很难达到规范设计值。

闸机处客流统计见表 3-4。

自动检票闸机处客流统计　　表 3-4

车　　站	调查数据(组)	最大客流量(人/min)	平均客流量(人/min)
公主坟	55	22	8.84
复兴门	60	30	18.45
大望路	41	31.58	19.7
五棵松	41	36.92	20.67
北京站	32	30	15
极值		36.92	20.67
加权均值			15.78

3)排队情况

早高峰时段,进出站客流很大。进站客流比较均匀,而出站客流在同一时间大量释放,集中到达，容易在出口处聚集。车站会根据客流情况自主调节进站闸机开放数量。调研公主坟和复兴门两个车站早高峰的平均排队长度在1m左右，且持续时间不长，可知不存在长时间排队等待出站刷卡的情况。偶尔出现的短暂排队现象主要是因为乘客不熟悉闸机操作、不清楚如何使用市政交通卡和单程票卡或不能很快找到闸机对应的刷卡服务位置，从而耽误时间导致出现短暂的排队现象。

调查得到公主坟站和复兴门站自动检票闸机处客流排队状况和排队持续时间数据，整理如表3-5和表3-6所示。

早高峰时段闸机客流排队状况　　表3-5

车站	调查数据(组)	最大排队长度(m)	平均排队长度(m)	最大排队人数	平均排队人数	最大排队线密度(人/m)	平均排队线密度(人/m)
公主坟	29	1.5	0.9	5	2.69	6	3.22
复兴门	44	2.8	1.17	5	2.32	3	2.01
极值		2.8	1.17	5	2.69	6	3.22
加权均值			1.06		2.47		2.49

自动检票闸机客流排队持续时间　　表3-6

车　站	调查数据(组)	最大排队持续时间(s)	平均排队持续时间(s)
公主坟	7	25	16.43
复兴门	25	26	8.24
极值		26	16.43
加权均值			10.03

3.1.3　楼梯与自动扶梯

楼梯和自动扶梯是站内的立体交通联络载体，用于实现站厅层与站台层间的联络互通，是影响乘客换乘的关键载体。客流速度与密度关系、最大通过能力和自由流状态速度分布是乘客在此位置处重要的微观行为表现。

高峰时期，由于客流量很大，客流密度也大，楼梯入口处可利用的有限空间会限制行人的行走速度和行走自由。楼梯口处易拥挤，乘客通行速度与客流密度有较大的相关性。随着楼梯上客流密度的增加，乘客速度逐渐降低，客流量逐步减小。高峰时段复兴门站上行楼梯的客流状况见图3-2，自动扶梯上客流站立状况见图3-3。

图 3-2　高峰时段复兴门站上行楼梯的客流状况

图 3-3　高峰时段自动扶梯上客流站立状况

1)楼梯行人行走规律

(1)上行楼梯

对于上行楼梯,主要针对其客流速度与密度关系、最大通过能力和自由流状态速度分布进行分析,并据此刻画服务等级。

①速度与密度函数关系。

通过北京地铁大望路站和崇文门站早高峰调研分析,得到上行楼梯处乘客密度-速度有效数据 186 组,并进行上行楼梯行人行走特性的分析。根据数据点的分布规律,采用负指数函数拟合,得到上行楼梯行人速度与密度的函数关系如式(3-1)所示:

$$v(\rho) = -0.248\ln\rho + 0.612 \tag{3-1}$$

原始数据散点图和拟合曲线如图 3-4 所示,其中优度 $R^2 = 0.85$,效果较好。

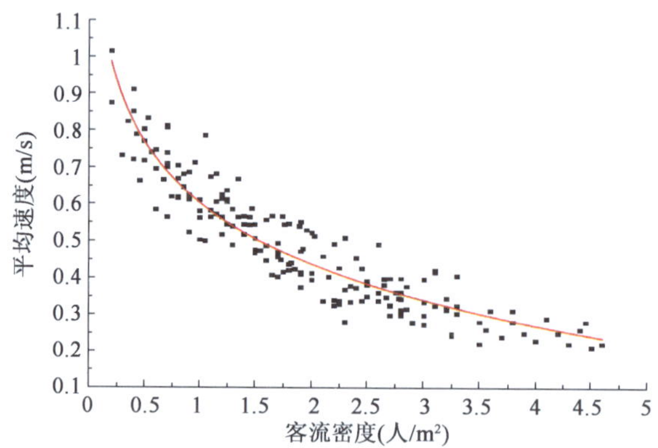

图 3-4　上行楼梯乘客密度-速度关系图

②服务等级划分。

基于上述速度-密度函数,借鉴 J. J. Fruin 和张驰青等建立的服务水平等级标准,建立以密度为刻画指标的上行楼梯乘客服务水平等级,共分6个等级,并根据函数关系计算每个服务等级对应的通过能力取值范围,如表3-7所示。

上行楼梯服务水平等级 表3-7

服务等级	密度(人/m²)	通过能力[人/(m·min)]
A	≤0.6	≤26.6
B	0.6~0.9	26.6~34.5
C	0.9~1.2	34.5~40.8
D	1.2~1.6	40.8~47.6
E	1.6~2.4	47.6~56.9
F	>2.4	客流量处于变动状态

③最大通过能力。

为了分析上行楼梯的最大通过能力,选取早高峰时段北京地铁劲松站、惠新西街南口站、大望路站、崇文门站出站楼梯位置,统计每次列车到站后楼梯前出现排队情况下的某一段时间内楼梯断面通过的乘客数量,以此确定最大通过能力。各车站上行楼梯的最大通过能力如表3-8所示,最终的上行楼梯加权平均最大通过能力为3420人/(m·h),低于规范值3700人/(m·h)。

上行楼梯最大通过能力 表3-8

车站	数据组数	2min平均最大通过能力(人/m)	折算最大通过能力[人/(m·h)]	加权平均最大通过能力[人/(m·h)]
劲松	11	114	3420	3420(取整)
惠新西街南口	12	115	3450	
大望路	15	111	3330	
崇文门	11	117	3510	

④期望速度分布。

在进行行人仿真研究时,需要用到行人在设施上不受或者较小地受到其他行人影响状态下的速度分布,即自由流的期望速度分布。上行楼梯自由流期望速度分布直方图如图3-5所示,均值为0.71m/s,最大值为1.24m/s,最小值为0.33m/s,方差为0.024。

(2)下行楼梯

①速度与密度函数关系。

除了楼梯台阶对乘客行走动作的影响以外,乘客在下楼梯时还会受重力作用,有向前加速的趋势。因此,下行楼梯乘客的密度与速度关系会呈现出与其他设备设施不相同的特性。通过北京地铁中关村站和惠新西街南口站早高峰调研统计,得到下行楼梯处乘客密度-速度有效数据206组,进行下行楼梯行人行走特性的分析。

与上行楼梯类似,数据点也呈现出负指数函数的特征,因此用统计软件拟合得到下行楼梯乘客速度与密度的关系函数如式(3-2)所示:

$$v(\rho) = -0.281\ln\rho + 0.716 \tag{3-2}$$

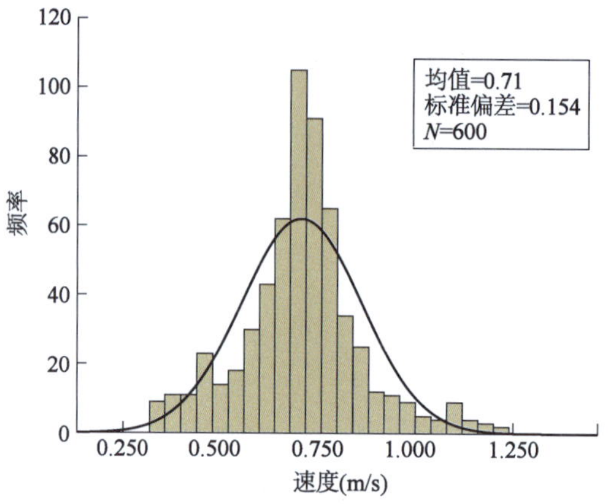

图 3-5　上行楼梯自由流期望速度分布直方图

原始数据散点图和拟合曲线如图 3-6 所示，其中优度 $R^2=0.81$，由于数据点较多，优度指标略低。

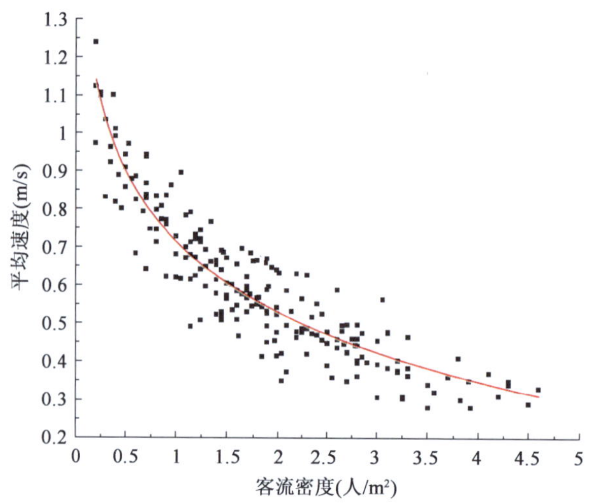

图 3-6　下行楼梯乘客密度-速度关系图

②服务等级划分。

基于上述速度-密度函数，建立以密度为刻画指标的下行楼梯乘客服务水平等级，共分 6 个等级，并根据函数关系计算每个服务等级对应的通过能力取值范围，如表 3-9 所示。

下行楼梯服务水平等级　　表 3-9

服务等级	密度(人/m²)	通过能力[人/(m·min)]
A	≤0.6	≤30.9
B	0.6~0.9	30.9~40.3
C	0.9~1.2	40.3~47.8

续上表

服务等级	密度(人/m²)	通过能力[人/(m·min)]
D	1.2～1.6	47.8～56.1
E	1.6～2.4	56.1～67.1
F	>2.4	流量处于变动状态

③最大通过能力。

选取了北京地铁中关村站、惠新西街南口站、大望路站、崇文门站早高峰下行楼梯区域，进行下行楼梯最大通过能力调查。统计楼梯前出现排队情况下的某一段时间内楼梯断面通过的乘客数量，得到下行楼梯的加权平均最大通过能力为4030人/(m·h)，如表3-10所示，低于规范值4200人/(m·h)。

下行楼梯最大通过能力　表3-10

车　站	数据组数	2min平均最大通过能力(人/m)	折算最大通过能力[人/(m·h)]	加权平均最大通过能力[人/(m·h)]
中关村	12	135	4050	4030(取整)
惠新西街南口	10	135	4050	
大望路	9	134	4020	
崇文门	10	134	4020	

④期望速度分布。

下行楼梯自由流期望速度分布直方图如图3-7所示，均值为0.78m/s，最大值为1.35m/s，最小值为0.45m/s，方差为0.026。

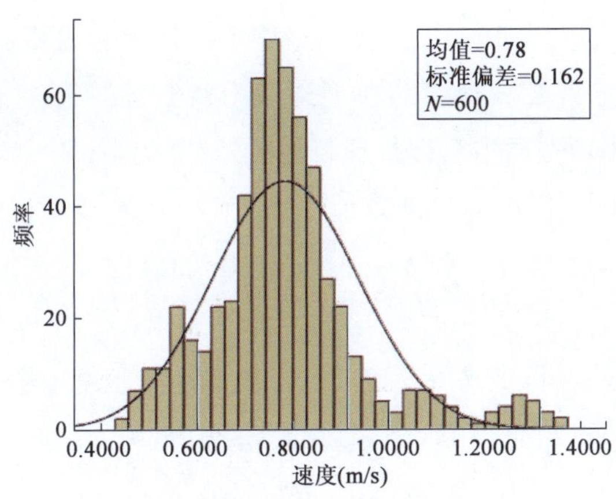

图3-7　下行楼梯自由流期望速度分布直方图

2)自动扶梯行人行走规律

为了得到自动扶梯实际最大通过能力，选取北京地铁复兴门、惠新西街南口、大望路和崇文门等车站,统计调研自动扶梯的实际最大通过能力。车站自动扶梯的规格为安装宽度1.7m,安装坡度30°,净宽1m,提升速度(垂向速度)为0.5m/s。调研中选取了多个典型自动扶梯进行分析,在自动扶梯出现排队现象时,说明其通过能力趋于饱和,此时进行记录,每2min为一个记录周期,统计结果如表3-11所示。

自动扶梯通过能力 表3-11

车　站	数据组数	2min最大通过人数(人/m)	折算最大通过能力[人/(m·h)]	加权平均最大通过能力[人/(m·h)]
复兴门	10	201	6030	6900
惠新西街南口	10	254	7620	
大望路	10	227	6810	
崇文门	10	243	7290	

通过加权平均,得到每2min自动扶梯最大运送能力为230.5人,即高峰时刻自动扶梯的实际运输能力为115人/min,每小时6900人/h,远低于对应规格的楼扶梯设计能力8100人/h。分析其原因,主要在于实际运营中乘客站立松散,与陌生人保持距离,不能达到规范标准。

3.1.4　水平通道

1)速度与密度函数关系

水平通道内乘客行走特征易受其他行人设施的影响。当水平通道与其他瓶颈设施如楼扶梯等相连时,由于瓶颈设施的缓冲作用,且瓶颈设施流量低于与之相连的通道,这一位置的通道内乘客密度、速度、流量将会表现出与典型通道不相符的特征。实际上通道内密度达到3人/m^{2}以上的区域,仅出现在通道与楼扶梯相连接处,这些高密度区域并不是通道本身的通过能力导致的。为避免上述干扰,选取北京地铁崇文门站内距离其他设施较远的一段通道进行乘客统计,数据采集区域宽4.2m、长5.15m,最终得到高峰时段水平通道内行人密度、速度有效数据154组

利用统计软件拟合分析,得到水平通道内的行人速度与密度函数关系,见式(3-3)。拟合的函数曲线及原始数据散点图如图3-8所示,相关系数$R^2=0.92$,拟合优度较好。

$$v(\rho) = -0.476\ln\rho + 0.933 \tag{3-3}$$

2)服务等级划分

基于上述速度-密度函数,建立以密度为刻画指标的水平通道乘客服务水平等级,见表3-12。

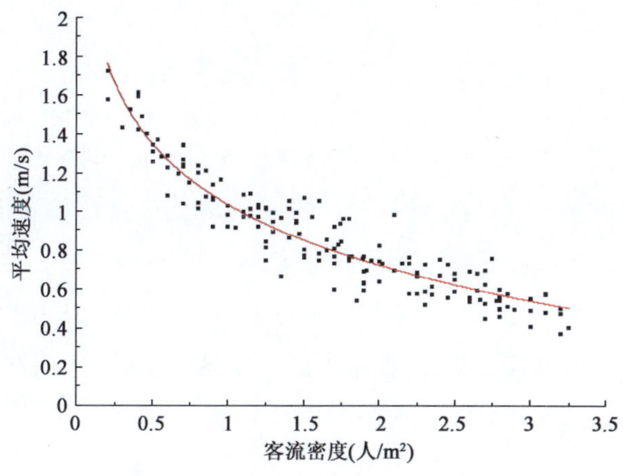

图 3-8　通道行人密度-速度关系图

通道服务水平等级　　表 3-12

服 务 等 级	密度(人/ m^2)	通过能力[人/(m · min)]
A	≤0.3	≤28.6
B	0.3～0.5	28.6～40.5
C	0.5～0.7	40.5～50.1
D	0.7～1.2	50.1～67.7
E	1.2～2.0	67.7～84.2
F	>2.0	>84.2

3）期望速度分布

通道内自由流期望速度分布直方图如图 3-9 所示，其均值为 1.28m/s，最大值为 1.84m/s，最小值为 0.76m/s，方差为 0.034。

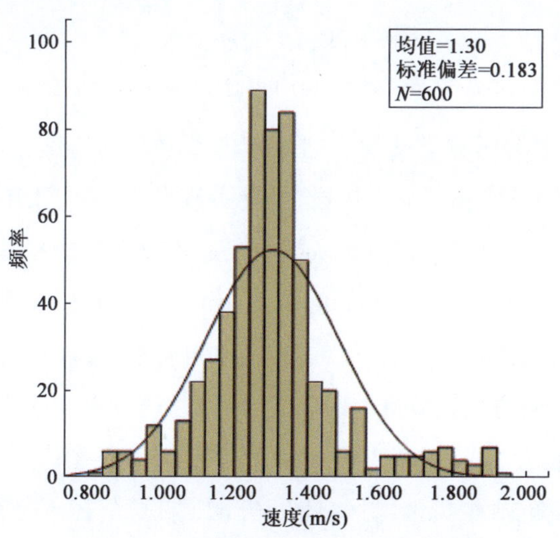

图 3-9　通道内自由流期望速度分布直方图

3.1.5 站台

车站站台由两大功能区组成:乘降区和集散区。乘降区是紧靠列车停靠位置的站台边缘的带状区域,供乘客候车和上下车;集散区是供进站乘客从进站楼扶梯口向乘降区、供下车乘客迅速从站台向出站方向流动、聚集和疏散的区域。

在双层岛式车站中,站厅与站台的通行通道较多,乘客可以就近从站厅中部通过通行楼扶梯直接进入站台,选择合适位置乘车;而在单层岛式车站中,从站厅通往站台的通道一般只有站台两侧的两个进出通道,乘客只能从站台两侧向中间站台聚集乘车。

1)平峰时段站台乘降区客流特征

以单层岛式车站为例,在平峰时段,乘客进站后比较喜欢在最近距离的乘降区车门位置候车,这样出入通道口布置在站台两端很容易造成两端乘降区(车头和车尾)候车乘客密集,中间乘降区候车人数较少,随着候车人数逐渐增加,乘降区客流分布就会形成"哑铃状"。

图3-10为五棵松站上行方向乘降区平峰时段(9:30—10:30)乘降区客流密度空间分布曲线图。

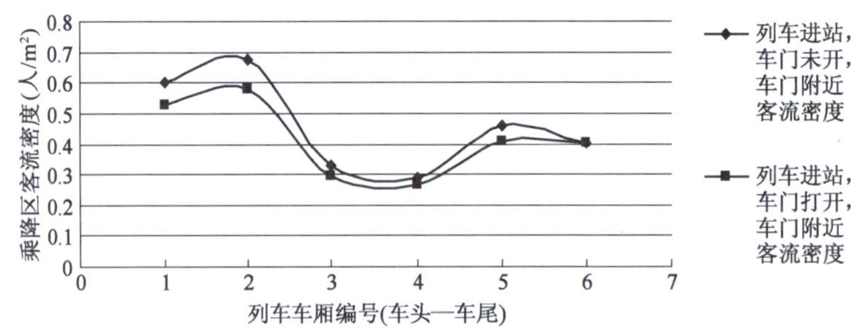

图3-10 五棵松站站台(单层岛式结构)平峰时段乘降区客流密度空间分布曲线图

"哑铃状"情况严重时会影响进站乘客向站台中部移动的速度,为消除这种影响,很多车站在客流较大的进站口附近设置了隔离护栏,引导乘客向车站中间疏散,如西直门站、复兴门站、公主坟站等。在双层岛式车站内,由于从站厅层通往站台层的楼扶梯有多个(如北京地铁1号线车站为3~4个),乘客进入站台后,可以相对均匀地分布于乘降区进行候车。

一般情况下,每个进出楼扶梯附近站台的客流来自各通道进出口,由于地面交通等因素影响,很多车站的各进出口周边的客流量差距较大,导致通过进入站台的客流量不太均衡。调研大望路站,A口客流量比其他进出口大,距A口最近的中间楼扶梯所通过的客流因此也比两端楼扶梯大很多,所以该车站站台乘降区(下行方向)的候车客流呈现出中间大两端小的特征,如图3-11所示。

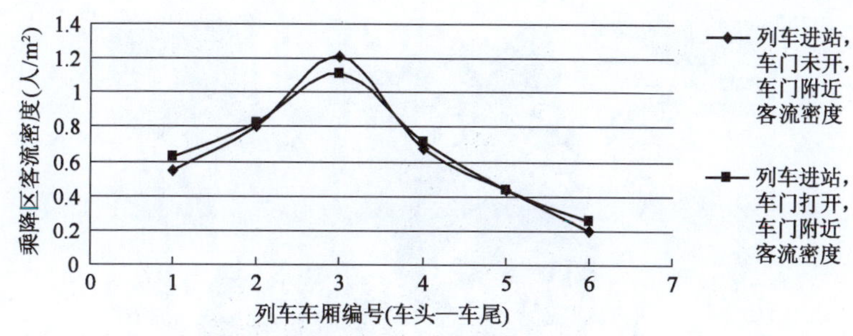

图 3-11　大望路站站台(双层岛式结构)平峰时段乘降区客流密度空间分布曲线图

调研 1 号线东单站,其主要客流是 1 号线与 5 号线的换乘客流。东单站 1 号线与 5 号线的换乘通道口设置在西侧的两个楼扶梯附近,这样由 5 号线换乘到 1 号线的乘客主要通过西侧的两个楼扶梯进入站台,所以该车站站台乘降区(上行方向)的候车客流呈现出东侧小西侧大的特征,如图 3-12 所示。

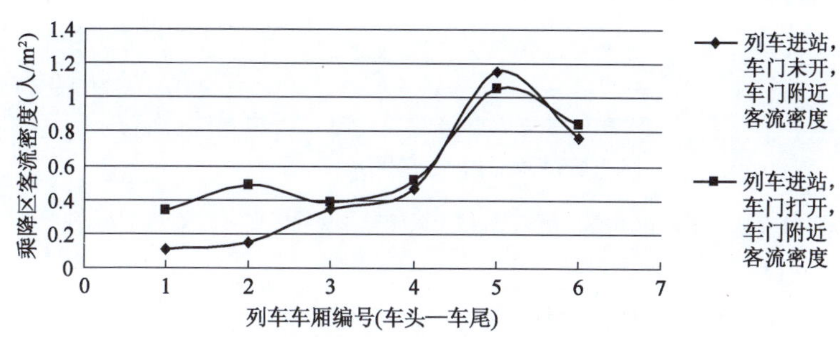

图 3-12　东单站站台(双层岛式结构)平峰时段乘降区客流密度空间分布曲线图

2)高峰时段站台乘降区客流特征

在高峰时段内,无论是双层还是单层结构车站,候车乘客在站台乘降区的整体分布是均匀的。乘客为了能在进入站台后迅速乘车,会选择候车人数较少的乘降区位置进行候车。图 3-13为车站站台早高峰时段站台乘降区的客流分布情况。地铁 1 号线早高峰部分车站乘降区客流密度见表 3-13。

地铁 1 号线早高峰部分车站乘降区客流密度　　表 3-13

车　　站	早高峰方向	候车客流密度(人/m²)	乘降客流密度(人/m²)
大望路	下行方向	0.96 ~ 1.27	0.8 ~ 1.30
五棵松	上行方向	1.52 ~ 1.89	1.26 ~ 1.62

图 3-14 为大望路站下行方向早高峰时段(7:30—8:30)乘降区客流密度空间分布曲线图。

图 3-15 为五棵松站上行方向乘降区早高峰时段(7:30—8:30)乘降区客流密度空间分布曲线图。

图 3-13 车站站台早高峰时段站台乘降区的客流分布情况

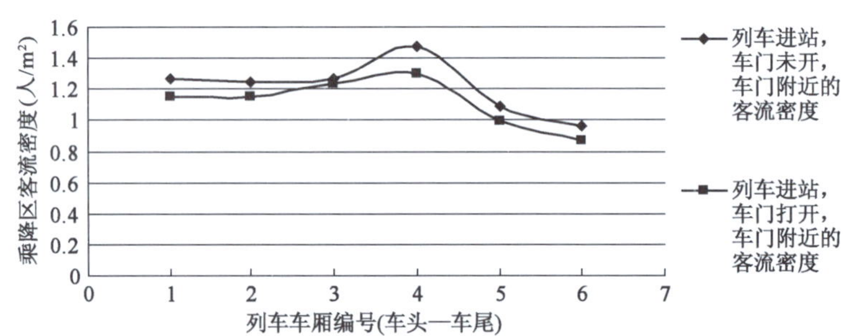

图 3-14 大望路站站台(双层岛式结构)早高峰时段乘降区客流密度空间分布曲线图

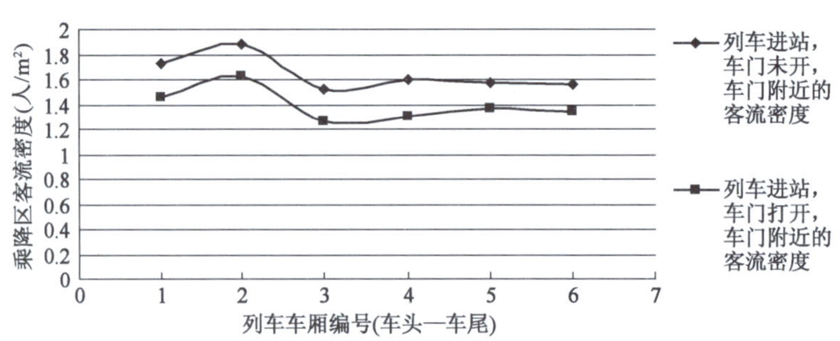

图 3-15 五棵松站站台(单层岛式结构)早高峰时段乘降区客流密度空间分布曲线图

3.2 拥挤状态下乘客行为特征

在城市轨道交通车厢这种封闭的环境中，拥挤现象会导致乘客的舒适性大幅降低，严重时还易引起乘客呼吸困难、身体受到压迫等问题。解决城市轨道交通车厢人员拥挤问题，提高城市轨道交通车厢内乘客的舒适性和安全性，成为我国城市轨道交通领域普遍关心和亟须解决的问题。在拥挤状态下乘客舒适度主要受立席密度和拥挤力影响，同时也是引起一系列安全问题的根本原因。为此对城市轨道交通车厢立席密度和拥挤力的研究有着重要的意义。立席密度是乘客处于站姿时每平方米的人数，是影响城市轨道交通建设的重要指标，影响到车辆编组和车站规模。

3.2.1 拥挤状态下乘客立席密度随时间分布特征

拥挤状态在不同时段分布特征存在较大差异，对应不同时段进行乘客立席密度分析更具有针对性。本节共选择节假日、工作日、双休日以及季节因素，进行乘客在拥挤状态下立席密度特征分析。

1) 节假日的立席密度分布规律

为探究节假日的客流密度规律，选取“劳动节”假期进行调研。2012 年“劳动节”假期，对北京地铁 1、4、10、13 号线沿线各区间的立席密度情况进行了调研，得到了各区间的车厢内乘客立席密度平均值。“劳动节”期间，出外游玩、购物及参加各类活动人群增多，大量乘客选择地铁出行，直接影响了车厢立席密度的变化情况，具体体现在各线路区间车厢平均立席密度的分布。

表 3-14 为北京地铁 1、4、10、13 号线各自达到最大立席密度和对应的区间。可以看出，车门区或车门壁区的立席密度远高于车厢内密度，最大密度出现在 4 号线新街口—西直门区间的车门区，密度达到 8.9 人/m^2，远超过规范规定的 6 人/m^2，而车厢内的立席密度基本上可以做到小于 6 人/m^2。

“五一”假期各线路最大立席密度 表 3-14

线　　路	车厢最大 平均立席密度区间	车厢最大立席密度 (人/m^2)	区域最大 立席密度区间	区域最大立席密度 (人/m^2)
1 号线	东单—王府井	5.2	东单—王府井(车门壁区)	7.3
4 号线	海淀黄庄—中关村	5.5	新街口—西直门(车门区)	8.9
10 号线	北土城—安贞门	6.4	北土城—安贞门(车门壁区)	7.5
13 号线	望京西—芍药居	5.2	五道口—上地(车门壁区)	7.2

具体分析，1 号线调研时间为上午 8:00—11:00，此时，上下行方向的游客均向天安门、王府井、西单等地区集中，东单—王府井区间的车厢立席密度达 5.2 人/m^2，为调研时段 1 号线的最大立席密度值。

北京地铁 1 号线上下行方向各区间车厢内平均立席密度变化图如图 3-16、图 3-17 所示。

对比两图可以看出，上下行的客流情况具有不对称性，上行方向的密度沿线以木樨地—南礼士路和建国门—永安里为中心呈双峰分布，下行方向的密度分布较散乱，下行方向的平均密度水平大于上行方向。

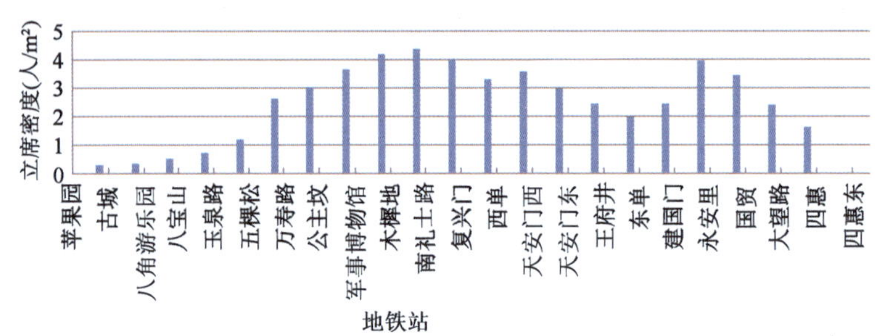

图 3-16　北京地铁 1 号线上行方向各区间立席密度变化图

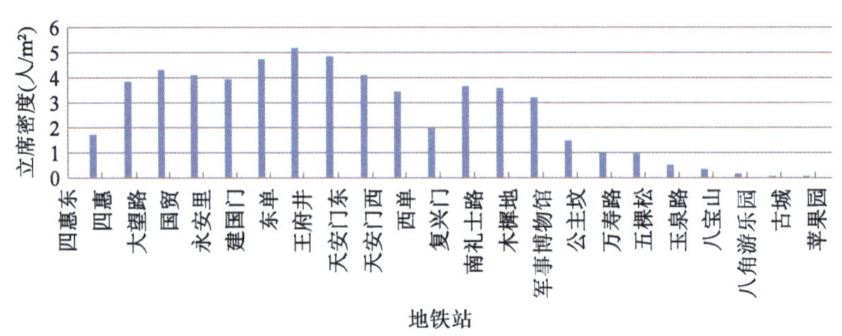

图 3-17　北京地铁 1 号线下行方向各区间立席密度变化图

4 号线调研时间为上午 8:00—12:00,北京地铁 4 号线上下行方向各区间立席密度变化如图 3-18、图 3-19 所示。

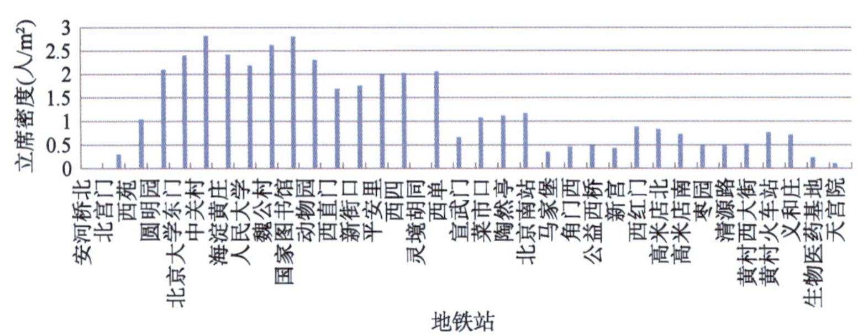

图 3-18　北京地铁 4 号线下行方向各区间立席密度变化图

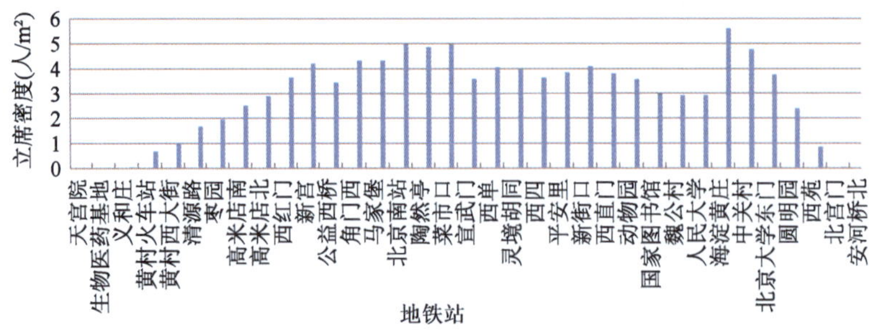

图 3-19　北京地铁 4 号线上行方向各区间立席密度变化图

2）工作日早晚高峰的立席密度分布规律

由于通勤客流的潮汐特性，工作日的客流多集中在早晚高峰时段，平峰时客流量明显降低，车厢立席密度也较小。为探究拥挤车厢的立席密度特点，选取早晚高峰时段，对各线路车厢立席密度情况展开调研，统计早晚高峰的最大立席密度（即全日立席密度最大值），如表 3-15所示。

工作日早晚高峰立席密度　　表 3-15

线路	时间	6 人/m^2 以上的区间比例	9 人/m^2 以上的区间比例	最大立席密度区间	最大立席密度（人/m^2）
1 号线	6.23 早	18.2%	0%	大望路—国贸	7.56
	6.23 晚	54.5%	0%	复兴门—南礼士路	7.56
	6.24 早	18.2%	0%	国贸—永安里	7.31
	6.24 晚	9.1%	0%	木樨地—军博	6.15
4 号线	6.25 早	17.6%	0%	陶然亭—菜市口	7.88
	6.25 晚	29.4%	0%	公益西桥—新宫	7.75
	6.26 晚	44.1%	0%	新宫—西红门	8.95
6 号线	6.30 早	36.8%	10.5%	金台路—呼家楼	10.29
	6.30 晚	5.3%	0%	东大桥—呼家楼	6.17
	7.1 早	36.8%	15.8%	十里堡—金台路	10.43
	7.1 晚	5.3%	0%	朝阳门—东四	6.46
10 号线	7.2 早	15.6%	0%	莲花桥—公主坟	6.60
	7.2 晚	6.7%	0%	国贸—双井	6.35
	7.3 早	40.0%	15.6%	双井—国贸	10.29
13 号线	7.3 晚	13.3%	0%	太阳宫—芍药居	6.98
	7.7 早	35.7%	0%	上地—五道口	7.68
	7.7 晚	0%	0%	望京西—北苑	4.20
	7.8 早	35.7%	0%	望京西—芍药居	8.16
	7.8 晚	0%	0%	望京西—北苑	5.40
14 号线	7.9 早	0%	0%	大井—郭庄子	1.33
	7.9 晚	0%	0%	大井—郭庄子	1.2
	7.10 早	0%	0%	大井—七里庄	1.45
	7.10 晚	0%	0%	七里庄—大井	2.05
平均值	—	18.4%	1.8%	—	—

由表 3-15 可以看出，工作日早高峰时段，6 号线和 10 号线的部分区间车厢立席密度极大，已经超过地铁规范中规定的极限立席密度 9 人/m^2，且拥挤区间（立席密度在 6 人/m^2 以上的区间）所占的比例也出现超过 35% 以上的情况，乘客的舒适性不佳。另外，工作日 6 条典型线

路的拥挤区间和极度拥挤区间(立席密度在9人/m^{2}以上的区间)占全线区间比例的平均值分别为18.4%和1.8%。

各条线路晚高峰时段的立席密度峰值都要小于早高峰,早高峰时段乘客上班时间较为集中,通勤的压力较大,乘客乘车的期望远远高于晚高峰时段,乘客会因时间紧迫放弃舒适性要求。而晚高峰时段,部分乘客会调整乘车时间,以避开拥挤时段,提高自身乘车舒适性。这表明客流属性对车厢内的立席密度有重要影响。图3-20为早晚高峰时段调研的各区间的立席密度变化情况,可以看出,早高峰时段的车厢立席密度往往大于晚高峰时段的车厢立席密度,并且立席密度的峰值往往出现在早高峰时期。

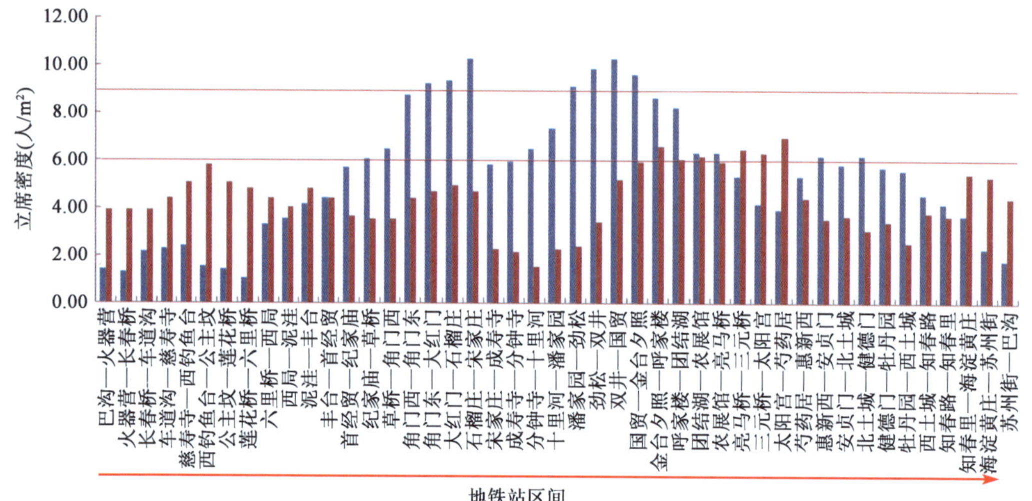

a) 北京地铁10号线

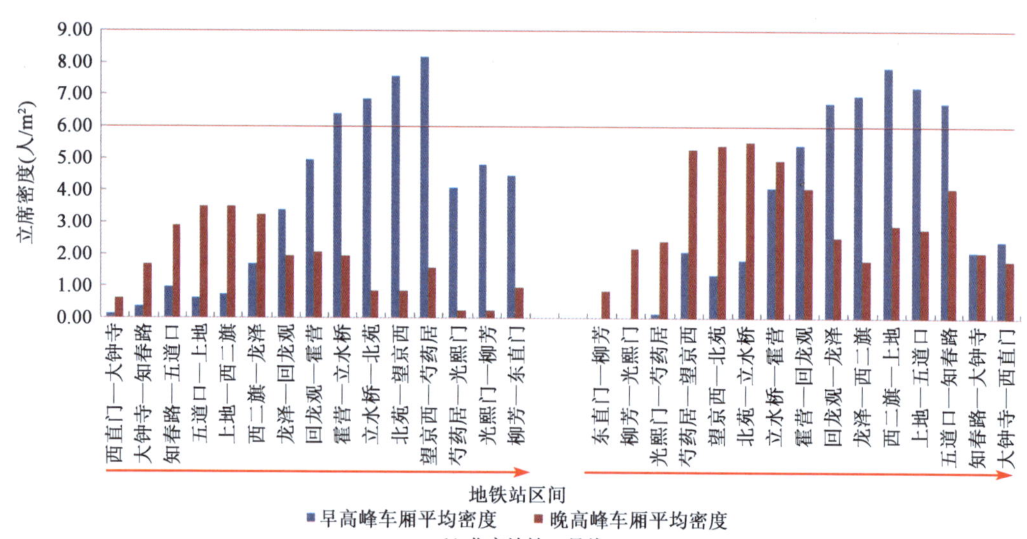

b) 北京地铁13号线

图3-20 工作日早晚高峰时段立席密度对比

与节假日调研成果相比，工作日早晚高峰的车厢内立席密度远远大于节假日，其立席密度峰值和高立席密度的区间比例均高于节假日。这充分反映了客流的时间不均衡性，工作日早晚高峰时段乘客为满足乘车需求，降低对舒适度空间的要求。

3）双休日的立席密度分布规律

由于出行目的和出行习惯的差异，城市轨道交通网络客流通常在工作日和双休日显示出不同的客流特征。对各条线路周末的早晚高峰时段的立席密度进行调研，结果如表3-16所示。

双休日早晚高峰时段立席密度　　表3-16

线路	时　间	6人/m²以上的区间比例	9人/m²以上的区间比例	最大立席密度区间	最大立席密度（人/m²）
1号线	6.28早	13.6%	0%	木樨地—南礼士路	6.28
	6.28晚	0%	0%	王府井—东单	5.51
4号线	6.29早	0%	0%	陶然亭—菜市口	5.88
	6.29晚	17.6%	0%	西单—灵境胡同	6.41
6号线	7.5早	0%	0%	呼家楼—东大桥	4.26
	7.5晚	5.26%	0%	南锣鼓巷—东四	6.76
10号线	7.6早	0%	0%	双井—国贸	4.70
	7.6晚	0%	0%	双井—国贸	5.46
13号线	7.12早	0%	0%	五道口—知春路	5.64
	7.12晚	0%	0%	知春路—五道口	2.40
14号线	7.13早	0%	0%	七里庄—大井	0.24
	7.13晚	0%	0%	七里庄—大井	0.60

将表3-15与表3-16对比可知，在双休日，乘客没有通勤压力，乘客的出行目的往往是休闲娱乐活动，因此更加追求乘车的舒适性。所以双休日车厢立席密度一般小于工作日车厢立席密度，且双休日车厢内拥挤区间比例较工作日明显减少（图3-21）。但1号线整体客流量较大，工作日与周末差别并不明显，甚至有个别站点的双休日的立席密度略高于工作日。

将工作日、双休日和节假日的立席密度相比较，可知，工作日（最大立席密度可达10.43人/m²）>双休日（最大立席密度可达6.76人/m²）>节假日（最大立席密度可达6.4人/m²）。

4）季节因素对立席密度的影响

不同季节对车厢内乘客立席密度可能有影响，如冬季乘客着装较厚，占用空间较大，夏季虽然衣物单薄，但由于汗味传播、维持个人空间等原因，乘客之间不愿靠太近。针对季节差异，选取冬季和夏季两个极端情况，分别进行工作日早晚高峰调研。选取1号线和13号线进行夏季调研，选取1号线、4号线、10号线和13号线四条线路进行冬季调研。

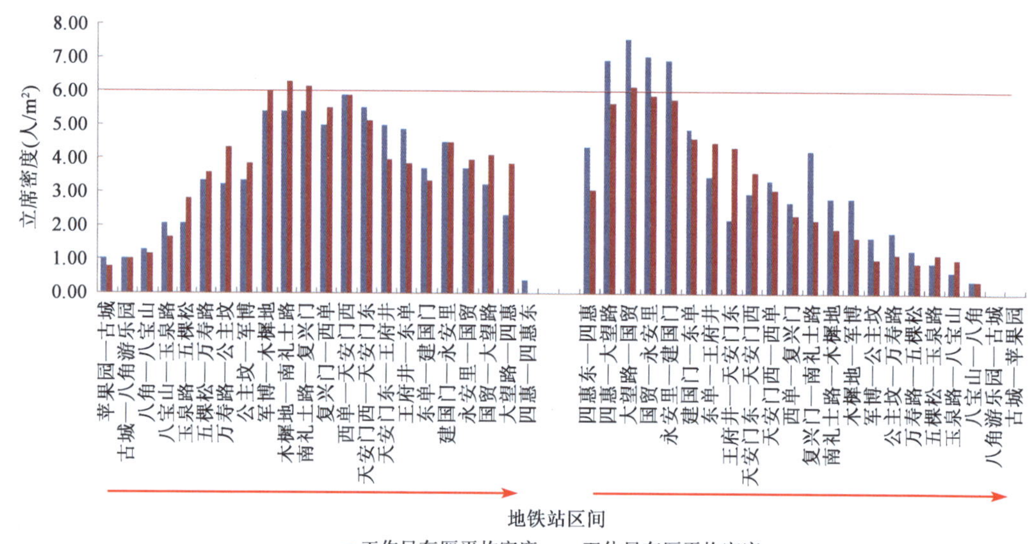

a)北京地铁1号线

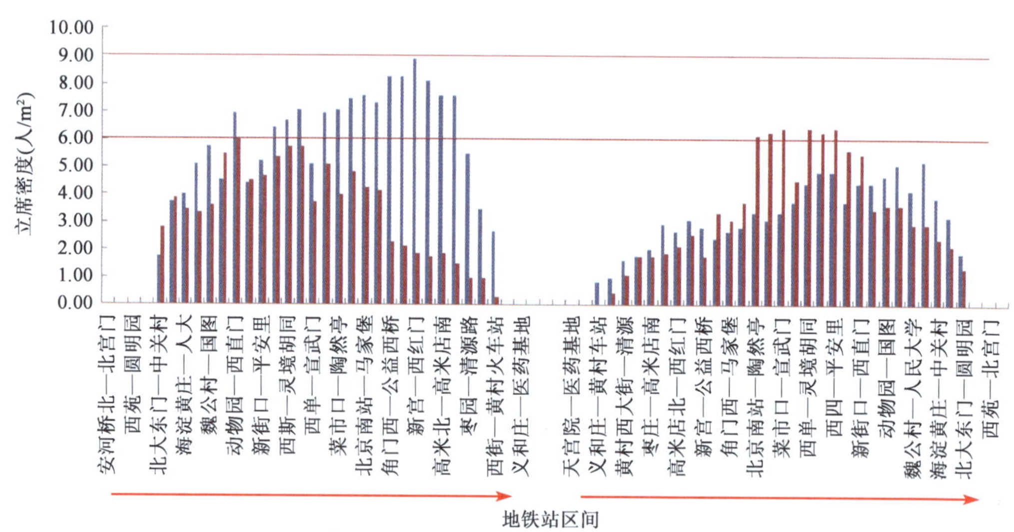

b)北京地铁4号线

图 3-21

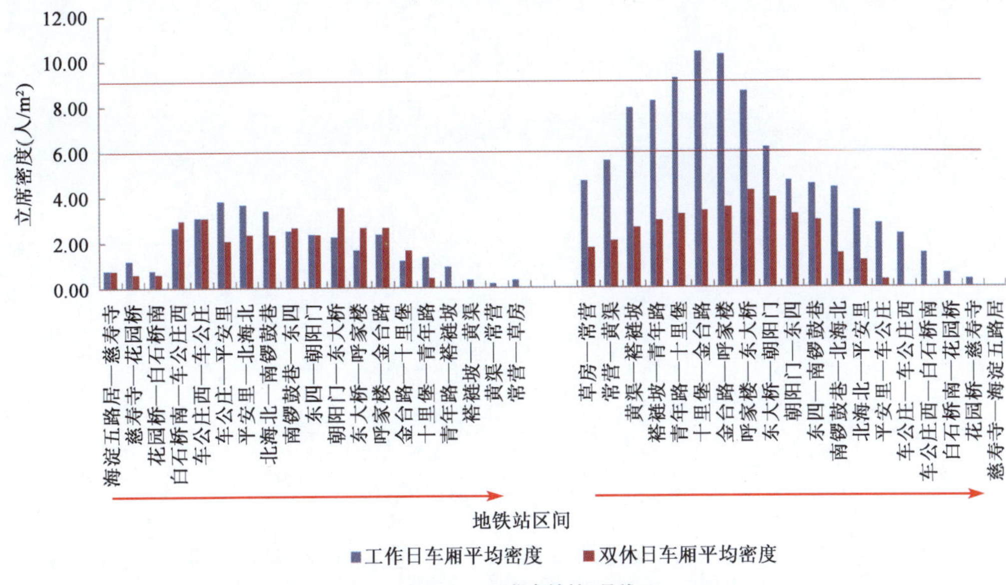

c)北京地铁6号线

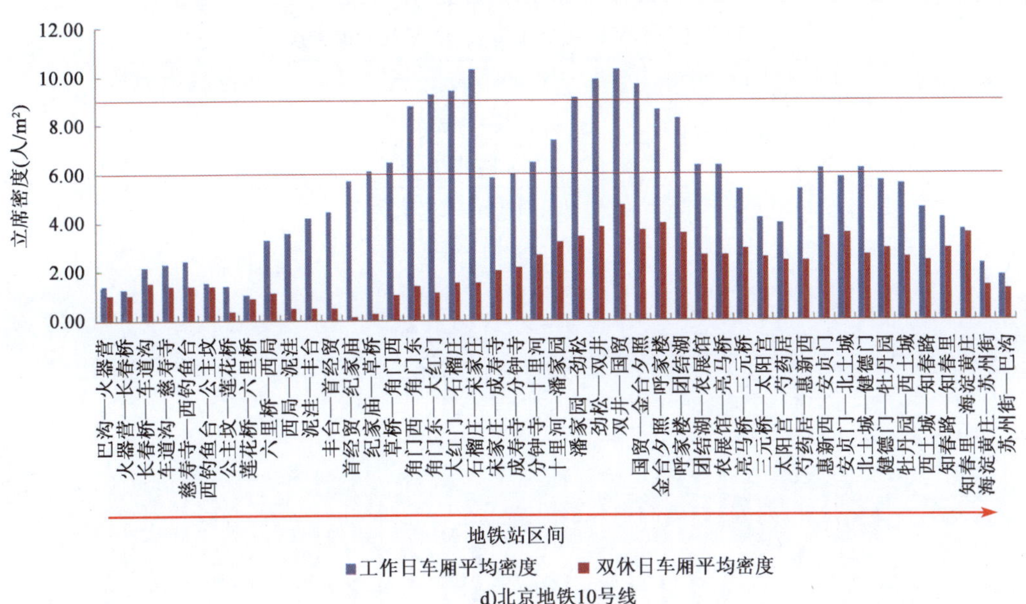

d)北京地铁10号线

图 3-21　工作日与双休日立席密度对比

调研得到的冬季和夏季工作日各线路达到的最大立席密度值分别如表 3-17 和表 3-18 所示。

对比 1 号线及 13 号线不同季节的早晚高峰数据，如图 3-22 所示，可知夏季、冬季工作日各线的立席密度峰值。

冬季工作日各线路立席密度 表 3-17

线路	时　　间	最大立席密度区间	最大立席密度(人/m^2)
1 号线	12.13 早	永安里—建国门	7.62
	12.10 晚	复兴门—南礼士路	7.73
	12.13 晚	国贸—大望路	7.28
4 号线	12.11 早	公益西桥—菜市口	8.48
	12.14 早	菜市口—宣武门	8.02
	12.11 晚	宣武门—菜市口	5.76
	12.14 晚	陶然亭—北京南站	7.12
10 号线	12.10 早	北土城—健德门	7.28
	12.13 早	国贸—金台夕照 健德门—牡丹园	7.50
	12.11 晚	金台夕照—国贸	6.50
	12.12 晚	呼家楼—金台夕照	5.04
13 号线	12.10 早(东直门—西直门)	上地—五道口	7.55
	12.10 晚(东直门—西直门)	芍药居—望京西	3.22
	12.14 晚(西直门—东直门)	大钟寺—五道口	4.44

夏季工作日早晚高峰 1 号线、13 号线立席密度 表 3-18

线路	时　　间	最大立席密度区间	最大立席密度(人/m^2)
1 号线	6.25 早	国贸—永安里	6.83
	6.25 晚	复兴门—南礼士路	6.83
	6.29 早	南礼士路—复兴门	8.29
	6.29 晚	建国门—永安里	7.28
13 号线	7.10 早	上地—五道口	7.66
	7.10 晚	芍药居—望京西	5.11
	7.11 早	望京西—芍药居	7.55
	7.11 晚	芍药居—望京西	5.77

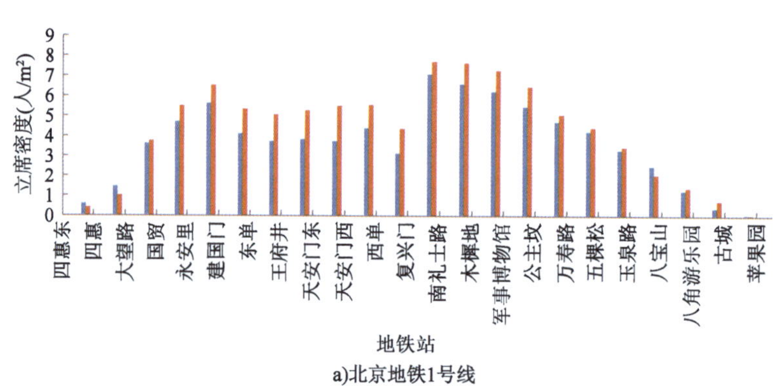

a)北京地铁1号线

图 3-22

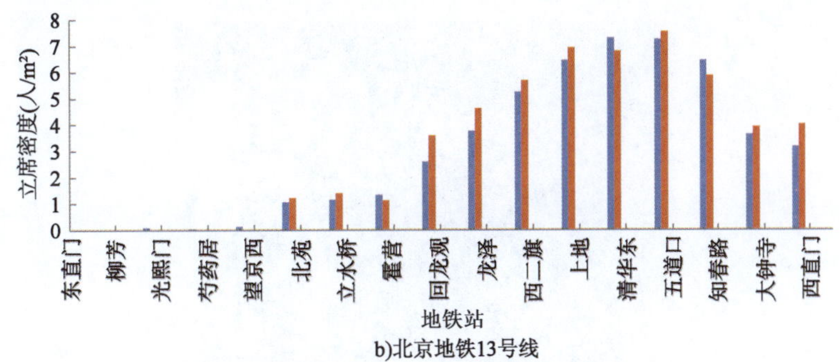

图 3-22　夏季、冬季工作日各线路的立席密度峰值

3.2.2　拥挤状态下乘客拥挤力

拥挤人群是高密度下的行人之间存在压缩和变形的系统，正是这种压缩和变形才导致了力在拥挤人群的传播和积聚，从而引发事故。人群密度越高，空隙越少，意味着人群容易受到接触、挤压，因而产生更有效的力的传播；在密度不高时，个体之间存在空隙，力的传播将被隔断。如果行人处于高密度环境内的时间过长，容易引起个体的安全问题，如肺的扩张和收缩，呼吸受到压抑、心脑缺氧，甚至还可能造成人员伤亡事故。

关于人体受力与舒适度状态的关系，国内外的研究主要集中于人体对力的承受能力的研究。Smith 和 Lim 在一次经验研究中得出个体感知痛苦的力范围为 175 ~ 245N。Dickie 和 Wandless 的试验室研究结果显示，对于体重为 92kg 年轻男子来说个体最大承受力为 600N。Helbing 在其社会力模型中采用 4450N/m 作为潜在受伤及结构破坏的力的阈值，相当于一个个体受到 3000N 的力，个体之间能够传递的力为 1250N。评价胸部损伤单一的力准则为：当胸骨受 3.29kN 的力时会受到损伤。我国汽车侧面碰撞的乘员保护法规规定，腹部受力峰值应小于或等于 2.5kN。

1）行走阶段的拥挤力

为了得到城市轨道交通车站内真实的人群拥挤力，选择北京地铁 10 号线列车中人数较多的第 2 或第 3 节车厢作为调研对象。在早高峰时段（7:30—8:30）选择宋家庄—亮马桥区段往返调研，晚高峰时段（17:30—19:00）选择呼家楼—角门西区段调研，测量车厢内各个立席密度情况下的乘客间拥挤力的情况。

调研中采用自行开发研制的测量拥挤力设备，如图 3-23 所示，即将气囊与精密气压检测表相连通，当气囊受到挤压时，气压表可显示挤压的压强。

根据调研发现，行走阶段拥挤力往往会突然增大到峰值，然后逐渐减小。而在拥挤力减小时，立席密度甚至有可能继续增大，两次典型的调研结果如图 3-24 所示。

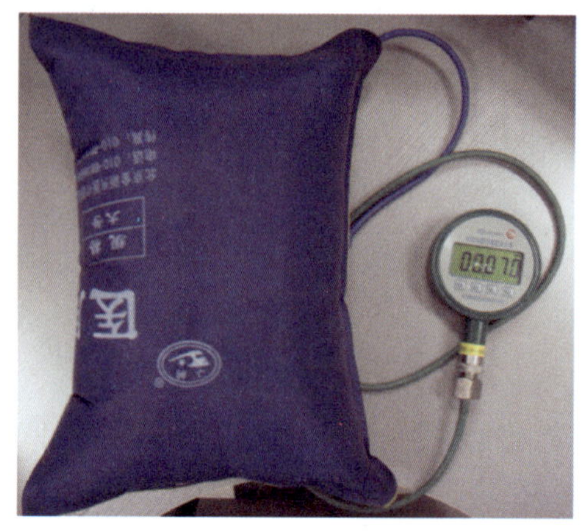

图 3-23 自制拥挤力测量设备

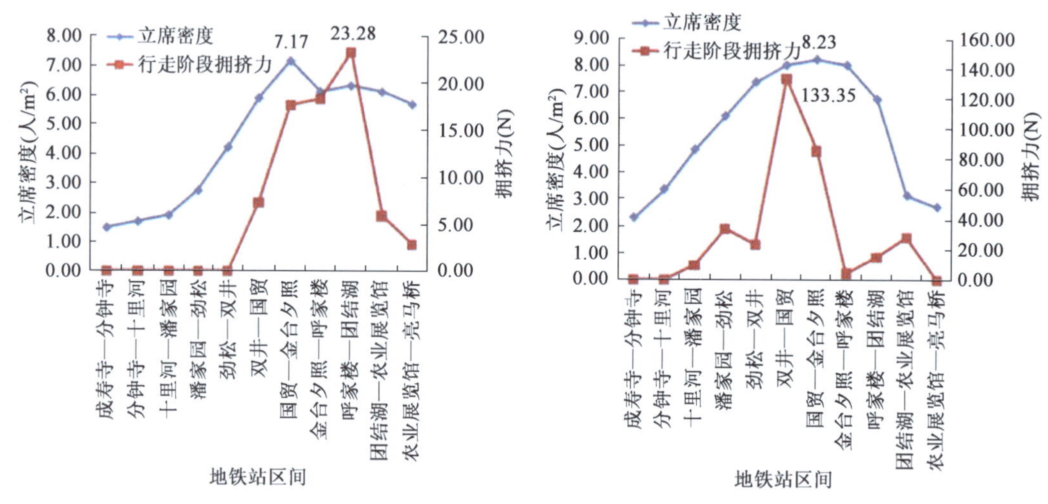

图 3-24 立席密度和行走阶段拥挤力的测量结果

由图 3-24 可知，乘客在不断调整自己的姿势，以减小自身受到的拥挤力，也使得乘客感受到的行走阶段拥挤力大小并不一定随着立席密度的增大而增大。根据调研数据，绘制立席密度与行走阶段拥挤力大小的关系图，如图 3-25 所示。当立席密度小于 3 人/m^{2}时，行走阶段拥挤力为 0，乘客拥有足够的站立空间，不会受到其他乘客的碰撞。立席密度与该密度下拥挤力可达到的最大值 F_{max} 正相关，在相同立席密度情况下，乘客在调整站立姿势和位置时能感受到的拥挤力大小的变化范围为 $0 \sim F_{max}$。

2）上车阶段的拥挤力

上车阶段拥挤力大小与上车前车厢乘降区的立席密度和上车人数有关。调研中测得，上车阶段拥挤力是三个乘车阶段中最大的，其最大值为 650.33N，出现在早高峰时段的劲松站，上车前车厢乘降区立席密度为 6.12 人/m^2,如图 3-26 所示。

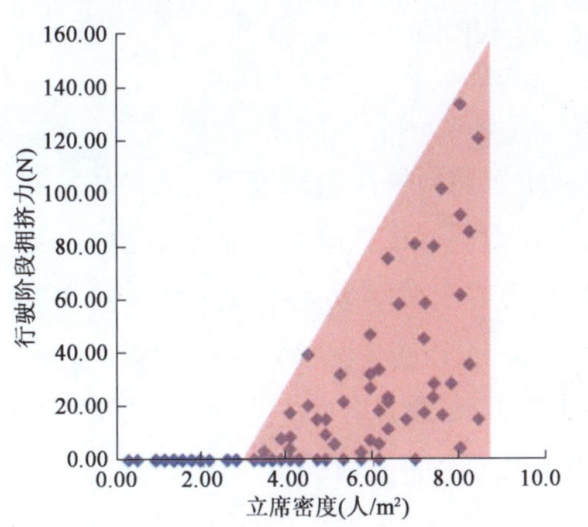

图 3-25 立席密度和上车阶段拥挤力测量结果

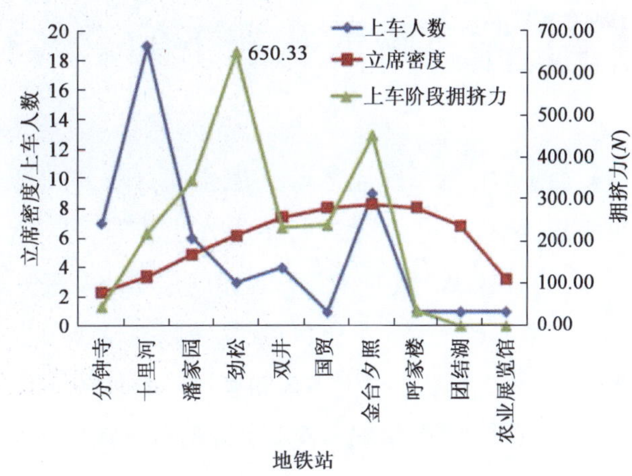

图 3-26 立席密度—上车人数—上车阶段拥挤力的测量结果

由图 3-26 可见,当立席密度超过 5 人/m^2时,即使上车人数不多,也可能使上车阶段拥挤力大幅增加;当立席密度较小(3 ~5 人/m^2)时,上车人数成为影响上车阶段拥挤力的主要因素,随着上车人数的突然增加,拥挤力会随之增大。同时,立席密度和上车人数与相应密度下上车阶段拥挤力可达到的最大值 F_{max}正相关。

早高峰时通勤乘客往往为了赶时间会比晚高峰时有更强的上车欲望,对舒适度的需求会降低。然而在调研中发现,晚高峰时乘客间的拥挤力大小与早高峰时差别并不大,说明晚高峰时乘客对舒适度的需求并没有非常明显的增加。

3) 下车阶段的拥挤力

下车阶段车厢内乘客间的拥挤力均小于上车阶段和列车行驶阶段,调研中测得下车阶段拥挤力的最大值为 89.08N,出现在晚高峰石榴庄站。这是由于下车乘客要进入的是空间相对较大的站台,受到的阻碍比上车乘客小。

在上述三个乘车阶段中,上车阶段的拥挤力最大,对乘客舒适性的影响也最大;行走阶段持续时间较长,乘客会通过自身的调节将行走阶段一开始较大的拥挤力降低到可接受的大小;下车阶段的拥挤力最小。

通过分析发现,影响乘客间拥挤力的因素有:车厢立席密度、上下车人数、乘客对拥挤的耐受程度、乘客姿势与位置调整等。其中,乘客的因素会使得拥挤力的大小产生较大的波动,并且随时变化,并不一定随着立席密度的增大而增大。立席密度是与该密度下拥挤力可达到的最大值 F_{max}正相关,相同立席密度下,乘客能感受到的拥挤力大小的变化范围为 $0 \sim F_{max}$。

3.3 紧急疏散状态下的乘客行为特征

由于城市轨道交通客流密集，空间有限，一旦发生事故，将对紧急疏散带来很大挑战。常见事故类型有停电、水灾、火灾、列车出轨等。其中火灾是威胁城市轨道交通运营安全的主要因素，约占事故总数的57%。城市轨道交通发生灾难，尤其是火灾事故，往往因疏散困难和组织不当造成严重的人员伤亡和财产损失。乘客在紧急疏散时，由于情况紧急，进行决策的时间较短，且情绪容易受周围乘客和客观环境影响产生心理恐慌，影响其自身疏散和车站人员客流组织。为此对紧急情况下乘客的疏散行为特征和疏散心理特征进行研究，具有重要意义。由于真实情况下的紧急疏散事故较少，并且难以获得相关的疏散行为特征和心理特征数据；因此，本书采用基于VR技术自主开发的轨道交通乘客疏散演示平台来进行紧急疏散事故下乘客的应急疏散行为特征并获取心理特征数据。

3.3.1 乘客应急疏散行为特征

1）应急疏散行为特征分析

在地铁火灾中，由于乘客自身社会性、经验以及生理反应具有多样性，乘客的避难行为也具有多样性，并且避难行为和乘客的疏散路径选择有直接关系。如当地铁内发生火灾时，乘客会产生恐慌心理，加之周围烟气不断扩散、温度升高，乘客可能会选择错误地路径疏散。具体的乘客避难行为与对疏散的影响总结如表3-19所示。

乘客避难行为与路径选择　　表3-19

避难行为	行为说明	对疏散路径选择的影响
归巢行为	当乘客遇到意外灾害时为求自保，会本能地按照原路返回，或者按照日常惯用的路径进行逃生	乘客选择原路径疏散时，将会造成站台与站厅、站厅与出口之间的楼扶梯拥堵，反而忽略掉其他紧急出口，延长了逃生时间
从众行为	人具有社会性，多个人协同运动更有安全感。而在紧急状态中，乘客往往容易失去自主判断能力，容易从众疏散	逃生时若有熟悉环境的引导人员适当地引导乘客，可以极大减少不必要的伤亡与混乱
向光疏散	由于火灾会产生大量的烟气，严重影响乘客的视线，乘客容易朝着明亮的地方疏散	紧急出口、标识等指示标志亮起，可以起到一定的引导疏散作用
左转偏好	大多数乘客在可见度有限、无法分辨出口时，会下意识地左转	在乘客疏散路径冲突点上，利用乘客左转偏好，可以减少冲突，提高疏散效率

续上表

避难行为	行为说明	对疏散路径选择的影响
躲避行为	当乘客觉察自身周围环境异常时,由于本能,会迅速朝着远离的方向逃跑	当乘客往逃生路径移动时,前方乘客若因觉察到危险而反向逃生时,将造成乘客疏散困难并引起混乱
往开阔处	越开阔的地方其障碍物可能越少,安全性可能越高,生存机会可能较多	楼梯、扶梯等紧急逃生设备应尽可能考虑设在较开阔处
潜能激发	当乘客处于危险中,常能发挥异常的力量,克服障碍逃生	在逃生诱导标志上,应以简单明了的文字或图示表达
其他行为	如原地等待救援,通知火警,灭火行为,协助他人,抢救财务等	—

(1)紧急疏散时乘客的“第一行为”

乘客可能通过三种情况发现险情:直接发现危险源(如看到火光)、听到疏散广播、发现人群异常(如听到他人呼叫或看到他人逃离)。调查得到,发现异常后乘客首先采取的行动(即“第一行为”)如图3-27所示。可知面对不同的异常信号时,乘客的“第一行为”差异较大,听到疏散广播时的反应与其他两种情况显著不同。①按照调研前的预期,“看见火光”属于直接的危险信号,乘客可能会立刻逃离,但调查结果与预期相反:乘客直接逃离的概率仅为0.08,而首先观察确认或报警的概率为0.90。②乘客发现人群异常时采取观察确认(0.37)和报警(0.37)的概率略有下降,直接逃离的概率增加到0.20。③听到疏散广播时直接逃离的概率最大(0.55),因此可以认为疏散广播是快速启动人群疏散的最有效方式。

危险发生时,驾驶员和控制中心可能无法在第一时间监测到异常,乘客可能是异常情况的第一发现者。此时,乘客报警或通知工作人员作为“第一行为”影响灾情发现的时间,进而决定了后续疏散组织的进度。由图3-27可知,看见火光和人群异常时乘客报警或通知工作人员的概率分别为0.45和0.37。由于广播是由工作人员官方发出的疏散信号,听到疏散广播时已经没有必要再报警,调查中此时乘客报警的概率为0.11,可能是要向工作人员确认疏散信息的可靠性。

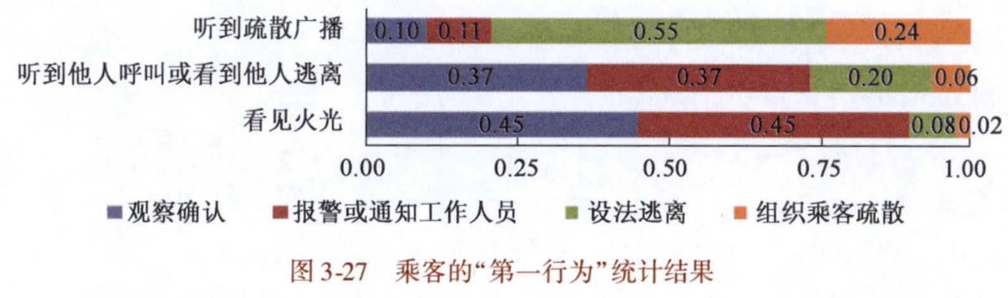

图3-27 乘客的“第一行为”统计结果

发生紧急情况时,如果有乘客将组织乘客疏散作为“第一行为”可以提高人群疏散的有序程度。调查显示,听到疏散广播时乘客有此行为的概率最高,再次说明了疏散广播对组织乘客疏散的重要性。

“第一行为”在一定程度上决定了乘客的疏散准备时间,意识到危险信号后立刻逃离和组织乘客疏散所需的疏散准备时间较短,而观察确认、报警或通知工作人员可能花费较长的疏散准备时间。因此,前者的概率越大、后者的概率越小,乘客群体的平均疏散准备时间越小,对疏散越有利。由表3-20可知,三种情况下,看见火光时的疏散准备时间最长,其次是人群异常,听到疏散广播所需的疏散准备时间最短。

乘客的"第一行为"对疏散准备时间的影响 表3-20

危险信号	"第一行为"概率	
	观察确认+报警或通知工作人员	设法逃离+组织乘客疏散
看见火光	0.89	0.11
听到他人呼叫或看到他人逃离	0.70	0.31
听到疏散广播	0.21	0.79

鉴于乘客在面临不同危险信号时的行为差异,在开展疏散试验时应分别考察不同情形下的乘客行为特点,在疏散仿真模拟时应根据乘客面临的具体情形设定不同的行为规则和疏散准备时间。

(2)发生火灾后的应急疏散行为

车厢发生火灾时乘客可能拨打火警119或通过报警器通知驾驶员,也可能使用灭火器扑灭、打开车门逃生或破窗逃生,调查结果如表3-21所示。乘客报警通知火情或寻求帮助的概率为0.85,其中通过拨打119报警的概率为0.51,直接利用车内报警器通知驾驶员(0.72),同时选择两种报警方式的概率为0.39。实际上,多人同时拨打119易导致占线,故此时应通过报警器通知驾驶员,然后由驾驶员上报灾情并做出疏散安排,这在消防培训中应注意说明。

车厢发生火灾时乘客采取的行动 表3-21

车厢内行为	拨打火警119	通过报警器通知驾驶员	使用灭火器扑灭	打开车门逃生	破窗逃生	不采取措施等待救援
概率	0.51	0.72	0.66	0.50	0.32	0.01

注:由于选项为多选,故各项的和大于1。

乘客使用灭火器灭火的概率为0.66。逃生方式方面,打开车门和破窗逃生的概率分别为0.50和0.32;几乎没有乘客原地等待救援(0.01)。

(3)乘客疏散时的携带行李情况

乘客乘坐地铁出行时可能携带大件行李,特别是在与火车站、机场等对外交通站点接驳的线路上,携带大件行李的乘客比例较大,紧急疏散时若携带行李很可能妨碍自身和他人的疏散。根据问卷调查的结果,乘客在疏散时能够理智处理自己的行李,将其留在车上的概率为0.87,仍坚持携带的仅为0.13。

2)乘客在车厢内的应急疏散行为分析

乘客在车厢内的行为主要是指车厢发生火灾时乘客采取的行动和车门等出口拥堵时的乘客行为。前者包括拨打火警119、通过报警器通知驾驶员、使用灭火器扑灭、打开车门逃生、破窗逃生和不采取措施6种。后者包括排队等待有序疏散,不会等待、尽快穿越人群,翻越座椅、尽快到达出口和破窗逃生4种。

(1)乘客性别和乘客遇到紧急情况时的行为交叉分析

将乘客性别和乘客遇到紧急情况时的行为做统计分析,结果如表3-22所示。可以看出,遇到紧急情况时,男性和女性中使用报警器通知驾驶员、破窗逃生和不采取措施等待救援的比例大致相同,男性拨打火警电话的比例小于女性,但使用灭火器救火和打开车门逃生的比例大于女性。因此,男性遇到紧急疏散情况时,采取灭火和逃生等实际疏散行为的比例较高,即反应时间小于女性。在标定行人仿真的参数时,可以根据调研结果设置不同的反应时间。

乘客性别和应急行为统计结果 表3-22

性　　别	拨打119火警电话	通过报警器通知驾驶员	使用灭火器扑灭火	打开车门逃生	破窗逃生	不采取措施	小　　计
男	46.07%	70.41%	67.79%	53.56%	33.71%	3%	267
女	58.49%	71.7%	62.26%	48.3%	33.58%	4.15%	265

将乘客性别和乘客遇到紧急情况时的行为做卡方检验。结果显示,在所有应急行为中,只在拨打119火警电话这一行为上表现出男女差异:女性乘客选择拨打火警电话的比例高于男性乘客,与上一部分的分析结果一致。

(2)乘客性别和疏散时车厢拥堵情况下乘客的行为交叉分析

由图3-28可以看出,车厢发生拥堵时,男性中排队等待的比例小于女性,而翻越座椅和破窗逃生的比例大于女性。由此可知,女性在紧急疏散情况时的耐性大于男性,而男性的动力性大于女性。在标定行人仿真的参数时,可以根据性别设置不同的耐性以及动力性。

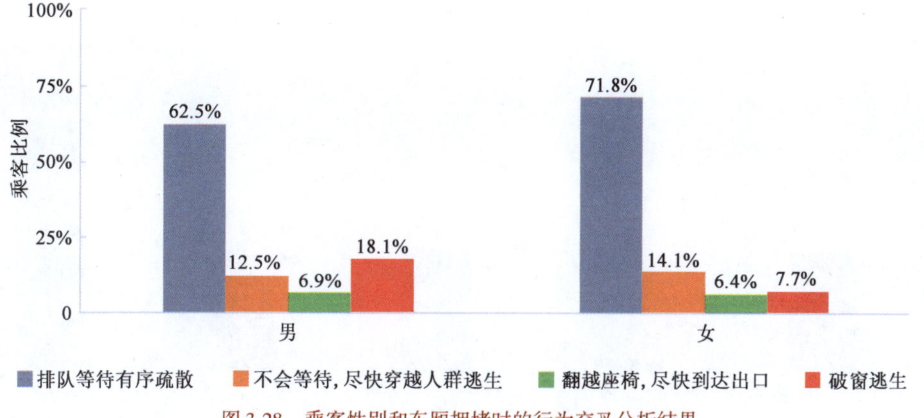

图3-28　乘客性别和车厢拥堵时的行为交叉分析结果

(3)乘客对不同疏散设施的了解程度和疏散行为的交叉分析

根据调查问卷的结果,将乘客对不同疏散设施的了解程度和疏散行为进行交叉分析,结果如图3-29所示。从结果来看,多数乘客能在疏散中做到有序排队。其中,不了解任何疏散设施的乘客在车厢拥挤时表现出的应急行为与其他乘客有明显差别:选择排队等待有序疏散的乘客比例显著小于其他对紧急疏散设施有所了解的乘客,同时选择破窗逃生和尽快穿越人群逃生的乘客比例大于了解疏散设施的乘客，这些不理智行为显然会增加疏散时间，降低逃生效率。因此，宣传有关紧急疏散设施的知识，可以提高疏散效率。

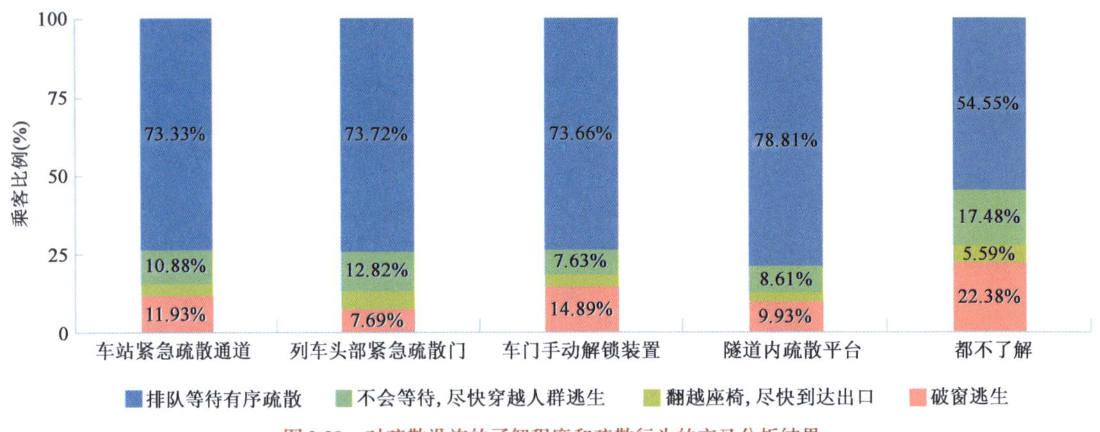

图 3-29　对疏散设施的了解程度和疏散行为的交叉分析结果

3）乘客在隧道中的应急疏散行为分析

乘客逃离车厢后首先要面对的问题即是选择逃生方向，在隧道中，选择的依据主要有跟着人群走、选择人少的方向、向有光的地方走、迎风疏散和按照疏散标志撤离。根据调研问卷的结果（图 3-30），选择按照疏散标志进行疏散的乘客数量最多，占比为 77%；跟着人群走、有光的方向以及迎风疏散的乘客均占 30% ~40%。而逆向思维，即选择人少方向的人数很少，占比小于 5%。因此，在设置火灾疏散虚拟场景和现实中引导疏散时，应重视疏散标志的作用。

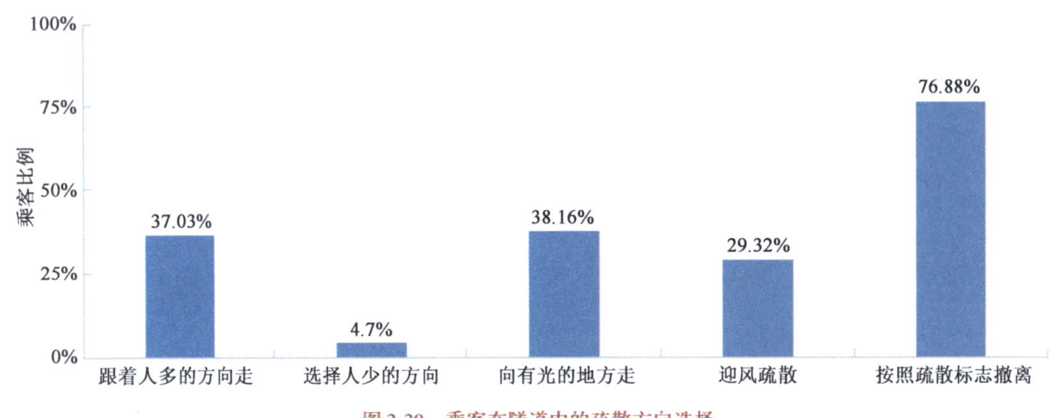

图 3-30　乘客在隧道中的疏散方向选择

3.3.2　乘客应急疏散心理特征

乘客的疏散行为可能受到紧张、恐慌等心理的影响。根据调查结果（表 3-23），火灾等紧急情况发生时乘客表现为轻微恐慌（0.32）和比较恐慌（0.38）的概率较大。

乘客恐慌程度 表 3-23

恐慌程度	很冷静	轻微恐慌	比较恐慌	非常恐慌	极度恐慌	合计
概率	0.13	0.32	0.38	0.14	0.03	1.00

乘客的恐慌程度受到性别、疏散演习经历和疏散背景知识的影响。

1) 性别对恐慌程度的影响

在遇到紧急情况时男性往往比女性更加冷静。如图 3-31 所示，男性“很冷静”和“轻微恐慌”的概率均大于女性，而女性“非常恐慌”的概率约为男性的 2 倍。因此，在疏散中应更多关注女性的心理状态；同时，在仿真模拟中宜设置女性的平均恐慌系数大于男性。

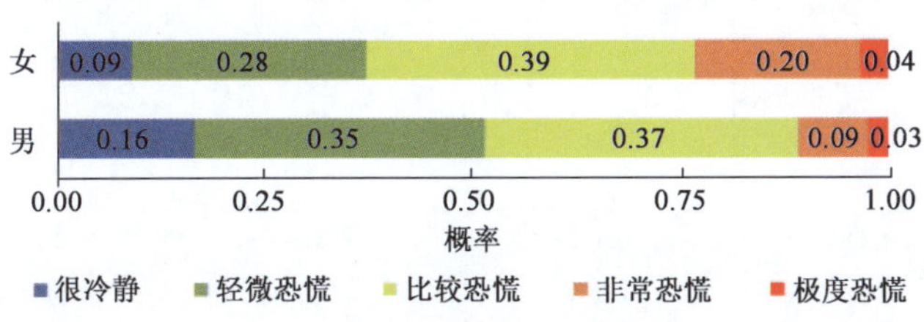

图 3-31 乘客性别与恐慌程度交叉分析结果

2) 疏散演习经历对恐慌程度的影响

乘客的疏散演习经历和紧急情况下恐慌程度的卡方检验结果如表 3-24 所示。由样本的 $p<0.05$可知，有不同疏散演习经历的乘客在紧急情况下的恐慌程度具有显著性差异。①具有疏散演习经历的乘客平均恐慌程度较低，保持冷静的概率(0.41)远大于其他乘客，“冷静”和“轻微恐慌”的概率和为 0.72。②无疏散演习经历也不了解相关知识的乘客最容易出现恐慌情绪，“比较恐慌”的概率为 0.44，“非常恐慌”或“极度恐慌”的概率为 0.23。因此，可以通过组织演习疏散和宣传疏散知识降低乘客的恐慌程度。

疏散演习经历与恐慌程度卡方检验结果 表 3-24

恐慌程度	地铁紧急疏散(或培训、演习)经历				卡方	p
	经历过	没经历过，但了解相关知识	没经历过，也不了解	总计		
很冷静	0.41	0.18	0.07	0.14	22.777	0.004
轻微恐慌	0.31	0.41	0.26	0.31		
比较恐慌	0.18	0.31	0.44	0.38		
非常恐慌	0.10	0.08	0.18	0.14		
极度恐慌	0.00	0.01	0.05	0.03		
合计	0.10	0.32	0.58	1.00		

3）疏散背景知识对恐慌程度的影响

乘客对疏散越了解，在疏散中的恐慌程度越低。用对疏散设施的了解程度衡量乘客对疏散知识的掌握程度，结果发现乘客的恐慌程度与了解疏散设施的数量负相关。由表3-25可知，随着了解疏散设施数量的增加，乘客很冷静和轻微恐慌的概率逐渐增加，而比较恐慌、非常恐慌、极度恐慌的概率则逐渐减小。

乘客了解的疏散设施数量和恐慌程度　表3-25

恐慌程度	了解的疏散设施数量				
	0	1	2	3	4
很冷静	0.06	0.12	0.12	0.17	0.25
轻微恐慌	0.11	0.34	0.37	0.43	0.41
比较恐慌	0.50	0.40	0.36	0.31	0.25
非常恐慌	0.25	0.12	0.11	0.09	0.08
极度恐慌	0.08	0.02	0.04	0.00	0.00
合计	1.00	1.00	1.00	1.00	1.00

3.4 本章小结

理解和掌握乘客在不同情况下的行为特征是城市轨道交通乘客仿真模型的构建以及参数选取及标定的关键基础。本章通过实地调研、问卷调查等多种形式，对正常情况下每种设施的行人速度、密度、流量及其相互关系进行分析，建立以速度和密度为指标的服务等级；对拥挤条件下城市轨道交通车厢立席密度和拥挤力对车辆编组和车站规模影响进行分析；基于虚拟现实（VR）技术对紧急疏散状态下乘客的应急疏散行为特征分析并获取心理特征数据。本章总结了城市轨道交通在正常状态下、拥挤条件下以及紧急疏散状态下，乘客表现出的交通行为特征。

4

基于行人微观仿真的车站设施布局优化

城市轨道交通车站设施的配置布局需要满足站内客流需求及乘客行走特征。为了优化站内布局,实践中通常采用行人微观仿真方法。然而,行人行为本身较为复杂,影响因素众多,从微观角度进行仿真,不仅构建模型复杂,且算法的设计、算法效率的保证都有一定困难。人工智能领域中的智能体(Agent)概念则能很好地克服上述困难。因此,我们在微观仿真模型中引入Agent概念,设计行人Agent个体的感知—决策机制及算法,最终构建了基于Agent的连续空间多粒子自驱动行人仿真模型,以实现车站内设施布局的优化评估。

4.1 基于Agent的连续空间粒子自驱动仿真模型构建

社会力模型的缺点是其将人视为受力的作用产生运动的物体,而事实上人具备与行走环境交互的智力,行为更为复杂,具有更理性的路径选择能力。这一问题可通过引入多智能体的思想加以解决。

智能体是人工智能领域中一个很重要的概念。任何独立的、有思想并可以同环境交互的实体都可以抽象为智能体。这些个体的有机组合则构成计算社会——多智能体系统。这与人和人群有极大的相似性,非常适合采用。

从实现手段上讲,一方面Agent建模方法与社会力模型本身具有一定的相似性,另一方面从编程实现的角度讲,本章拟采用的面向对象编程技术与Agent具有逻辑结构上的高度一致性。这些都为Agent方法的引入提供了可能性和合理性。

4.1.1 Agent建模方法简介

Agent建模方法的起源要追溯到人工智能领域。人工智能(Artificial Intelligence,简称AI)是一种借鉴模仿人类智能的技术,旨在制造具有独立智能的机器的计算机科学分支。人工智能已经被广泛应用于当今世界的各个行业,成为促进各项工业技术发展的主要动力。人工智能以制造具备某些人类智能的计算机系统为基本目标。随着计算机科学和人工智能技术的发展,将计算机系统与人工智能技术更好地结合起来,构建具备自我控制的决策系统,实现更高层次的智能行为,吸引了越来越多的研究人员。随着人工智能向纵深发展,以人工智能为核心的决策支持系统逐步成为系统决策领域的重要发展动向。总体来讲,人工智能技术方兴未艾,在各个领域都有着广阔的应用前景。

而智能体则是AI领域一个非常核心的概念和元素,其最早出现在20世纪70年代人工智能的相关论著中,之后十年得到了充分的发展。构建这一概念的学者是麻省理工学院的著名计算机学家和人工智能学科创始人之一的 Minsky。他提出并将 Agent 的社会与社会行为概念引入计算系统，实现智能性的行为。具体地讲，智能体是可以与环境动态交互的、具有高度自控能力的单元，该单元可以是系统、设备或者虚拟的程序，可以根据特性接受其他单元或实体，与之交互信息或提供支持，可以采取感知、分析、学习等智能行为与所处环境及其他实体动态交互，综合决策，调整自我状态，完成既定目标。根据智能体的独立程度，可将其分为“弱定义”智能体、“强定义”智能体。“弱定义”智能体是指具有自主性、社会性、反应性和能动性等基本特性的智能体；“强定义”智能体是指不仅具有“弱定义”中的基本特性，而且具有移动性、通信能力、理性或其他特性的智能体。

传统的计算系统是封闭的，要满足一致性的要求，然而社会机制是开放的，不能满足一致性条件。这种机制下的部分个体在矛盾的情况下，需要通过某种协商机制达成一个可接受的解。Minsky 将计算社会中的这种个体称为智能体。这些个体的有机组合则构成计算社会——多智能体系统（Multi-Agent System）。智能体具备自身的行为控制能力并拥有部分计算资源，能够在不受外界直接操纵的情况下，根据内部状态、自我决策机制、对外界环境信息的感知，综合判断，改变自身状态，做出合理的决定及行为。除了与环境互动以外，智能体还具备个体之间的互动协作能力，相互感知对方的状态，调整行为，达到互动的目的。根据不同的研究目的与角度，智能体应具有的特性也各不相同，但是其共有的特性应如表 4-1 所示。

智 能 体 的 特 性　　表 4-1

反　　应	对环境的改变做出及时的反应
自治	根据自己的反应进行控制
基于任务的/主动性/目的性	不是仅仅对环境做出简单反应
时间连续	是一个连续的过程
相互沟通/社会性意识	与其他智能体进行交流
学习适应	根据自己以前的经验改变其行为
机动性	可以从一台机器移植到另一台机器
灵活性	行为不是简单的重复
特性	具有个性和感情状态

正是因为智能体建模方法对系统的描述更接近于人类对客观事物的认识和理解，同时，智能体模型源于分布式人工智能的特征使得它对并行计算具有天然的适用性且便于移植，可以实现对复杂问题的描述。

总而言之，人工智能技术可以概括为一种计算实体，该实体可以与环境、与其他实体交互，且具有一定生命周期。智能体是用来完成某类任务、能在一定环境中自主发挥作用、有生命周期的计算实体。感知—决策—行动是其基本特征。这一特征表明它被用于动态过程的模型时可以实现连续性的过程，而不是单步的静态模式的模拟。

4.1.2 Agent 建模方法与连续空间多粒子模型

事实上，经典多粒子力学模型本身已经体现了个体与环境交互、个体与个体交互从而改变自身状态这一 Agent 建模方法的核心思想。具体地讲，个体与障碍物、目的地等外部环境的作用力改变行人的加速度及速度，体现了个体与环境的交互。而行人与其他行人间的排斥力或者吸引力改变各自的运动状态，则正是个体交互的体现，如图 4-1 所示。

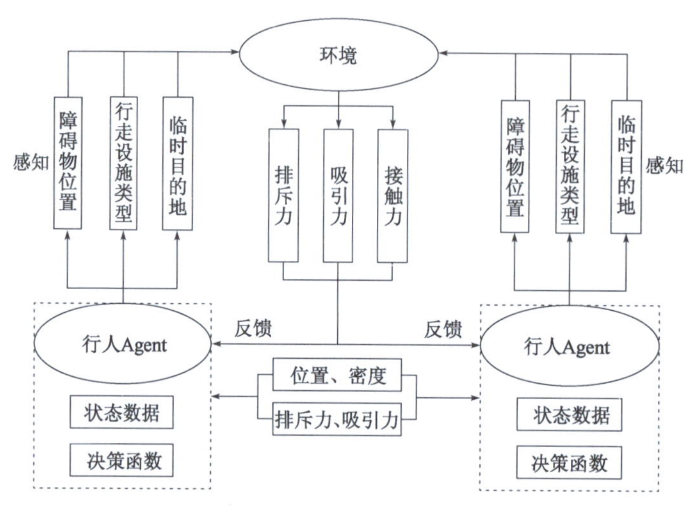

图 4-1　社会力模型与 Agent 建模方法

如前所述，这种交互在原始社会力模型中表现得过于简单，线性的叠加影响不能体现行人 Agent 单元与环境之间更为复杂和更为智能的交互，没有明确的感知、决策、行动的链条，但是经典社会力模型为 Agent 建模方法的应用提供了内在的可能性。

为了更完整地描述行人与环境之间及行人之间的智能动态交互，可以引入以 Agent 感知—反馈为核心的建模思想，构建更为复杂更全面的交互方法。Agent 与环境的交互，应以视域为感知区域，建立扫描感知方法，对视域内的障碍物或局部路径等信息进行综合收集分析和处理，行人 Agent 感知到这些信息以后进行综合决策，并付诸行动。改变单一的障碍物排斥力或目的地吸引力叠加，避免行人粒子如同物理粒子一样仅在力的作用下盲目运动、避免明显与实际不符的仿真现象（如行人落入障碍物陷阱）。

这种更丰富的交互通过 Agent 方法及对应的函数算法加入构建的智能体中。对于行人之间的交互，应对行人行进方向上的行人密度进行扫描并离散化：一方面行人根据周边行人密度调节加速度和速度；另一方面行人扫描前方行人密度和空挡，局部调节行进方向，同时避免不必要的碰撞及重叠，最终实现更为真实的 Agent 个体的交互，如图 4-2 所示。

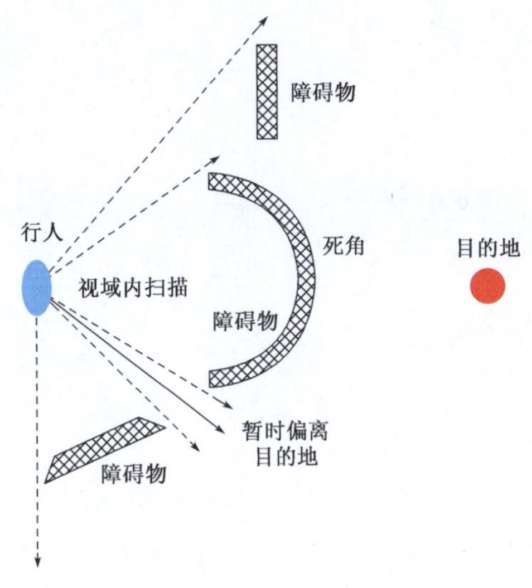

图 4-2 Agent 建模方法及障碍物陷阱示意图

4.1.3 Agent 建模方法与面向对象编程技术

从实现方法上来讲,作为目前主流的编程思想,面向对象编程技术与 Agent 构架具有高度的一致性。面向对象编程技术的基本理念是将现实世界中具有相似特性或反应模式的一类事物抽象成包含该类事物基本特征的数据成员和代表这类事物反应模式的方法,即成员函数。程序执行时可按照该类的框架生成多个对象,每个对象都具有该类特性和反应模式。

对于研究对象——行人,根据微观仿真的基本要求,抽象出行人类应包含行人的基本属性,包括行人的性别、肩宽、胸厚、足长、体重等身体特征,以及期望速度、当前速度、当前加速度、当前位置等运动参量及其预测值。对于社会力模型而言,行人类还应具有共同的社会力参数。这些参数可以抽象成类的数据成员。其中共享的参数为静态数据成员,而单个行人独有的数据为一般数据成员。相对于 Agent,这样的静态或非静态的数据成员就是 Agent 的自身属性和状态。

行人根据目的地、障碍物位置调整自身的运动属性或状态,同时与其他行人个体交互,规避碰撞。这些方法可以抽象成行人类的各种函数。封闭的行人类及对象正是通过这些函数与环境及其他行人个体交互,感知障碍物、目的地和周围行人的密度、速度及与最近行人碰撞的可能性,综合决策,调整数据成员的值,即改变自身的运动状态和受力状态。

经典社会力模型的行人排斥力、障碍物排斥力及朝向目的地的自驱动力计算函数,都是行人类的方法函数。这种模式与 Agent 感知、决策和行动模式非常一致,因此具有封装性和交互反馈性的面向对象编程技术与 Agent 核心思想以及相应模型构建方法具有外在形式上和内在逻辑结构上的高度相似性和一致性,通过面向对象编程技术实现社会力模型与 Agent 模型方法的结合是可行且合理的。将上述一致性表示成结构图的形式,则如图 4-3 所示。

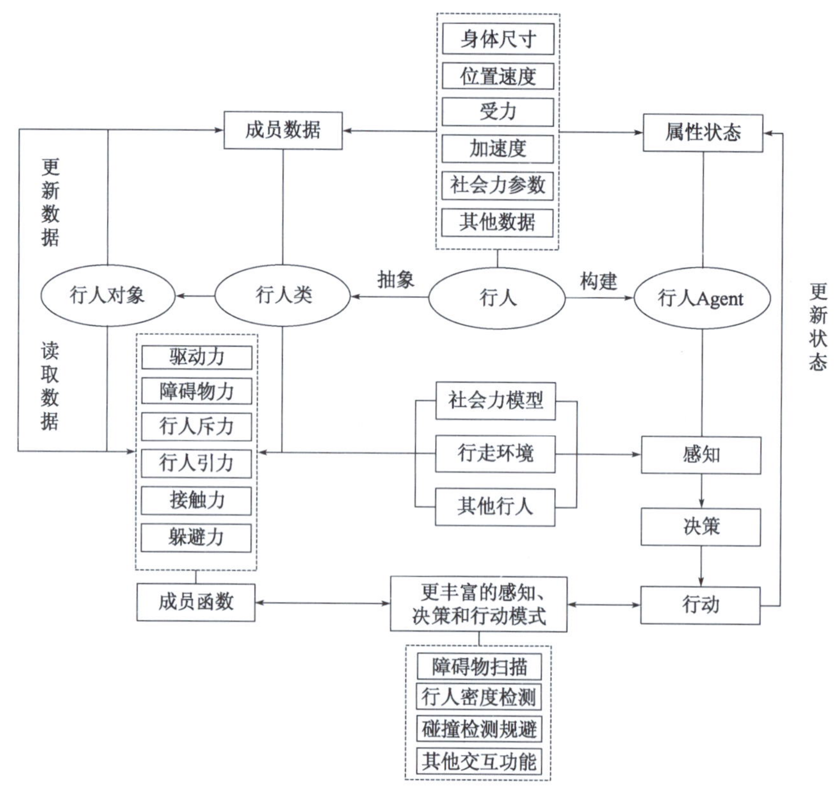

图 4-3　面向对象编程技术与 Agent 建模方法架构关系图

4.2 行人仿真模型算法实现

4.2.1 连续空间多粒子自驱动模型程序实现流程图

根据 4.1 构建的连续空间多粒子自驱动模型的分子动力学算法实现框架,按照 Gear 预测校正法的思路进行编程,结合链接列表元胞法,最终得到整个程序框架,其算法的流程如图 4-4所示。由于整个程序的实现是通过 C + + 的基础类库 MFC 进行的,而对于 C + + 的主要编程思想体现就在于使用类(Class)来实现面向对象的程序设计。

类实际上是对某种类型的对象定义变量和方法的原型。作为面向对象编程的核心思想,它实际上是对真实世界中某一类具有部分共性的事物的抽象。类是对象的定义,主要包括对象的名称和属性信息,以及方法和事件等动作方式的信息。但是它自身不是对象,不会被内存读取。只有声明或者引用类相关代码时，类才会被实例化，生成对象，出现在内存中。一个类可以生成多个对象，这些对象都包含类的基本特性和方法，但是数据都从属于对象本身。本章研究的“行人”就可以抽象成具有身体特征和运动特征，且能感知周围环境并做出反应的“行人类”，并进行设计和封装，用该类可以生成所有具备这些基本特征的行人对象。

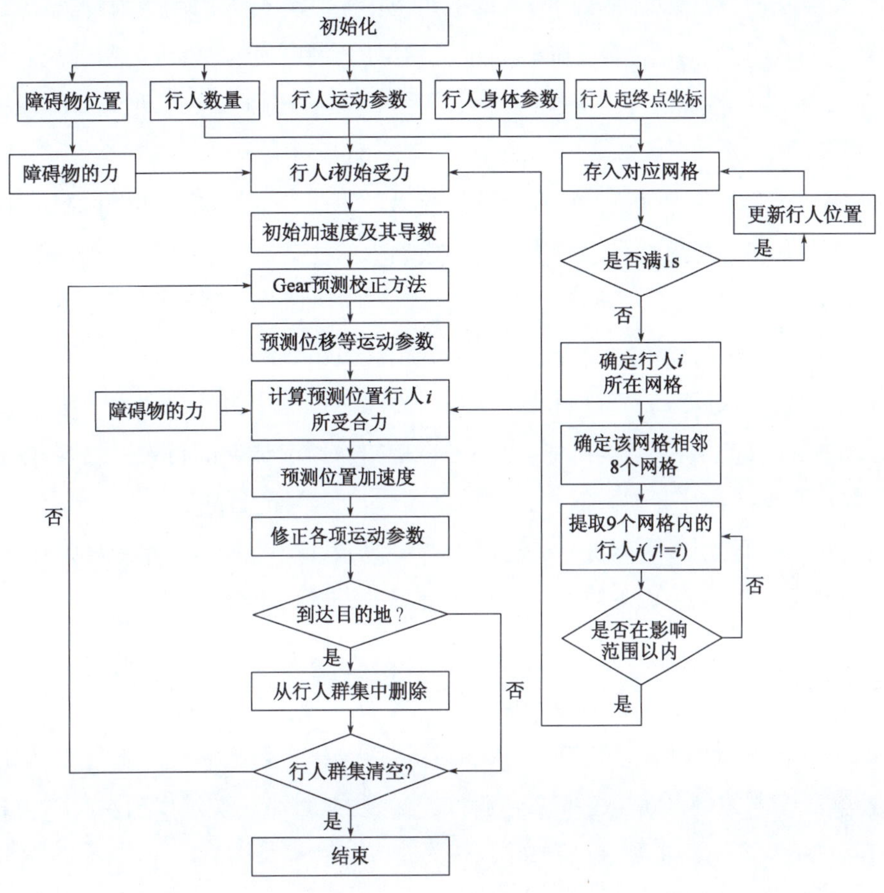

图 4-4　社会力模型程序化流程图

通过对类概念和本章模型仿真需求的整合，构建了行人类 CPed 来描述本章模型中需要研究的行人的主要属性以及方法。例如，行人的肩宽、足长、质量、编号、初始位置、目标位置等参数，以及驱动力的计算、社会力的计算、障碍物作用力的计算等函数都定义在该类中，然后按照仿真规模实例相应的对象，产生行人个体和行人群。

4.2.2　Agent 交互机制及算法实现

对于连续空间粒子行人交通微观仿真模型来说，智能体概念的引入能更有效地解决在仿真模型中凸显的局限性，避免行人仅在力的作用下表现出的不符实际的盲目性。通过第 3 章的分析，社会力模型、面向对象编程技术与 Agent 具有结构和逻辑上的高度一致性，可以将Agent的感知—决策—行动机制转化成具体的智能行为，然后通过编制对应的算法，加入社会力模型及行人类中。本次研究主要考虑以下三个交互机制：

①密度扫描感知。该方法主要基于行人在决策时考虑周围行人因素，而不仅仅单纯考虑自身受力。该算法的核心思想是按照行人的视角范围来计算行人周围其他行人密度，并根据该密度以及其目标方位来决定调整临时和布局的方向；同时，由此得出的密度也将为其他算法服务。为了更真实地描述行人对周围行人的反应，最后还引入了密度对视距范围的影响机制。

②基于密度考虑的斥力计算。该算法源于行人的思想行为受周围环境控制的考虑，而不是一成不变的。其核心思想就是对原始社会力模型中的社会斥力作用强度和作用范围进行适当的调整，使其与周围行人密度联系起来，使行人能够根据周围环境自动调节自身“领域效应”的强弱。保证模型既能满足低密度的仿真要求，又可适应高密度的仿真要求。

③碰撞规避机制及算法。该机制的添加是因为原始模型中对社会斥力的考虑过于单一，且使行人失去了应有的主观能动性。其核心思想是扫描周围最近的行人，然后判断是否需要躲避，如需躲避则将两者社会力方向与速度垂直，以达到躲避的目的。

以上算法及机制的引入可以在一定程度上解决原始社会力模型存在的局限性问题，同时也能很好地达到预期效果。以下将对这些算法机制进行详细介绍。

1）路径规划

前文基于既有连续空间粒子模型，引入颗粒流理论，模拟行人微观行走行为，解决了行人瞬时行走决策。为完成城市轨道交通车站的行人仿真，还需要从宏观层面解决行人行走路径的问题，这一部分将针对路径规划进行研究。

城市轨道交通车站有两种路径需要规划。一种是全局路径规划，例如行人从城市轨道交通车站入口处经过哪些路线能够无碰撞地到达站台候车。另一种是局部路径规划，例如行人走到闸机前选择哪一个通道前进、行人在局部如何躲避障碍物。

目前不少城市轨道交通车站行人仿真软件采用手动的方式设置全局路径，看似没有必要进行全局路径规划算法设计，其实不然。有些城市轨道交通车站运营时，由于设计人员大多都缺少运营经验，车站设计往往考虑不周，致使车站进入运营阶段后经常需要重新添加指导标志等来引导、限制人群的行走路径。全局路径规划算法能优化引导设施（在模型仿真中被视为障碍物）的设置，并且在障碍物比较多的环境下规划全局路径时，全局路径规划算法能减少仿真人员工作量和人工操作的误差。而且为了使模型适用范围更广，全局路径规划模型也是不可缺失的一部分。

本节根据城市轨道交通车站的实际情况建立路径规划模型。

(1)最短路径搜索算法对比

A*算法和迪杰斯特拉(Dijkstra)算法是两种比较经典的搜索算法,具有很多优点,在机器人、游戏、交通导航等领域有着广泛的应用。通过两种算法的对比分析发现,两者的区别在于搜索边界上点开销的计算。虽然只是一个开销计算的区别,但带来的变化却是巨大的。A*算法开销计算中主动考虑目标点,从而避免了像 Dijkstra 算法那样盲目地进行搜索,被动地出现目标点才会停止搜索。Dijkstra 算法可以看作是以起点为圆心的同心圆无差别地向各个方向辐射,只有当同心圆拓展至覆盖目标点才完成搜索。A*算法则是每一步都有目的地向目标点靠近的一种搜索。

在城市轨道交通车站当中,我们要考虑的仅是起终点两个点之间的最短距离,其他点的最短路径不需要考虑。从这点出发,Dijkstra 算法中计算出其他点的最短路径都是无用的。当搜索地图的节点较少时,两种算法效果差距并不明显,但当地图上节点较多时,Dijkstra 算法的计算量呈几何级增长,远远大于 A*算法的计算量。因此对于城市轨道交通车站而言,如果使用启发式搜索算法的话,A*算法更合适。

(2)全局路径模型

按照先总体后局部的思想,首先建立全局路径模型,然后再建立局部路径模型。首先是智能算法和传统算法之间的取舍。智能算法无疑是非常好的算法,例如不少智能算法都具有并行性,可以提高计算的效率,而且具有一定的智能性。但是某些智能算法在收敛性上有缺陷,例如蚁群算法就容易进入局部最优解。相比而言,传统的路径算法理论成熟、有效、鲁棒性好,并且在计算机上实现起来相对简单。城市轨道交通车站进出站路径和换乘路径数量仅是有限的几条,计算量不大,使用传统路径规划方法比较合适。因此本模型将选用传统的路径规划方法。

确定了规划方法后,还需确定使用哪种传统路径规划方法。主要有三种方法:①构型空间法;②自由空间法;③栅格法。自由空间法算法的复杂程度与障碍物多少成正比,当障碍物比较多时消耗太大,且不是任何情况下都能获得最短路径。栅格法存储的环境信息量很大,合适的栅格大小较难确定,栅格太小导致计算量太大,栅格太大有可能得出的不是最短路径。构型空间法(即可视图法),可以获得准确的最短路径,结合良好的搜索算法可以快速地获取最短路径。因此模型环境建模采用可视图法。

可视图法需要结合搜索算法才能完成路径规划,因此全局路径模型采用可视图结合 A*算法的启发式路径规划模型。

(3)局部路径模型

局部路径规划通常指使行人步行时不与周围行人或障碍物碰撞安全地通过,因为城市轨道交通车站的特殊性,本书的局部路径规划的含义将超出这个范围。例如行人通过闸机时,不仅要满足不与其他行人和闸机碰撞，行人还要能够选择出最合适的闸机通道通过。假设有五个进站闸机通道，四个通道已经挤满了人，如果只按避碰的思想，行人可以步行到那四个拥挤的闸机通道后面排队等前面行人通过后再通过，这显然是不合理的。选择合适的闸机通道指的是行人会自主选择不用排队或排队较短的通道去通过闸机组。因此本书的局部路径规划模型包括两方面的内容：一是避免碰撞；二是在局部范围智能地选出合适的路径。

本书基于 Agent 的理念，对于局部路径规划包含的两方面封装成为两种行人智能行走行为：避碰行为状态和搜寻局部合适路径行为状态。行人的行走是通过切换多种行为状态的变化来实现，比如碰到对向来的行人时马上切换到对向行人绕避行为状态、碰到障碍物时马上切换到避碰行为状态、碰到类似闸机组这样的区域会打开搜寻局部合适路径行为状态。各种状态并不是只能单独存在的，有的情况下需要打开多种行为状态共同来完成复杂环境的行走。

①避碰行为模型。

局部路径避碰算法主要包括势场法、遗传算法、模糊算法等。由于遗传算法本身具有很多难以解决的问题，如早熟收敛、随机漫游、控制参数的选择等，给遗传算法的具体应用造成了很大的不便。对于模糊算法，由于城市轨道交通车站环境时常比较复杂，将其全部模糊规则构造出来比较困难，而且模糊推理的运算量随着模糊规则的增长呈指数增长。反观势场法构成简单，计算量小，易于底层的实时控制，在实时避障和平滑的轨迹控制方面得到了广泛的应用。因此，对于避碰模型选择了势场法。本模型思想与势场法是一致的，但又不是完全的势场法，因为本模型并不是通过势函数来计算行人的势总和，从而驱动向势降低的方向前进，而是通过直接计算引力和斥力来实现驱动。

模型的引力场是目标点产生的，全局路径会产生多个中间目标的，也就形成了多个吸引力场，但行人在某个瞬时只会受到一个引力场的作用。引力的大小即为连续空间粒子模型中自驱动力的大小。

斥力场可分为两种，一是其他行人产生的斥力场，斥力的大小与行人间距离有关，距离越小斥力越大。并不是所有人都要考虑行人的斥力场的，只考虑行人周围 5m 范围内行人的影响，超过这个范围，行人的影响非常小可忽略不计。这样不仅能够减少计算量，且不影响计算结果准确性。力的大小即为连续空间粒子模型中行人受到其他行人对其心理力的影响。另一种是障碍物产生的斥力场，距离越小、斥力越大。行人并不是时刻都受到障碍物的斥力。本书中将为行人设计一个探测机制，行人只会受到距离其本人比较近的障碍物的斥力。下面介绍行人对障碍物的探测机制。

行人感知到障碍物，其实只需感知到障碍物的边缘。本模型给行人增加了三根触须作为探针，当行人任意一根触须与障碍物边缘相交时，障碍物的势力场开始给行人施加影响力，力的大小按照连续空间粒子模型当中计算墙体作用力的方式来计算，力的方向垂直于墙体，行人与墙体之间的距离越小，作用力越大。如图 4-5 所示，图中行人触须与障碍物 1 相交，与障碍物 2 没有相交,这时候行人只会受到障碍物 1 的影响力。通过触须不断地探测障碍物,行人将会躲避开所有遇到的障碍物。

②局部合适路径选择模型。

依然以闸机组模型为例,选择一条合适的路径是很困难的,因为闸机组前面的人群是不断变化的,这就要求模型必须要有很强的实时性。势场法虽然有很强的实时性,但是它不足以使行人找到一条合适的路径,只能够达到不碰撞。通过研究发现,影响合适路径选择的一个重要因素就是不同区域的人群密度。再者考虑到 A* 算法中的边的花费(cost)不仅仅指距离,还可以把一个区域的人群密度转换为距离花费,这样 A* 算法就能同时考虑人群密度和距离长短了。

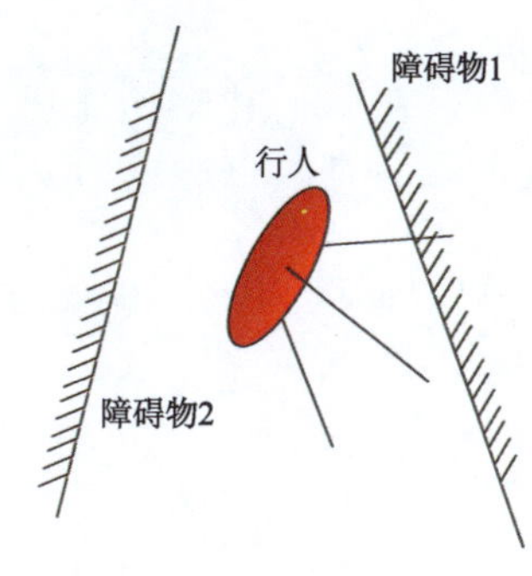

图 4-5　行人探测障碍物示意图

为了加快 A* 算法的速度,在闸机组附近小范围区域重新构建一个可视图,不使用全局路径所构建的可视图,因为重新构建的可视图节点数和变数都远小于全局路径所构建的可视图,这样使行人及时地调整路径,避免延迟调整。

因此,对于类似闸机组这种需要选择合适路径的地方将采用将密度转化为花费的 A* 算法和可视图法的结合。建模步骤为:

a. 在需要选择合适路径的区域构建小范围可视图。

b. 计算各边的花费,包括密度转换的距离花费和实际距离花费。

c. 使用 A* 算法搜索路径。

③碰撞预测及规避机制。

行人在行走过程中与陌生行人或障碍物保持一定的距离,从心理层面上讲都是出于保护自身安全、免受来自外界的意外伤害而引起的行为。同样,当两个行人相向而行、即将相遇前,他们会各自选择不同的方向来躲避对方,以防止两者相撞而造成自身的伤害。

与元胞自动机等离散模型不同,粒子连续空间模型从建模方法上不能自然地避免行人不必要的碰撞甚至重叠。社会力模型仅通过排斥力保证行人与其他行人及障碍物的距离。对静止的障碍物来说,斥力通常能有效保证行人不与之发生不必要的接触或碰撞,但是对于运动中的行人来说,仅靠斥力不能完全避免行人不必要的碰撞甚至重叠。特别是在大量行人仿真时很容易出现,如图 4-6 所示。这种碰撞显然与智能行人的行为模式不符。因此,需要引入相应的碰撞预测及规避机制来解决这一问题。

关于碰撞规避,日本学者曾在磁场力模型中进行过尝试,从加速度角度来进行考虑,其作用原理如图 4-7 所示,计算公式如式(4-1)所示;其目的也是为了更好地模拟行人间的碰撞规避行为。本章在借鉴其处理方法的基础上引入了相关的判断条件及计算方法。

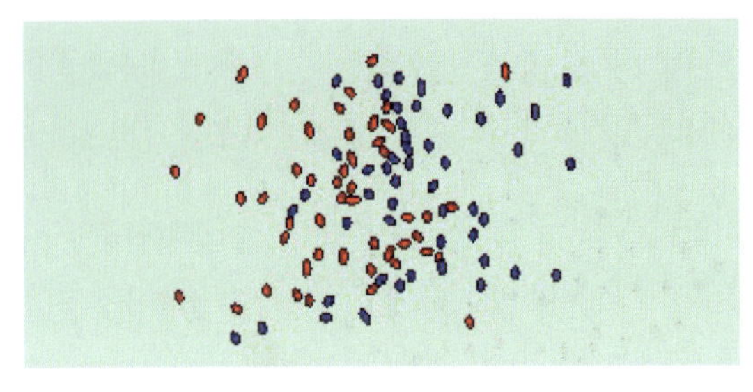

图 4-6　原模型双向流仿真效果

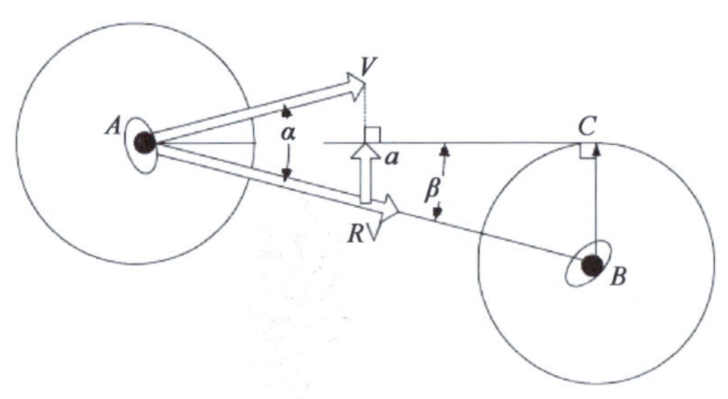

图 4-7　碰撞规避力作用原理

$$a = V\cos\alpha\tan\beta \tag{4-1}$$

分析发现，碰撞躲避通过力的添加来实现，其性质和社会力的提出有很大的相似性，最重要的一点就是两者都是心理作用，故可以采用类似的表达形式。则碰撞规避公式为：

$$\vec{f}_{C}(t) = A_{C}\omega\bar{\omega}\exp\left(\frac{r_{\alpha\beta} - d_{\alpha\beta}}{B_{C}}\right)\vec{n}_{v} \tag{4-2}$$

式中：A_C、B_C——躲避力的作用强度、作用范围；

ω、$\bar{\omega}$——待标定参数；

$\vec{n}_v$——该行人速度的法向分量。

需要注意的是，规避碰撞并不像社会力那样有全局作用，它需要有一定的判断条件，对于该作用条件的制定需要考虑行人的方向、位置等。其判断步骤如下：

a. 判断两个行人是否是相向行人，也即判断两者速度夹角是否大于 90°；如果满足条件则进行下一步。

b. 判断预测两个行人是否有必要规避，规则原理如图 4-8 所示。当 $\gamma < \theta$ 时进行下一步，其中 θ 是两行人恰好擦肩而过不用躲避时速度与相对位置夹角，计算公式如式(4-3)所示：

$$\theta = \arctan\frac{(b_1 + b_2)/2}{\overrightarrow{O_1O_2}\cdot\vec{n}_x} \tag{4-3}$$

式中：b_1、b_2——两椭圆的长轴长；

$\overrightarrow{O_1O_2}\cdot\vec{n}_x$——两行人中心距在 x 轴上的投影。

c. 判断行人是否在作用范围内，并找出最近距离的行人。

d. 计算最近行人相互规避碰撞的社会力。

加入该算法后，行人的行走决策有了很大的改善，通过对不同人数、不同情况下行人进行仿真模拟发现效果比较明显，如图 4-9 所示。与图 4-6 相比，对向行人流仿真呈现更为明显的渠化现象。

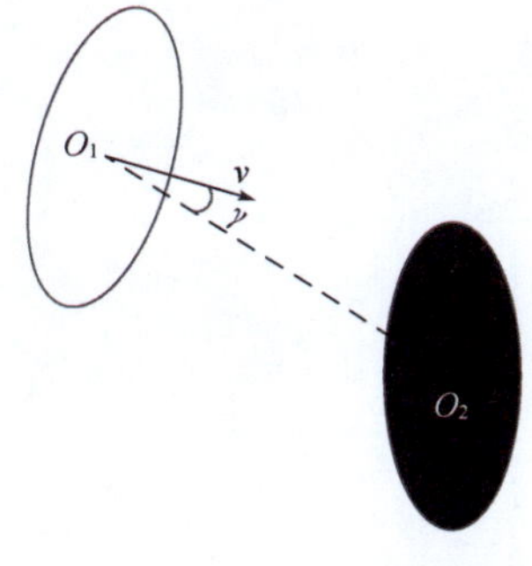

图 4-8　碰撞规避判断规则原理

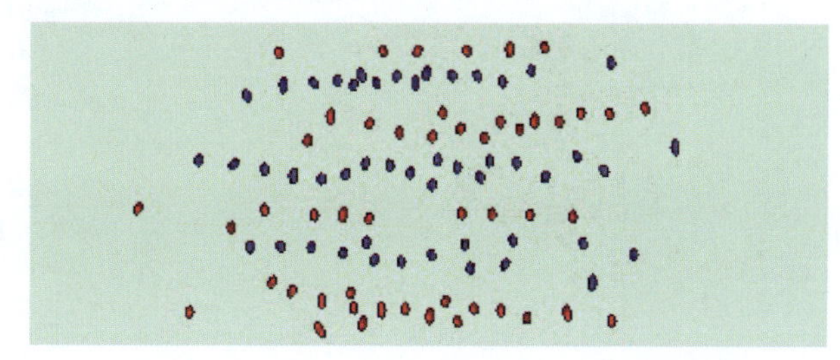
图 4-9　加入碰撞预测规避机制后对向行人流仿真效果

2) 从众行为

在紧急疏散或者陌生场景中，行人选择局部路径会出现从众的现象，暂时偏离最优路径，对于从众效应，通过赋予个人方向选择和周围行人群（半径 R 范围内）平均方向的权重，综合两者确定行人 i 的期望方向，计算方法见式(4-4)。

$$\vec{e}_i^{\,0}(t) = \mathrm{Norm}[(1-p_i)\vec{e}_i + p_i < \vec{e}_j^{\,0}(t) >_i] \tag{4-4}$$

式中：　$\vec{e}_i^{\,0}(t)$——从众期望方向；

p_i——恐慌系数，也就是从众程度，越恐慌越从众；

$\vec{e}_i$、$< \vec{e}_j^{\,0}(t) >_i$——该行人的初始期望方向、其周围行人的人群方向。

4.2.3　空间离散化加速算法

与离散模型相比，粒子连续空间模型一个较大的劣势就是计算复杂度高，大规模行人仿真非常耗时。在本章模型框架部分提出了借鉴元胞自动机模型空间离散化的思想，引入分子动力学中常用的链接列表元胞法，设计算法的流程如图 4-10 所示。

首先将整个计算区域划分成以一定长度为边长的元胞栅格，然后当计算开始或累计计算步长达到所规定数值时需要清空网格内行人，接着开始遍历系统中所有人（数量为 n）进行网格分配。当分配完成后，开始从第一个行人（即设定 $i=0$）来计算查找与其可能有相互作用的行人（即遍历自身所处网格与其周围 8 个网格内除自己外的所有行人），并将这些行人存储到一个链接列表中。待所有行人都找到对自己可能有影响的行人之后，从第一个行人开始计算自己与其链接列表中可能有影响行人之间的距离，并判断是否在社会斥力影响范围之内（即 Distance $< r_c$，$r_c = 5\mathrm{m}$），将符合条件的行人存放到影响链接列表中。待所有人都判断完成后，开始从第一个行人依次计算其社会力等作用力并完成行人的位置坐标、速度、加速度等的更新。所有行人完成后，将循环时间加一个步长，并判断时间是否达到 1s；如果不足事先的规定秒数，跳转并进行下一次循环。

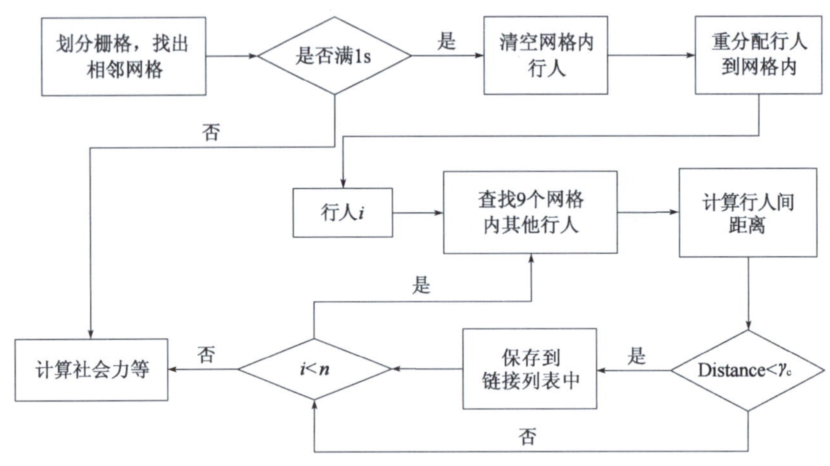

图 4-10　链接列表元胞算法流程图

依据上述流程，建立一个仿真试验，加入分子动力学的链接列表元胞方法，用以加快大规模行人仿真的计算速度。

以 6m × 24m 通道为仿真环境，计算机配置为 Intel Core2 CPU，2.5GHz，内存 2GB。比较加入该算法前后，不同规模的行人完全通过通道的仿真时间（含动画显示时间），如图 4-11 所示。由于原始模型中采用了较小的时间步长（0.01s），且采用了椭圆形行人净距的精确解，因此计算量非常大，计算时间较长，这与后文采用仿真工具做车站大规模仿真用时有差异。两种条件计算时间都随着人数增加而增长，但非链接元胞方法增长更快。200 人以下，两种方法仿真时间差别不明显，这是由于链接列表元胞法的分块计算优势在仿真规模较小的时候体现得不明显，反倒因为行人网格分配消耗额外时间。但是随着仿真规模的增大，链接列表元胞法节约的仿真时间效果越来越明显。仿真规模为 2000 人时，该方法可节约用时 32.96%。

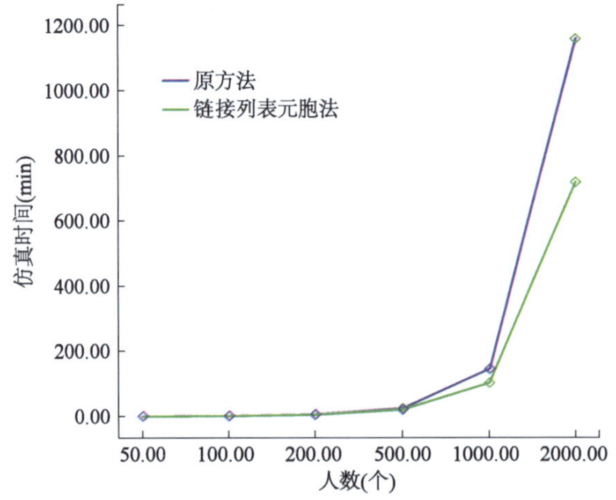

图 4-11　仿真时间对比

4.2.4 通道行人流及疏散仿真

加入上述机制及算法，本部分建立了单、双向通道行人流及简单疏散场景的仿真，具体如下。

1）单向行人流

单向行人流仿真是在8m宽、24m长的通道里进行，行人首先以均匀分布的方式初始化于通道一侧10m ×19m的区域内，然后从该区域向通道内行走，经过临时目的地，穿过通道到达另一端的一个目的点，并在该目的点附近消失。模拟效果如图4-12所示。

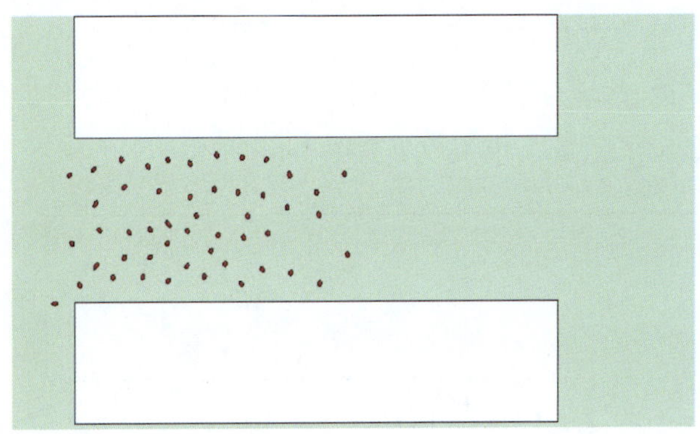

图4-12 单向行人流通道仿真

本章利用改进后的模型对单向通道行人流进行分析，主要是对不同流量的行人流进行仿真，统计出不同密度条件下行人流的流率，然后利用已有的调研数据与其对比分析。行人流流率是指单位宽度内行人流的流量，是根据统计得到的行人流流量除以通道的宽度而得。

为了获得范围较广的数据，本章经过多次仿真采集了10～250人共87个数据，根据仿真结果统计的密度-流率关系如图4-13所示。

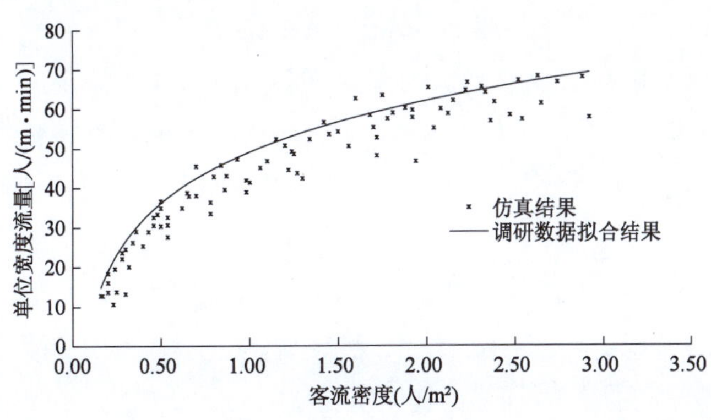

图4-13 单向行人流密度-流率图

与表 3-12 通道服务水平相比较发现，本章模型的仿真统计结果能很好地符合其统计值。城市轨道交通车站通道尤其是换乘通道在高峰时期人流量较大，其最大乘客密度可达到3 人/m^2 以上，本章建立的模型可使行人密度达到 3 人/m^2，同时行人流的通过能力基本达到最大值，比较接近实际通道行人的行走状况。而对于大多数研究模型来说，能够模拟的行人密度一般较低，在较低密度条件下行人流就基本达到饱和，通过能力(流率)开始出现下降趋势，这与实际城市轨道交通车站通道尤其是换乘通道内行人流状况有较大差距。

通过以上分析，本章所建立的模型能够更好地模拟通道内单向行人流的运动特征，对于单向行人流的仿真模拟是较为适用和有效的。

2) 双向行人流

双向行人流的仿真也是在相同的通道内进行。行人首先以均匀分布的方式初始化于通道两侧 10m ×19m 的区域内，然后分别从各自区域向通道内行走，经过通道分别到达另一端的一个目的点，并在该目的点附近消失，模拟效果如图 4-14 所示。

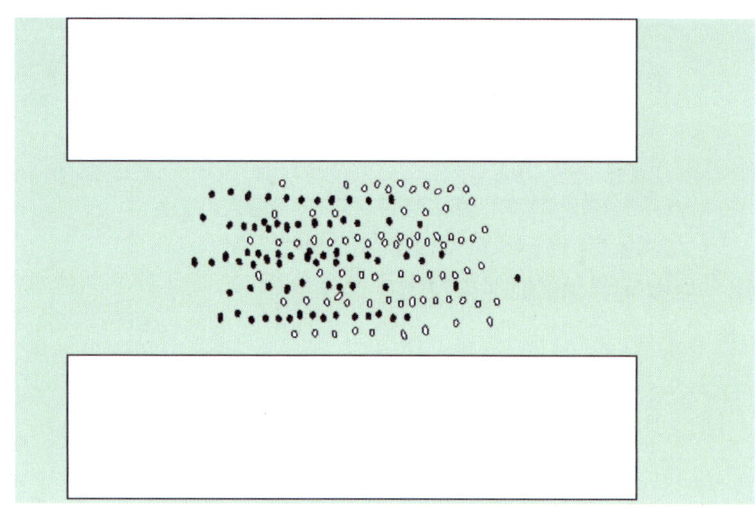

图 4-14　双向行人流通道仿真

从图 4-14 中可以明显看出，即使较大的流量，通道也未发生拥堵现象，人群流能明显呈现出自动渠化自组织现象。配合图 4-15 分析，此时双向通道内行人的速率总体比较稳定，由于自组织现象的出现，使行人群的整体速率主要为纵向分速率，而横向的侧移躲避分速率则较小。

从图 4-14 可以看出，行人群在流量较大的情况下会根据密度自动调节自身的“领域范围”，并在较高密度条件下形成一定的自组织现象；纵、横向速度变化趋势也反映出行人由于自组织现象仍能保持纵向的速度，而横向速度不会特别大。显然，较大的横向速度意味着拥挤混乱的状态。

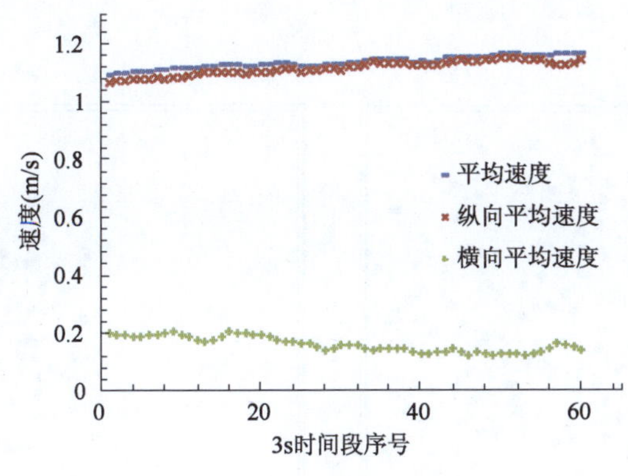

图 4-15　行人不同速度指标对比

3) 疏散仿真

作为行人仿真的一个研究重点,关于紧急疏散的仿真具有重要的意义,同时也是研究的难点。当人员密集的公共场所发生紧急状况时,及时将行人疏散至安全地点,同时疏散过程中不出现挤压踩踏事故,是紧急疏散的重要原则。但是紧急疏散过程中人的行为随意性较大,比较慌乱,同时与正常状态下的行人行为相比,无法通过现场观测统计进行分析。

部分研究采用火灾演习试验的手段对紧急疏散的过程进行研究,但是一方面代价较大,得到的成果普适性不强,另一方面与真实的灾害和事故场景相比,演习所营造的氛围对行人的心理、情绪的影响有较大差距,得到的规律与正常状态下行人行为规律相近,不能反映真实的疏散过程。因此,行人仿真在这方面有较大的应用空间。但是由于缺乏可靠的实际数据验证,目前的微观仿真模型对紧急疏散的研究结论并没有达成广泛的一致性,甚至一些结论存在相互矛盾之处。

本部分依据前述的模型框架,搭建了紧急疏散仿真试验。

(1)模拟疏散场景

待疏散房间尺寸为10m×10m,一侧边墙有一个0.8m宽的窄门。模拟疏散初始时刻,120人随机出现在房间内。行人穿越窄门,走出1m后认为该行人疏散完毕,直至最后一个人完成疏散,如图4-16所示。

(2)期望速度的影响

关于期望速度对疏散过程(主要是疏散时间)的影响,很多研究都认为,有“快即是慢”(Fast is Slow)或者称为“欲速则不达”的现象。对部分紧急事故的回顾分析,从表面上看也支持这个结论。从微观仿真的角度来解释,之所以造成“快即是慢”的现象,是因为用颗粒体代表的行人聚集在门或其他出口,会形成拱形,靠近出口的地方颗粒体所形成的拱形内部承受压力(类似于拱桥),相关研究称这一拱形为“拥堵带”。这样就造成出口虽然没有被占用,但是由于人员相互挤压，仍然无法及时疏散。

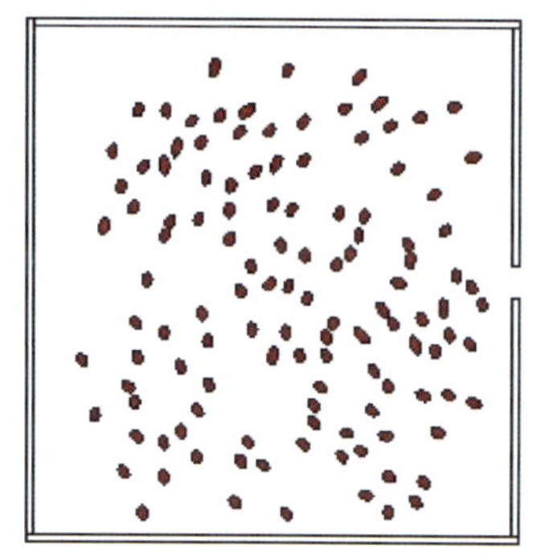
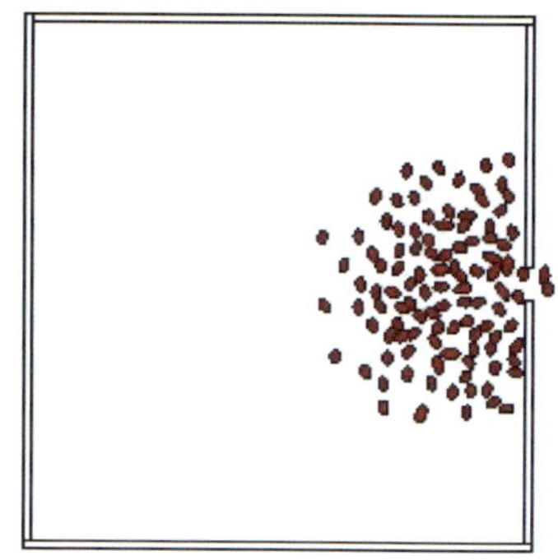

图 4-16　疏散仿真示意图

本部分对期望速度与疏散时间的关系进行了研究。通过将期望速度设置为 0.8、1.0、1.5、1.75、2.0、2.25、2.5、3、4、5、7(m/s)等定值，每个期望速度值进行 10 次仿真，疏散时间取均值。大于 2.5m/s 的期望速度对应的自驱动力比较大，在其作用下行人可能靠得比较近，接触碰撞比较频繁，拱形区最外围的行人可能会被较大的斥力或挤压力“弹开”。这种现象与行人实际行为不符，因此本研究一方面根据克朗条件法以及行人期望速度的增加，逐步缩短仿真时间步长，同时对挤压和距离较近有弹开趋势的行为进行了强制修正，认为碰撞或靠近发生后，行人将要发生后退时，仅后退或侧移一个身位，而不是一直后退到速度方向改变。

据此进行仿真，得到期望速度-疏散时间关系曲线及误差线如表 4-2 和图 4-17 所示。随着速度的提高，疏散时间快速减小，但是减小的趋势逐渐变缓。从期望速度为 0.8m/s 时的疏散时间 83s 迅速降低到 2m/s 的 30s。期望速度达到 5m/s 后，速度的影响逐渐变得不明显，说明此时出口的通过能力成为主要因素，速度增加只能更快地到达出口，并不能加快出口通过量。行人到达出口后开始徘徊等待，但是仿真模拟中并没有观察到因为速度提高疏散时间反而增加的现象。

不同期望速度下疏散时间仿真结果　　表 4-2

疏散时间(s)	速度(m/s)										
	0.8	1	1.5	1.75	2	2.25	2.5	3	4	5	7
1	84	68.9	42.2	32.8	33.9	30.1	29.2	22.1	16.2	9.8	8.3
2	86.6	66.2	40	35.2	32.1	28.7	28.3	19.8	15	12.7	7.5
3	85.2	64	42.4	37.3	27.2	26.7	25	19.2	15.8	11.5	9.8
4	84.2	65.8	37.8	32.6	34.4	29	24.1	21.4	14.8	11	7.6
5	83.8	66.4	41.5	34.5	30.1	26.8	28.2	22	13.5	9.2	6.4
6	83.7	62.6	43.2	34.9	27.6	29.2	25.3	19.5	15.4	11.9	7.2
7	81.5	66.4	48.8	38.5	28.3	26.5	24.8	18.3	13.8	10.2	6.5

续上表

疏散时间(s)	速度(m/s)										
	0.8	1	1.5	1.75	2	2.25	2.5	3	4	5	7
8	79	63.9	40.5	37.3	29.2	30.6	27.1	21	14	12.7	9.3
9	80.2	67.1	39.7	30.9	29.5	27.1	26.9	18.3	13.6	8.9	6.2
10	85.3	62.4	47.9	38.8	32.1	28.5	29.4	18.2	16.6	11.5	9.7
平均值	83.3	65.4	42.4	35.3	30.4	28.3	26.8	20.0	14.9	10.9	7.85

对于社会力模型得到的研究结论，分析认为产生“快即是慢”的仿真现象主要有两方面的原因：一是由于采用了圆形的人体模型，在瓶颈处行人拥挤的时候容易受力平衡，形成拱形的挤压带，挤压带持续的时间也更长，甚至在有些情况下，采用等半径的圆形模拟人体，仿真过程中疏散会进入完全停止状态。D. R. Paris 等学者在模拟疏散时特别采用了[0.5,0.58]的均匀分布以避免这种类型的“锁死”(Dead Lock)。二是造成速度大于2m/s时疏散时间反倒更长主要由于社会力模型的一个缺陷：较大的期望速度会导致较大的自驱动力，拥堵产生时行人靠得比较紧密甚至发生挤压，这时人群最外侧的行人会在斥力或者物理力的反向作用下向目的地相反的方向行走，然后在自驱动力作用下折返。这是在期望速度过大时疏散时间较长的主要原因，与行人的实际行为不相符。

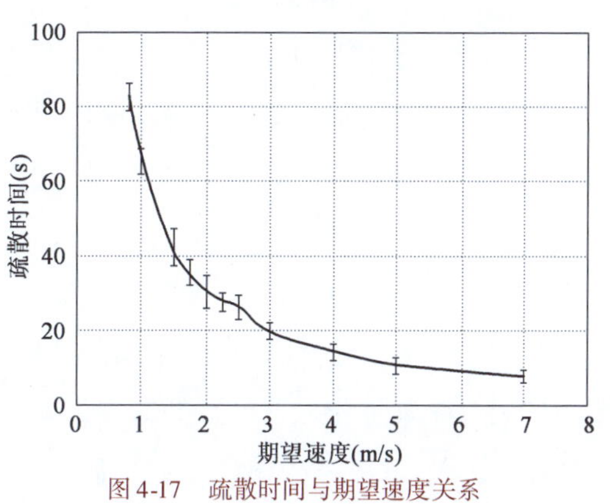

图 4-17　疏散时间与期望速度关系

至于一些火灾疏散案例体现出来的行人猛冲猛跑导致疏散效率的低下，主要是因为行人在极度慌乱中慌不择路，左冲右突，有很多无效的行走行为，再加上相互推挤过程中某些行人突然跌倒，导致连锁反应，从而极大地影响疏散效率，增加疏散总时间。但是除了慌不择路、忽略有效出口等因素，跌倒等这些更细致的行为在微观行人仿真中无法描述。即使最终的结果趋势一致，内在的机理却不一样。

事实上，很多“快即是慢”现象的仿真中，期望速度取5m/s及以上的行人实际上已经不属于行走的范畴了，仍然采用微观行走行为的方法进行模拟，不仅转向调速等规律存在不一致，时间步长的取值必须达到很小的精度才能保证仿真结果的稳定性。

(3)恐慌状态的有序疏散分析

根据以上分析，单纯采用提高疏散期望速度的方法模拟疏散过程中行人的心理焦虑程度并不能取得很好的效果。事实上，紧急疏散管理经验表明，最有效疏散模式是适度紧张的快走模式，即在这种状态下的行人，仍然保持着行走而不是跑动的行为，但是由于疏散的紧张气氛，心理上出现了一定焦虑，在现场管理等条件下，这种焦虑又不至于导致过于慌乱的乱跑乱冲行为。

为了描述这种情形，引入恐慌系数调整行人 i 的瞬时期望速度，具体地，恐慌系数可用式(4-5)来定义：

$$p_i(t)=1-\frac{v_i(t)}{v_i^0} \tag{4-5}$$

式中：$p_i(t)$——t 时刻恐慌系数，取值为[0, 1]；

$v_i(t)$——t 时刻速度；

v_i^0——期望速度。

这种描述方法是基于行人速度较慢，担心无法及时疏散，因此会提高向前推挤的欲望而确定的。当前速度越低，这种心理越强烈，即恐慌系数越高。期望速度可用式(4-6)表示。

$$v_i^0(t)=[1-p_i(t)]v_i^0(0)+p_i(t)v_i^{\max} \tag{4-6}$$

式中：$v_i^{\max}$——行人的最大疏散速度，取 2m/s。

与相关研究相比，这里没有采用对期望速度进行同比例提高的方法确定最大疏散速度，主要考虑到有序紧急疏散下人员的期望最大速度趋同，而不是差别较大的混乱状态。

据此，分别在不考虑恐慌系数和适度考虑恐慌状态的条件下进行 10 次仿真试验，得到疏散时间如表 4-3 所示。在不考虑恐慌系数时，平均疏散时间为 52.9s；引入恐慌系数后，将最大速度设为 2m/s，则平均疏散时间降低 12.2s，为 40.7s；如果不考虑恐慌系数，而是单纯地将行人期望速度增加至 2m/s，则疏散时间减小到 30.4s，与正常状态和引入恐慌系数相比，分别降低了 22.5s 和 10.3s。

同疏散模式下仿真疏散时间(单位：s)　　表 4-3

疏散模式	1	2	3	4	5	6	7	8	9	10	平均值
正常行走	54.8	54.1	52.6	52	50.6	53.5	52	51.8	53.1	54.2	52.9
恐慌(最大速度 2m/s)	40.9	41.5	40.1	42.1	40	39.6	40.5	41.2	40.8	40.2	40.7
将期望速度设置为 2m/s	33.9	32.1	27.2	34.4	30.1	27.6	28.3	29.2	29.5	32.1	30.4

在疏散过程中，还有两方面的要求，一方面要及时地将行人疏散至安全区域，另一方面要求在疏散过程中行人不能受过大的挤压力造成人体伤害，因此除了疏散时间，行人受到的挤压力也是一个重要的控制性指标。在既有的大部分离散模型中，离散化的行走空间导致行人不可能接触并产生挤压，如 CA 模型，因此无法反映行人受挤压的情景。社会力模型的一个优势就是不仅能反映行人的运动信息，还能满足上述要求。本模型中将行人受到的摩擦力和挤压力作为行人受力，则三种疏散模式下，行人受到的最大挤压力平均值如表 4-4 所示。按照正常行走速度进行疏散(这是目前建筑物疏散检算常用模式)，10 次仿真试验行人受到的最大挤压力为1577.8N，即 161kg，约 60kg 标准体重的 2.6 倍，说明此时瓶颈处已发生了较为严重的身体接触和拥挤，虽然行人挤压力相对其他两种状态较小，但是行人疏散时间更多。引入恐慌系

数后,设定最大速度为 2m/s,则疏散时间可以降低至40.7s,降低了 23%,但是挤压力从 161kg 增加到 174.4kg,增加幅度为 8.3%,实际受压为2.9倍标准体重。如果采用单纯提高期望速度的方法,相对于正常行走疏散状态,虽然疏散时间可缩短 42.5%,但是行人受到的挤压力将会增加到 247.8kg,增幅为 53.9%,此时行人受到最大压力高达 4.1 倍标准体重。而胸腔可承受的最大压力为 6 倍体重,此时行人已处于严重挤压状态,人身受到伤害的危险性很高。

不同疏散模式下行人受压　表 4-4

疏 散 模 式	疏散时间(s)	受到的最大挤压力(N)	受到的最大挤压力(kg)
正常行走	52.9	1577.8	161.0
恐慌(最大速度 2m/s)	40.7	1709.4	174.4
将期望速度设置为 2m/s	30.4	2428.7	247.8

从以上分析可知,引入恐慌系数来反映紧急疏散状态下行人紧张心理,同时又不至于造成恐慌性逃生的局面,是较为理想的疏散模式。

4.3 基于行人仿真的车站设施规模与布局优化实例应用

4.3.1 自动检票机布局仿真优化

岛式站台在调节客流不均衡性、方便乘客选择方向上,相对侧式站台具有较大优势,因此在设计中被广泛采用。据统计,北京城市轨道交通车站岛式站台的比例在 80% 以上。然而岛式站台不能将上下行方向的乘客区分开,因此也存在着乘客流线冲突的问题,需要特别重视设施的布局规划。其中,自动检票机的规划是重要的环节。

目前运营中的岛式站台自动检票机存在两种典型的布局方法,如图 4-18 所示。

(1)自动检票机垂直乘客流线方向横列,且进出站检票机分列楼扶梯口两侧,将进出站客流区分开,并与临时护栏等遮挡设施相连,隔离付费区和非付费区。这种布局形式更适用于站厅较宽,有足够的空间横列检票机组。北京地铁 4 号线西苑站和北宫门站采用了这种布局形式。

(2)自动检票机平行乘客流线横列,一般设置在楼扶梯开口处,且横列方向与楼扶梯纵向平行。乘客刷卡后需转弯进入楼扶梯。北京地铁 5 号线的雍和宫站、4 号线的人民大学站等车站采用了这种布置形式。一般来说,这种布置形式比较适合站厅宽度小、一组检票机总台数较多的情况,但调研发现部分横向宽度充裕的车站也采用了平行布置形式。

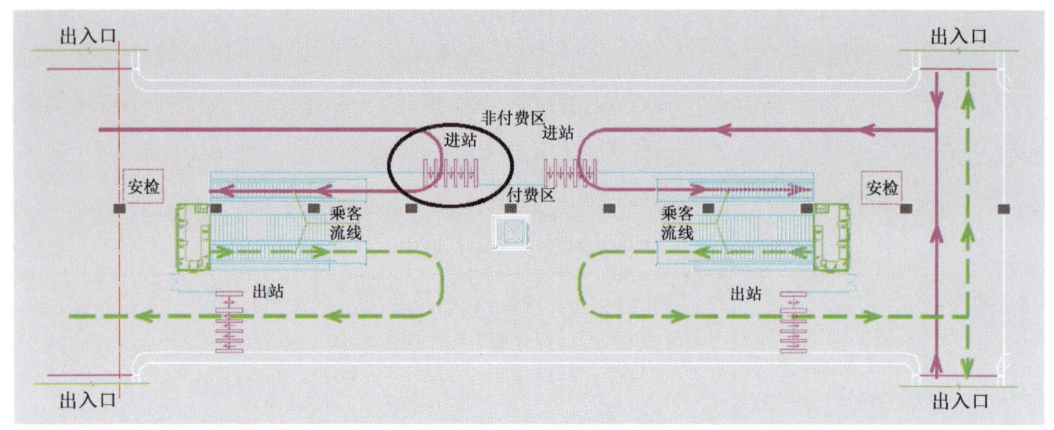

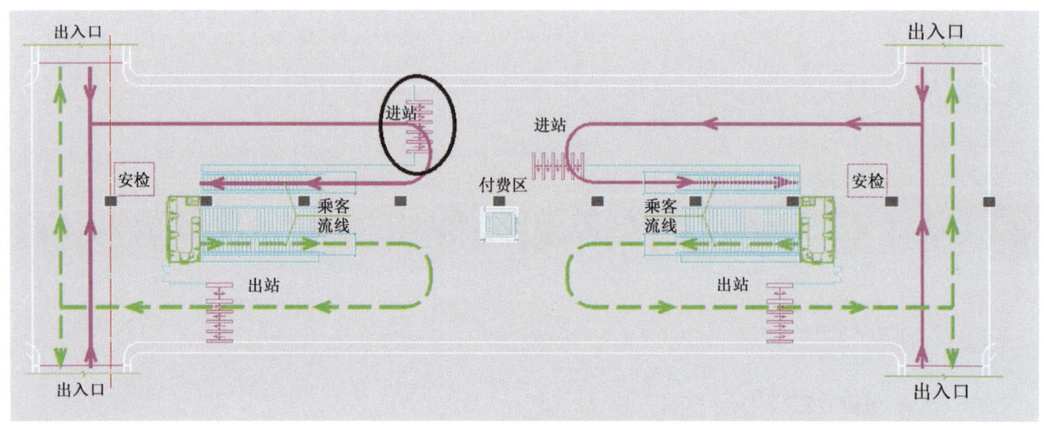

图 4-18　岛式车站站厅检票机布置

实际的设计中，自动检票机布置形式较为灵活，也没有统一的标准。然而作为站厅层最重要的瓶颈设施，自动检票机合理布局对服务水平、通过效率、站厅空间利用率等具有重要影响。如果布局形式不利于乘客的集散，有可能影响到整个车站的正常流通。目前设计中仅通过静态计算确定检票机台数，对检票机不同摆放位置、利用率不均等因素未作分析。因此需要通过行人微观仿真方法予以研究。

本部分分别对进站闸机与出站闸机进行仿真分析，得出优化结果。

1）进站检票机布局的优化分析

车站的结构形式、站台类型等因素都会影响站厅的布局。进出站自动检票机的布局需根据车站结构和站台类型设计，特殊情况下还需根据周边场地条件做灵活调整。一般情况下，进行进站自动检票机采用两种布局方案，如图 4-19 所示。在目前北京市城市轨道交通网中，地铁 4 号线的西苑站和北宫门站等站点采用了 A 方案；5 号线雍和宫站、4 号线人民大学站和西单站等站点采用了 B 方案。

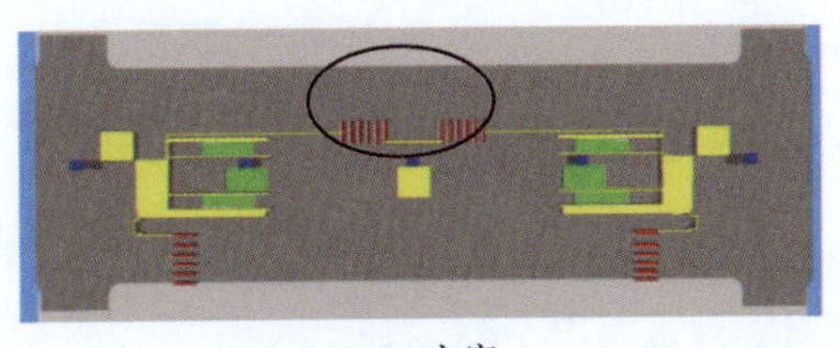
a)A方案

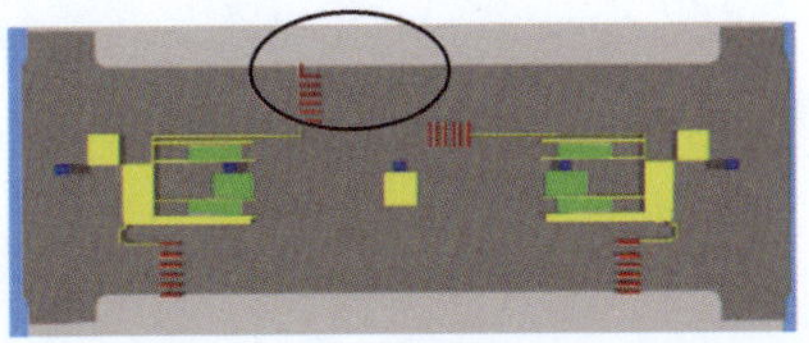
b)B方案

图 4-19　进站闸机布局形式

采用仿真工具分别建立两种布局方案下车站模型,模型包含站台部分。在自动检票机两侧及站厅楼扶梯入口设置检测区域进行服务水平的检测和显示,同时在路径起点和终点设置行程时间检测方案。

(1) A 方案仿真分析

以大于闸机通过能力的设计客流作为输入进行仿真,以密度为标准的服务水平及仿真示意如图 4-20 所示。建立站台等待区服务水平等级,并用颜色标示(下文均采用此标准,不再赘述):

为 A 级,密度小于等于 0.5 人/m²;

为 B 级,密度 0.5 ~ 1.0 人/m²;

为 C 级,密度 1.0 ~ 1.5 人/m²;

为 D 级,密度 1.5 ~ 2.0 人/m²;

为 E 级,密度 2.0 ~ 3.0 人/m²;

为 F 级,密度大于 3.0 人/m²。

结果显示,由于闸机组平行乘客流线,更多的人选择较近的闸机,同时妨碍了其他人,导致最大密度(也就是最低服务水平)出现在闸机入口处偏向近端一侧,局部达到了 F 级。

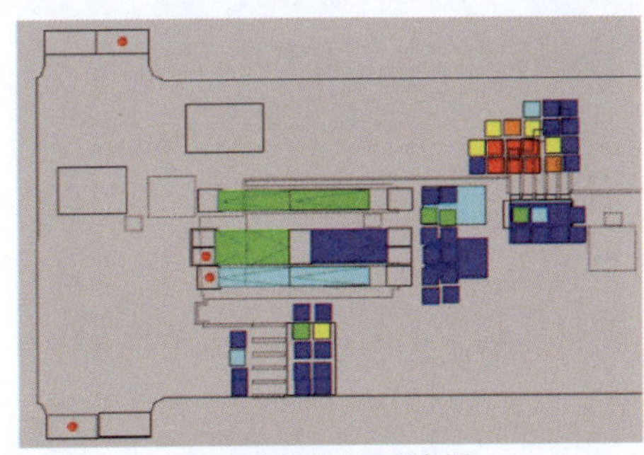
a)A方案服务水平颜色图

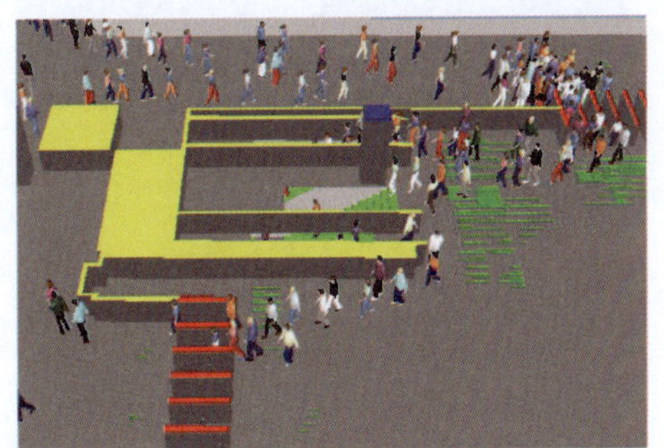
b)A方案仿真示意图

图 4-20　进站闸机 A 方案仿真

(2)B 方案仿真分析

以大于闸机通过能力的设计客流作为输入进行仿真,以密度为标准的服务水平及仿真示意如图 4-21 所示。图 4-21a)显示,乘客密度在各个闸机入口和出口趋于均衡,虽然远离楼扶梯入口的闸机利用率仍然偏低,但是不均衡性已明显降低,整个仿真环境并未出现 F 级服务水平等级。

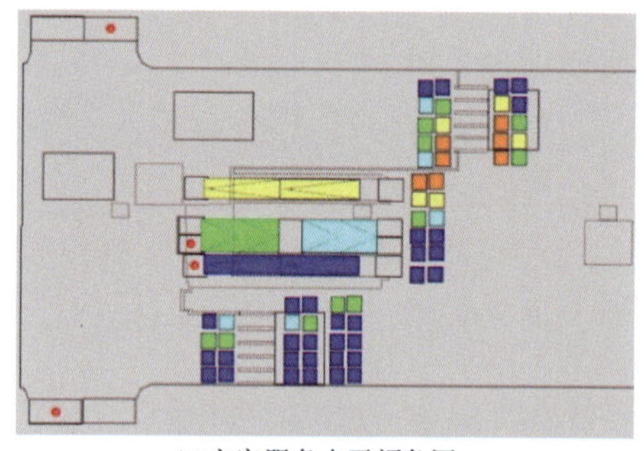

a)B方案服务水平颜色图

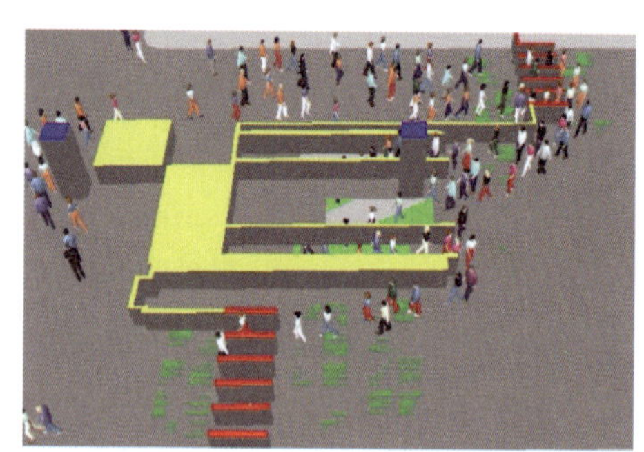

b)B方案仿真示意图

图 4-21　进站闸机 B 方案仿真

(3)进站闸机布局的优化

根据以上结果,将一组闸机横列在楼扶梯口,虽然有利于乘客集散,但是乘客通过闸机后续绕行至楼扶梯口。为了进一步优化布局,改进方案,将闸机组置于远离楼扶梯口的乘客流线上,结果如图 4-22 所示。通过仿真,显示此时乘客的聚集情况进一步改善,服务水平达到 E 级的区域进一步缩小。

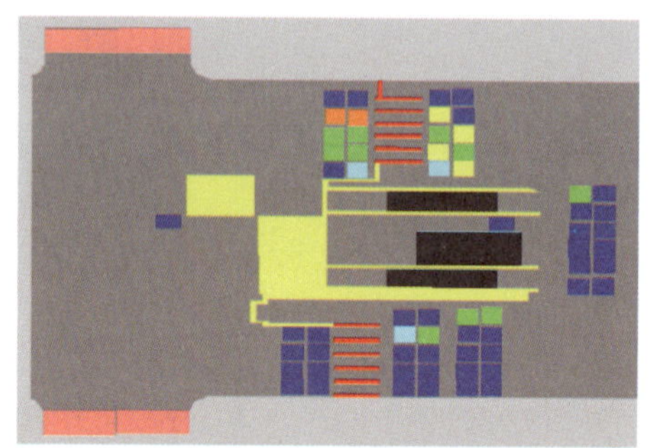

a)改进方案服务水平颜色图

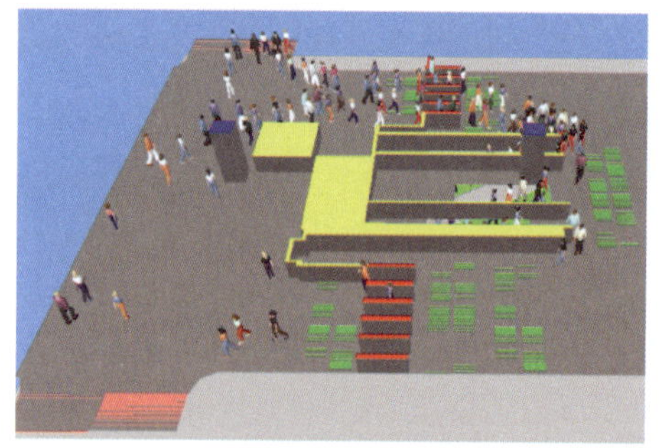

b)改进方案仿真示意图

图 4-22　进站闸机改进方案仿真

(4)仿真结果分析

以起点至终点乘客行走距离、时间、速度和因拥挤而损失的时间为评价指标,三种方案的仿真结果如表 4-5 所示。与定性分析结论一致,改进方案的各项评价指标均是最优的。

仿真结果分析表明,闸机横列并与乘客流线方向垂直时,各个闸机相对乘客的位置远近差异并不明显,乘客选择各个闸机的概率差异不大,因此各个设施的利用率相对均衡,拥挤问题相对较小。B 方案和改进方案行程时间和速度相对 A 方案均有改善,且改进方案有效减少了乘客通过闸机后的绕行距离,相对 B 方案又有进一步改善。A 方案的设施相对乘客处于远近差异明显的位置上,设施的利用均衡性差,导致远端闸机不能充分被利用,整个服务水平和服务效率都较低。

进站闸机仿真结果对比分析　表 4-5

布局方案	行走距离(m)	行走时间(s)	行走速度(m/s)	延误时间(s)
A	54.88	83.76	0.66	33.43
B	49.72	69.79	0.74	22.88
改进方案	36.01	57.65	0.62	24.38

根据分析结果,建议车站横向空间充分的情况下,尽可能采用改进方案。如果横向宽度不足,可考虑一组检票机相互错开布置,结合临时围栏的设置,尽可能地使闸机入口正对乘客行进方向。

2) 出站闸机布局的优化分析

与进站闸机类似,出站闸机的布局通常也采用两种典型形式,如图 4-23 所示。在已运营的北京城市轨道交通网络中,10 号线国贸站和北土城站等站点采用了 A 方案;八通线的传媒大学站和 4 号线的西苑站等站点采用了 B 方案。

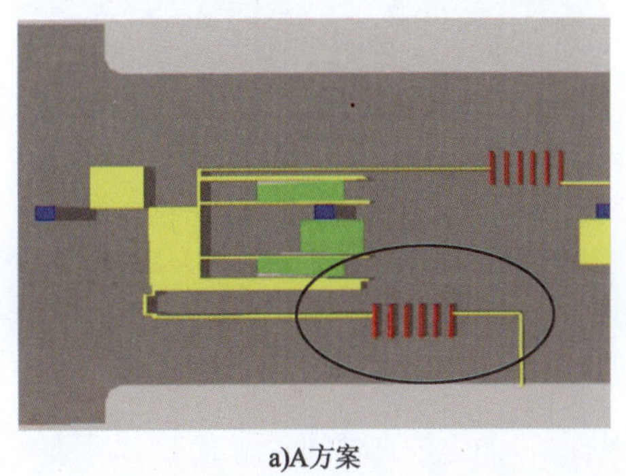

a)A方案

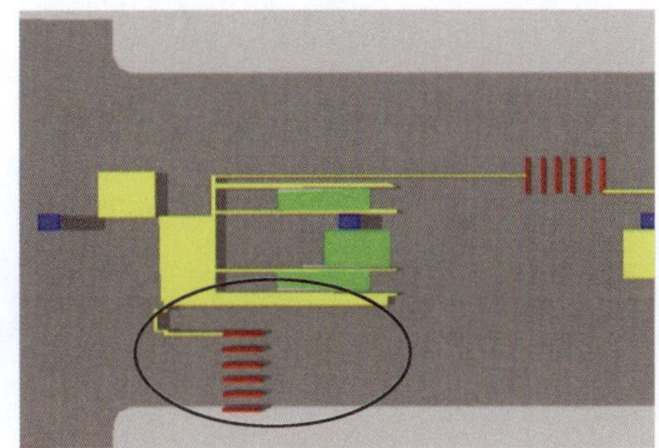

b)B方案

图 4-23　出站闸机典型布局方案

采用仿真工具分别建立两种布局方案下的车站模型,模型包含站台部分。在闸机两侧及站厅楼扶梯入口设置检测区域,进行服务水平的检测和显示,同时在路径起点和终点检测行程时间。

(1)A 方案仿真分析

将大于闸机通过能力的出站客流量作为模型输入进行仿真,聚集人数最多时闸机处的服务水平及仿真示意,如图 4-24 所示。仿真结果显示,出站闸机入口与站厅楼扶梯出口处行人密度较大,拥堵严重,局部服务水平达到了 F 级。

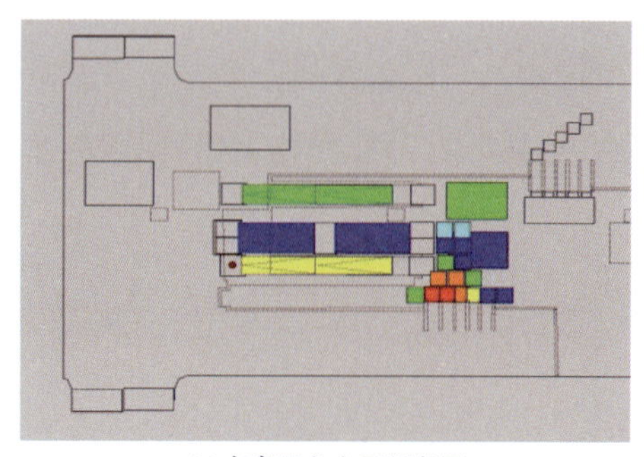
a)A方案服务水平颜色图

b)A方案仿真示意图

图4-24 出站闸机A方案仿真

(2)B方案仿真分析

将大于闸机通过能力的出站客流量作为模型输入进行仿真,聚集人数最多时检票机处的结果如图4-25所示。仿真结果显示,B方案将闸机组的位置放置在靠近出入口处,与出站客流流线垂直横列,使闸机组的利用率更趋平衡,闸机入口处拥挤现象缓解,不再有区域达到F等级。

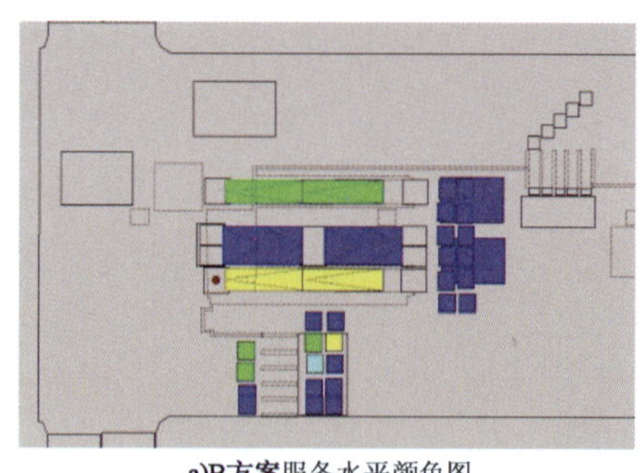
a)B方案服务水平颜色图

b)B方案仿真示意图

图4-25 出站闸机B方案仿真

(3)仿真结果分析

以起点至终点乘客行走距离、时间、速度和因拥挤而损失的时间为评价指标,两种方案的仿真结果如表4-6所示,B方案的各项指标均比A方案更好,其中整个行程时间缩短了12s。

出站闸机仿真结果对比分析 表4-6

布局方案	行走距离(m)	行走时间(s)	行走速度(m/s)	延误时间(s)
A	37.99	57.65	0.66	22.38
B	33.54	45.8	0.75	18.32

仿真结果分析表明,采用A方案,将闸机组横列于站厅楼扶梯出口,与乘客流线方向平行,乘客需要转弯通过闸机且闸机对乘客而言有远有近,同时闸机入口和楼扶梯出口空间不足,不利于乘客的聚集和排队,因此采用该方案时乘客拥挤严重,闸机不能被均衡利用。当采用B方案时,闸机两侧空间充足,同时乘客转弯以后,在期望速度差异性的影响下形成了错落

有致的流畅队伍,与闸机组呈垂直关系,一方面避免了拥挤,行人通过闸机更为有序,另一方面乘客选择各个闸机的概率差异不大,设施更能被均衡利用,因此无论是行程时间还是平均速度,B 方案均有明显改善。

根据分析结果,建议出站闸机的布局尽量远离站厅楼扶梯出口,在闸机入口处留足空间,同时为乘客因速度差异而形成的疏松队列提供足够空间;此外,还应保持闸机组中心点与乘客流线中心点对齐,保证设施的均衡利用。

4.3.2 安检设施及进出站闸机布局仿真优化

本小节以天津地铁财经大学站为实例,对其进行仿真优化分析。

1) 车站基本信息

天津地铁财经大学站为 1 号线和 10 号线之间的换乘站,位于珠江道。两条线路在财经大学站相互平行,1 号线在财经大学站为东西走向,分别开往双林站和华山里站;10 号线在财经大学站也为东西走向,分别开往微山路站和柳林路站。对于两条线来说,站厅层的主要功能为满足乘客进出站和换乘要求;站台层的主要功能为满足乘客上下车要求。既有地铁 1 号线的站厅层设有 A、B、C、D 四个出入口:东北侧 A 出入口对应凤致里、雅致里、景致里居住小区;西北侧 B 出入口接统计职业中专学校,科技大学,黄海里、榕江里等小区;西南侧 C 出口接财经大学;东南侧 D 出口接财经大学,振财里小区。两条公交线路 676、695 与该站衔接。车站所在位置及出入口如图 4-26 和图 4-27 所示。10 号线的站厅层设有 E、F 两个出入口。

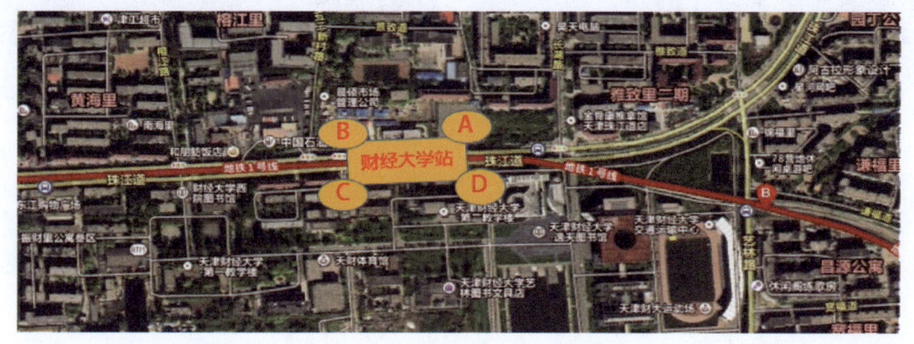

图 4-26 财经大学站位置图

车站分为四层,从上到下依次为 1 号线站台层、1 号线站厅层、10 号线站厅层、10 号线站台层。其中 1 号线财经大学站为高架二层侧式车站,站厅层位于下部,站台层位于上部,站厅层和站台层通过四部楼梯和四部扶梯连接,站台长 113m,宽 4m;10 号线财经大学站为地下二层侧式车站,站厅层位于上部,站台层位于下部,站厅层和站台层通过四部楼梯和四部扶梯连接，站台长113m，宽5.5m。1号线和10号线通过一部楼梯和两部扶梯连接，1号线换乘10号线的客流通过1号线站厅层东侧的两个下行扶梯和两个下行楼梯进行换乘；而10号线换乘1号线的换乘客流通过1号线站厅层西侧的两个上行扶梯和两个上行楼梯进行换乘。

a)东北侧A出入口

b)西北侧B出入口

c)西南侧C出入口

d)东南侧D出入口

图4-27　财经大学站各出入口

车站基本数据及建立的VISSIM软件模型如表4-7和图4-28～图4-34所示。

财经大学站楼扶梯尺寸　表4-7

设　施	宽度(m)	高度(m)
1号线站厅层楼梯(四部)	2.8	6
1号线站厅层扶梯(四部)	1.8	6
10号线站台层楼梯(四部)	2	8.3
10号线站台层扶梯(四部)	1.8	8.3
换乘楼梯(两部)	3	16.5
换乘扶梯(一部)	1.8	16.5

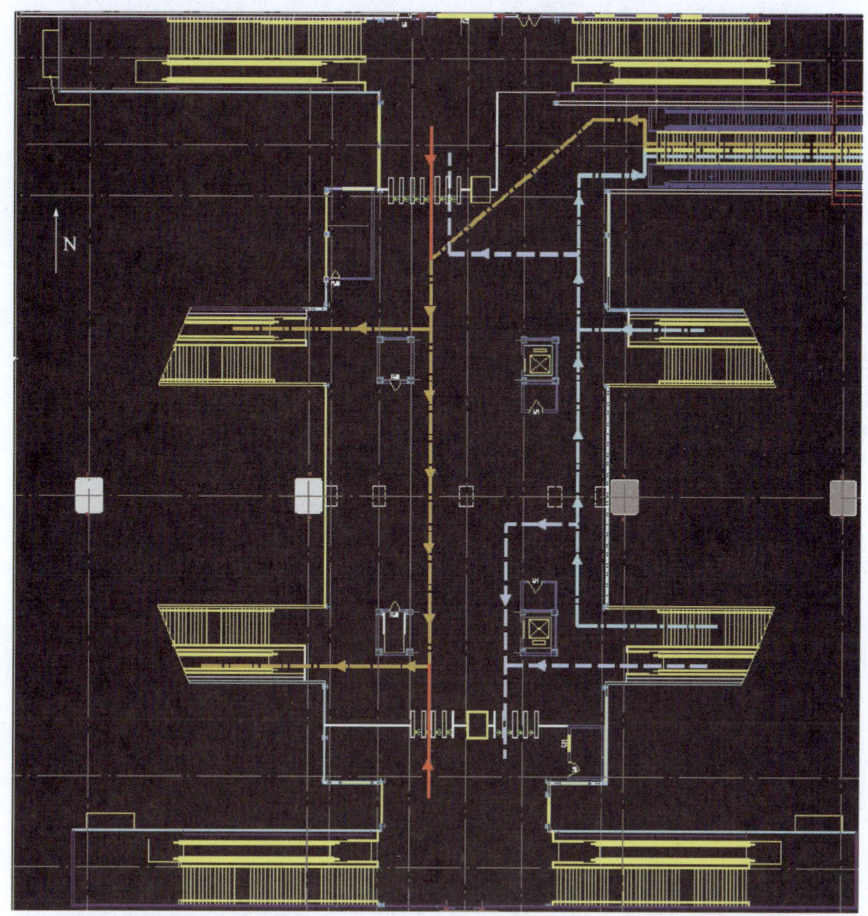

图 4-28　1 号线站厅层平面图

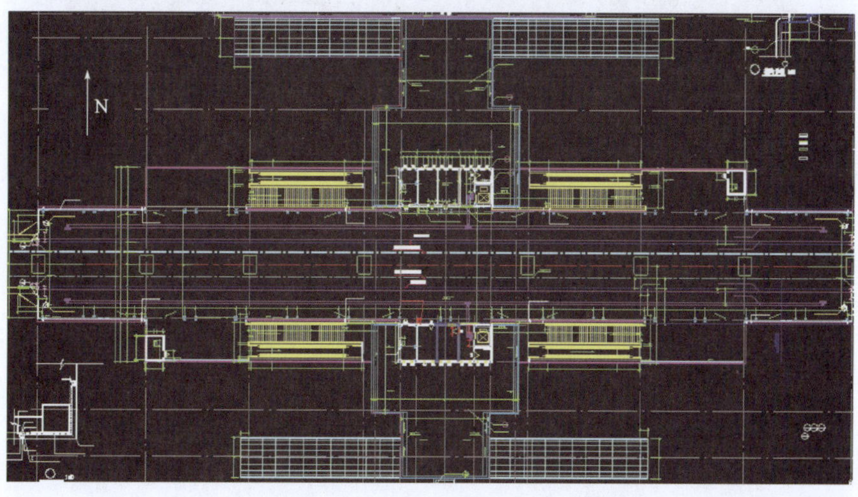

图 4-29　1 号线站台层平面图

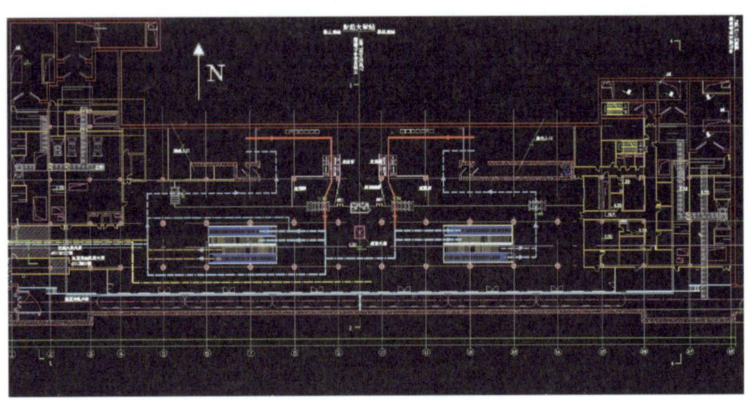

图 4-30　10 号线站厅层平面图

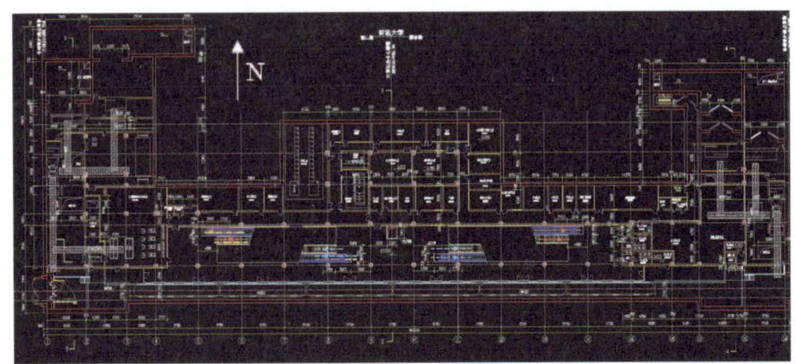

图 4-31　10 号线站台层平面图

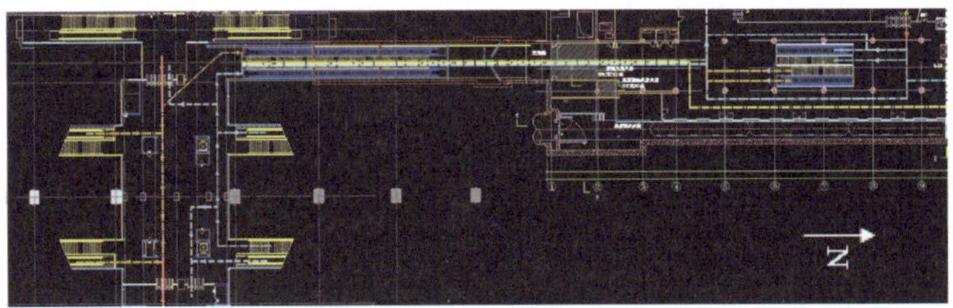

图 4-32　换乘关系示意图

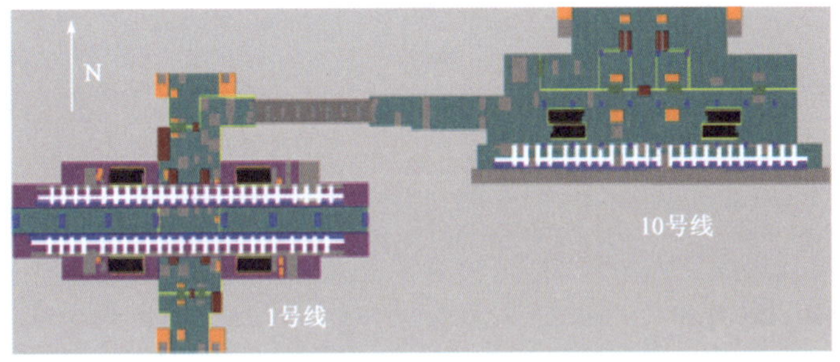

图 4-33　VISSIM 软件建立的财经大学站二维示意图

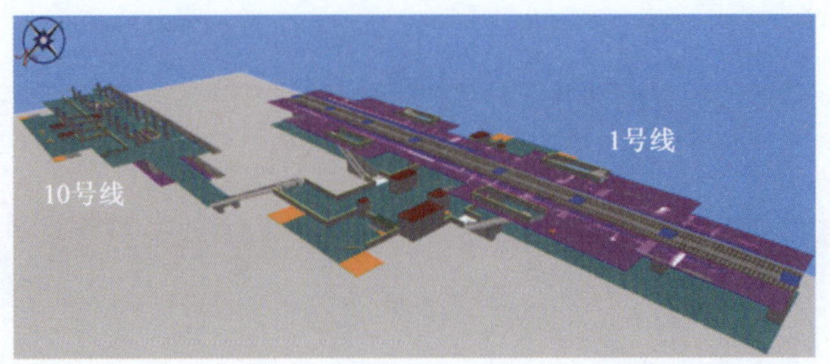

图 4-34　VISSIM 软件建立的财经大学站三维示意图

2) 优化方案

(1) 变更方案一

将安检设施及进出站闸机分别布置在 1 号线地面层的西北侧、东北侧及 1 号线站厅层南侧，如图 4-35 所示。

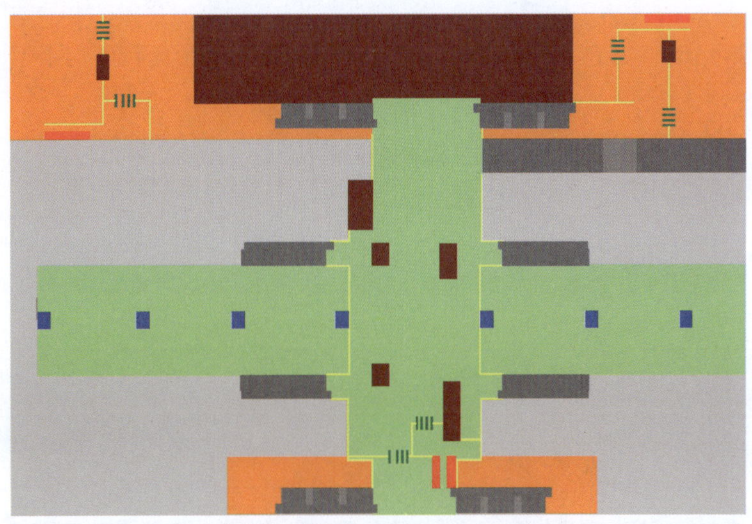
图 4-35　安检设施及进出站闸机布置图

(2) 变更方案二

将安检设施及进出站闸机分别布置在 1 号线地面层的西北侧、东北侧及南侧，如图 4-36 所示。

3) 方案优化前后的对比分析

(1) 安检设施处客流密度对比分析

为了观察方案优化前后 1 号线安检设施处客流密度的变化情况，特在 VISSIM 软件中进行实际的 1 号线晚高峰乘客进出站模拟，各方案安检设施处客流密度分布图如图 4-37、图 4-38

所示。(假定晚高峰进、出站客流与早高峰相反。)

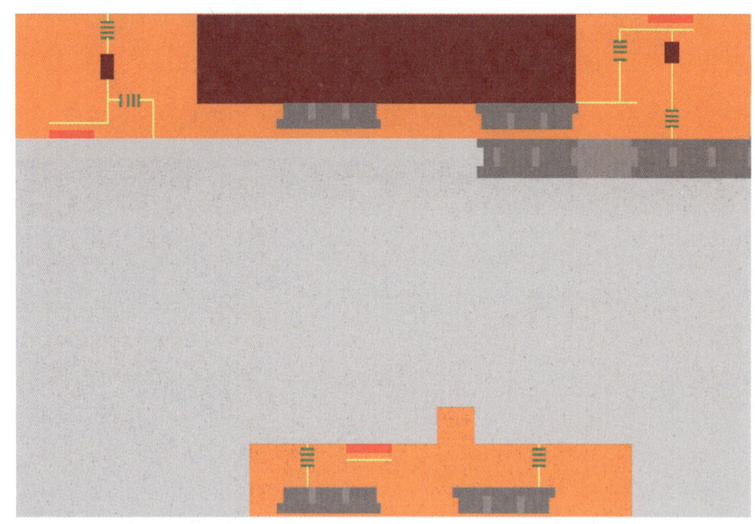

图 4-36　安检设施及进出站闸机布置图

由仿真结果可知,变更方案一和变更方案二的安检设施处客流密度均小于原方案。因此,变更后的方案优于原方案,不同方案的特点如表 4-8 所示。

不同方案特点对比　　表 4-8

方　案	特　点
原方案	1 号线站厅层没有足够的空间用于安放安检设施及进出站闸机
变更方案一	解决了 1 号线站厅层北侧空间不足的缺陷
变更方案二	解决了 1 号线站厅层南北侧空间不足的缺陷

(2)1 号线进出站流线对比分析

变更方案一中,1 号线地面层西北侧、东北侧、东南侧、西南侧楼扶梯处流线:楼梯用于下行,扶梯用于上行,如图 4-37 所示(注:红色实线表示进站流线,蓝色虚线表示出站流线)。

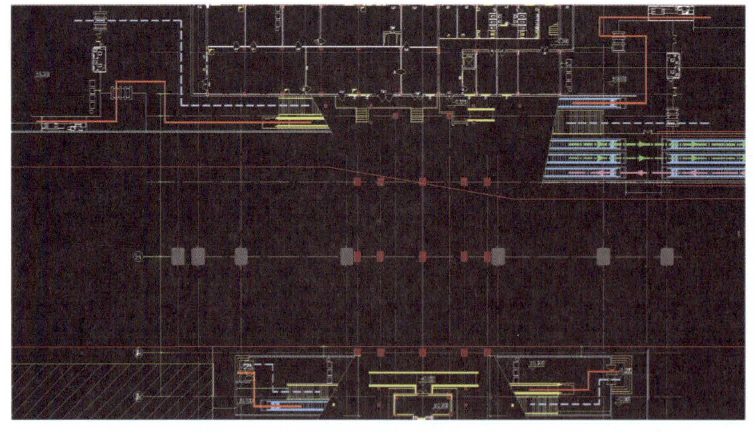

图 4-37　1 号线进出站流线图(变更方案一)

变更方案二中,1 号线地面层西北侧、东北侧楼扶梯处流线:楼梯用于下行,扶梯用于上行;1 号线地面层东南侧楼扶梯处流线:楼梯用于下行,扶梯用于下行;1 号线地面层西南侧楼扶梯处流线:楼梯用于上行,扶梯用于上行。如图 4-38 所示(注:红色实线表示进站流线,蓝色虚线表示出站流线)。

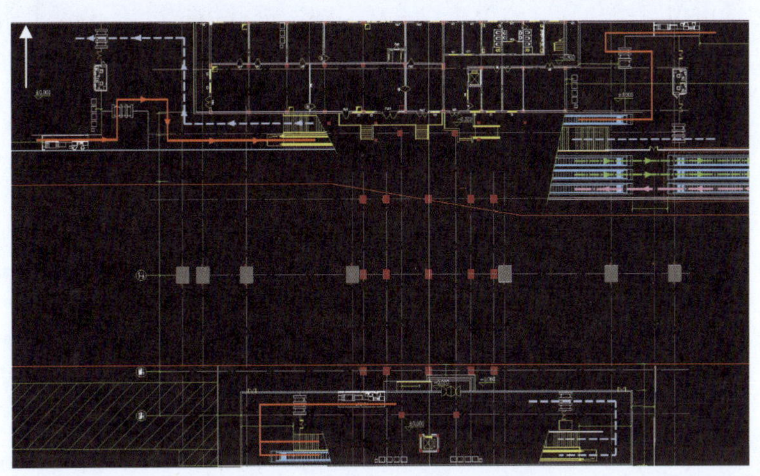

图 4-38　1 号线进出站流线图(变更方案二)

由图 4-37 和图 4-38 可以看出,相对于原方案和变更方案一,变更方案二存在以下优点:避免了进站客流和出站客流的交叉,进出站口数量减少了一个。

4.4 本章小结

城市轨道交通车站设施的规模、配置需要满足站内客流需求及其特征。因此,研究城市轨道交通车站客流与设施的相互关系并对车站设施布局进行优化是十分必要的。本章首先构建了基于 Agent 的连续空间粒子自驱动仿真模型;然后根据模型理论和框架,设计并实现了行人微观仿真模型算法;最后通过对虚拟案例及天津地铁真实案例进行仿真分析,为车站规模和布局的优化提出建议。本章主要完成了以下三方面内容:

(1)提出了社会力模型分子动力学实现方法,构建了 Gear 预测校正法的社会力模型实现框架,并提出了社会力模型最小时间步长的确定的克朗条件法。分析 Agent 与社会力模型及面向对象编程技术在结构上和逻辑上一致性,在此基础上,构建了 Agent 与社会力模型结合的框架及采用面向对象编程技术实现该模型的框架。

(2)根据模型理论和框架,设计行人仿真模型的实现流程,并采用面向对象编程技术实现连续空间多粒子自驱动行人仿真模型,标定模型各种参数,改进行人形体的模拟并设计相关算法,引入 Agent 的思想设计行人个体的感知—决策机制及算法实现,最终实现基于 Agent 的连续空间多粒子自驱动行人仿真模型。并利用综合模型对单、双向通道行人流及紧急疏散进行仿真模拟,一方面从定性和定量的角度验证模型的效果,另一方面预期从多方面分析单、双向通道及瓶颈疏散乘客的行为特征。

(3)对简单的虚拟案例和复杂的天津地铁真实案例进行仿真分析,得出优化结果,为车站规模和布局的优化提出建议。

5

适用于车站拥挤状态下的行人微观仿真模型

随着地铁在全国范围的快速建设,城市居民的出行愈发依赖城市轨道交通,由此会使大中城市城市轨道交通车站内部出现乘客密度过大的现象,直接导致车站内部人员拥挤,严重危害乘客及行车安全。为有效预防和控制拥挤的产生,掌握乘客在拥挤状态下的行为特征及受力状态是十分必要的。就目前的研究手段而言,由于地铁车站行人密度高,行为复杂,现场试验研究的可实施性和经济性较差,采用行人微观仿真技术进行研究则成为主流方法。

目前被广泛使用的几种行人微观仿真技术在应对车站拥挤情况时都有各自的局限性和不足,以元胞自动机模型为代表的离散模型将人的受力与运动状态割裂开,不能准确反映行人的受力特征,这与拥挤状态下车站内部行人密度和挤压力较大的特征不符,在应用上表现为不能反映疏散过程中由较大的压力引发的伤亡事故。社会力模型能很好地应对这个问题,可以同时反映行人的运动状态和受力特征。但由于行人形体和接触力参数标定方面的局限,原始社会力模型很难达到城市轨道交通车站内拥挤状态下的人群密度。

本章针对以上存在的问题,采用站内拥挤人群压力测量等调研测试手段,优化行人形体模拟,结合颗粒流等相关算法和思想,建立能反映拥挤人群的运动状态和受力特征的仿真模型,并开发相应的仿真软件,将其应用于拥挤状态下的城市轨道交通车站行人仿真。

5.1 高密度行人流描述

过度的拥挤会引起行人生理和心理上的不适,更重要的是容易发生混乱,造成事故引发人员伤亡。因此在进行拥挤仿真理论研究之前,需要对高密度的拥挤人群从密度角度进行量化界定。

不同的环境中,人们对拥挤的承受度是不一样的,例如一个人在广场上,他就需要比较大的空间,希望与他人保持较远的距离,而当一个人在参加演唱会时,他与周围的人都处于一种兴奋的状态,并不介意与别人离得近一点,也不会感觉到拥挤。而本章主要针对的是城市轨道交通车站内乘客的仿真,因此在考虑拥挤密度值时,主要根据城市轨道交通车站的实际环境来确定。

5.1.1 高密度的界定

从量化的角度来说,行人群密度即是单位平方米所包含的人数,或者说每人所占空间的多少。因此,高密度量化也就是确定一个拥挤的临界值。拥挤的临界值也是针对环境而言的,不同的环境对应不同的界限。对于城市轨道交通车站而言,高密度区主要存在于通道、扶梯口、车门口下车区域及车厢内,因而本小节确定的拥挤临界值是针对这几种城市轨道交通车站的特定环境而言的。

城市轨道交通车站的行人密度是评价车站服务水平的重要指标，国内外的学者都对这方面进行了大量研究。本节中的拥挤密度临界值是在对行人服务水平研究、仿真经验和现场观察试验的基础上进行确定。

1）行人服务水平

行人服务水平是评估行人活动空间的通行能力和舒适性的有效手段。最早将服务水平的概念引入到行人设施评价的是 John J. Fruin。他在 1971 年完成了对以后研究行人运动具有重要影响的著作《行人规划与设计》，该著作中建立了行人设施的服务水平的计算方法。之后许多国家都建立了针对本国行人的服务水平标准。例如，美国公共交通通行能力和服务质量手册考虑了一定程度的行人舒适性和便利性，以 Fruin 的著作《行人规划与设计》和美国《道路通行能力手册 2000》为基础，提出了行人通行能力的估算方法，详细标准见表 5-1。

步行道服务水平 表 5-1

期望行人流量和步行速度				
服务水平	行人占据空间（m^2/人）	平均步行速度 S（m/min）	单位宽度的行人流量 V[人/(m·min)]	饱和度 V/C
A	≥3.3	79	0～23	0.0～0.3
B	2.3～3.3	76	23～33	0.3～0.4
C	1.4～2.3	73	33～49	0.4～0.6
D	0.9～1.4	69	49～66	0.6～0.8
E	0.5～0.9	46	66～82	0～1.0
F	<0.5	<46	可变	可变

注：V/C＝行人流量/步行通道的通行能力。

国内的学者之后对行人服务水平也进行了深入的研究。例如，史建港在其博士论文中根据中国行人交通流特性，以中国行人拥挤感受阈值为划分标准，制定了兼顾交通流特性和使用者主体的服务水平的等级划分方法，并提出相关的应用指标，详见表 5-2。

服务水平等级应用指标 表 5-2

服务水平	密度（人/m^2）	人均空间（m^2/人）	通行能力[人/(m·min)]	行人速度(m/s)
A	<0.20	>5.00	25	1.1～1.5
B	0.20～0.25	3.94～5.00	30	0.89～1.1
C	0.25～0.41	2.41～3.94	40	0.82～0.89
D	0.41～1.06	0.94～2.41	75	0.68～0.82
E	1.06～2.50	0.40～0.94	90	0.50～0.82
F	>2.50	<0.40	波动	<0.50

2）拥挤状态界定

设计仿真试验，划定一定大小的范围，然后使该区域人数逐渐增加，经过反复多次试验，发现平均每平方米在4人以上时就无法避免人与人之间的接触。结合行人服务水平研究、试验测定和仿真经验，本章拟定每平方米超过4人即为高密度(拥挤状态)。

5.1.2 高密度行人流特征

拥挤状态下，行人的行为受人群运动规律的影响，即人群具有与独立个体不同的从众心理。在行为理论中，人群运动目标明确，人群行为可以用流体力学工程原理建立模型。人群中的个体向目标运动，但是由于人群密度比较大，运动可能会受到其他人的阻碍，受阻后个体会试图穿过前面的人，两者之间就会产生相互作用力。这种作用力通过人群与地面的剪切力进行平衡。密度高时力在人群中积聚和传播，因为此时个体之间存在挤压变形，正是这种挤压才使得个体之间的作用力在人群中传递和积聚，进而引发挤压事故。因此，要真实地建模和仿真拥挤人群的运动，必须研究拥挤状态下的行人特性。

在正常情况下，人与人、人与障碍物之间会尽力保持一定的距离以避免相互之间的身体接触，由于这种接触会产生心理的不舒适感，降低效率，因此行人更倾向于使彼此间的交互最小化。与正常情况下人群相比，高密度下行人个体为了到达目的地，能够弱化不利环境对其心理产生的影响，也就更能容忍这种接触。正是个体之间的接触导致了行人之间物理力的产生及作用，周围人群接触力会沿行人的接触面传递并聚集。聚集力作用于个体将导致行人的身体发生变形和压缩，甚至引发严重的生理问题(如呼吸困难)，产生使人受伤甚至死亡的风险；这种聚集力甚至能压弯钢铁栅栏或推倒砖墙。这一特征是高密度行人流有别于正常情况下行人流的主要特征。

拥挤状态下，个人行为由于受周围人群影响较大，可以根据波动理论，特别是激波理论，来研究人群拥挤的一些基本特性。激波是压力、密度或速度发生突变的断面，反映在人流中，往往就是人群发生拥挤事故的点。在人群密度比较低时，人群为自由流动而非连续流动，不会发生拥挤事故；当密度较高、造成人群拥挤时，受从众心理影响，可以将人群视为连续流动，人群中产生的任何扰动(直接表现为密度的变化)都将以波的形式在人群中传播，同时由于个体间的差异，导致波发生非线性畸变，任何局部的密度增加最后都将形成激波，产生事故。因此，研究拥挤事故时可以将人群看作一个整体。

拥挤人群最重要的现象是自组织行为，其主要表现为双向或者多方向运动的密集人群呈现多条相对独立的、明显单一方向的行人流；这些独立行人流一般不需要外界的隔离而自发形成，并且各个部分相对独立运动使原本存在众多冲突的人群能够有序、顺畅地运动。自组织现象的形成可以认为是行人受到周围人群的影响后为避免冲突且以最佳路径到达目的地的一种选择行为，如选择加速、减速、行走方向等，这些选择都是在行人的主观意愿下进行的。尽管行人的基本属性和性格特征具有较大差异，但本章假设行人总是试图通过一些自己认为合理的途径到达目的地，这样也就满足行人的效用最大化，此效用可以是出行时间、出行距离、行走速度、行走空间等。自组织现象的典型表现为自动渠化现象和瓶颈摆动现象。自动渠化现象是指前进方向相反的两组行人流在移动过程中，自动形成类似"车道"的现象，每个"车道"中的行人移动的方向是一致的，由于这种自组织现象的形成，使得对向行人之间互相影响得以弱化，从而提高了流动效率。瓶颈摆动现象是指两组行人流通过某个狭窄的通道(瓶颈)时产生的一种特殊的现象。当瓶颈无法容纳两个方向的行人同时通过时，先由某一个方向的行人通过，并占据瓶颈，一定时间后，再由另一个方向的行人通过并占据瓶颈。如此两个方向交替进行，直到所有行人能够通过该狭窄瓶颈为止。

从宏观层面来看，高密度行人流的运动状态与流体运动状态较为类似，表现出行人流的连续性和不可压缩性；从微观层面来看，行人流的运动状态类似于颗粒流，都表现出固体属性和流体属性所共有的特征，即能表现出三种特有的运动状态：稀疏流、稠密流和拥堵状态。高密度行人流更类似于颗粒流中粒子的状态，每个行人的运动状态更大程度上受周围行人的影响，相向行走的高密度行人流会出现"锁死"即拥堵现象，狭窄出口处的高密度行人流会出现成拱现象。然而，由于行人具有主观意识，在一定程度上与无意识的颗粒运动仍有一定差别。通过大量的实例观察分析，在相向行走的高密度行人流中虽然会出现拥堵现象，但是随着时间的推移，行人会自发形成不同方向的"车道"而朝预期方向前进；狭窄出口处行人堆积形成拱形，但随着时间的推移、行人的增多，行人流并不会发生类似于颗粒流的"崩塌"现象，不会导致最里侧行人由于达到人体承受压力极限而受伤甚至死亡。

5.2 拥挤状态下行人仿真理论扩展

拥挤状态下的行人会发生接触挤压，从而产生物理作用力，这是与低密度仿真完全不同的问题。一些粒子模型虽然考虑了接触力，但是接触力的计算方法过于简单，如原始社会力模型用行人之间法向和切向的变形量直接乘以弹性模量来计算法向力与切向力。这样简单计算接触力的方法在仿真时常常表现为行人一接触就会立即弹开，或者表现为行人来回振荡。

为达到高密度行人仿真，必须解决接触力的计算。从研究挤压现象出发，发现颗粒流与高密度行人流极为相似，存在大量的挤压接触，且颗粒流理论经过多年的发展已经形成了一套成熟的计算理论。再经过深入研究，作者发现颗粒流接触力计算理论可以很好地用于行人之间挤压接触力的计算。在行人微观仿真领域，将颗粒流理论应用于行人挤压接触力计算尚属首次。

5.2.1 颗粒流理论

颗粒物质广泛存在于自然界，与人类日常生产生活密切相关，比如自然界中的沙石、土壤、积雪等，日常生活中的粮食、糖、盐等，工业生产中的煤炭矿石、药品、化工产品等，可以说颗粒物质是地球上存在最多、最与人们密不可分的物质类型之一。颗粒流是指颗粒物质在内部颗粒物质之间和外部作用力的共同影响下形成类似流体的运动的状态。颗粒流以强耗散的接触摩擦为主，其热运动和流体作用忽略不计。而颗粒物质所表现的各种特性主要是依赖于颗粒之间力的相互作用。因此，目前颗粒物质的研究集中在颗粒物质之间的力学特性，并根据力学特性研究成果提出相应的理论模型来解释颗粒流的一些现象。颗粒流中颗粒数量多，颗粒运动复杂、在颗粒流研究中采用计算机仿真技术受到了广泛的认可。

颗粒流与交通流有相似的地方，颗粒流理论在交通方面的研究也得到了良好应用。行人流也属于交通流的一种，而且拥挤状态下行人流的特性与颗粒流非常相似，比如拥挤行人流和颗粒流物质都存在着崩塌现象、每个个体之间都存在相互挤压等，因此本节引入颗粒流的部分理论来研究拥挤行人流的特性，从而为改进行人微观仿真模型提供理论基础。

5.2.2 基于颗粒流的行人接触力模型

在模拟高密度下乘客行为时，乘客之间的接触力是区别于低密度的重要特征。在颗粒流理论中，对球形颗粒的受力有一套严密的分析理论。因为行人之间没有粘连，所以模拟时考虑非粘连的球形颗粒受力情况。非粘连的球形颗粒受力分为法向力和切向力。

1) 法向力

不顾及颗粒表面粘连时，法向力的计算通常使用赫兹接触理论。赫兹接触理论对颗粒做出了一定假设，接触的颗粒表层光滑且均匀，与颗粒的表面积相比，相重叠的面积很小，接触的地方只有弹性变形，接触产生的力与接触的面相垂直。有关颗粒曲面弹性接触问题的处理都是建立在赫兹理论的基础之上，适用于多种几何体，如球体、柱体和椭球体等曲面体的弹性接触。

2) 切向力

两颗粒发生切向接触，首先沿着接触表面圆周相对滑移，其方向与切向力方向一致，滑移通过接触面逐渐向颗粒内部发展。在分析受力的过程中使用了软球模型，它是一种常用的简化模型。软球模型不去考虑颗粒表面形变，依据颗粒间法向重叠量和切向位移计算接触力，不考虑接触力加载历史，适用于实际问题的数值计算。

如图 5-1 所示，软球模型用弹簧振子的阻尼振动来描述颗粒间接触过程，其运动方程可用式(5-1)来表示：

$$m\ddot{x} + \eta\dot{x} + kx = 0 \tag{5-1}$$

式中：$\ddot{x}$、$\dot{x}$、x——偏离平衡位置的加速度、速度、位移；

m——振子质量；

η、k——弹簧阻尼系数、弹性系数。

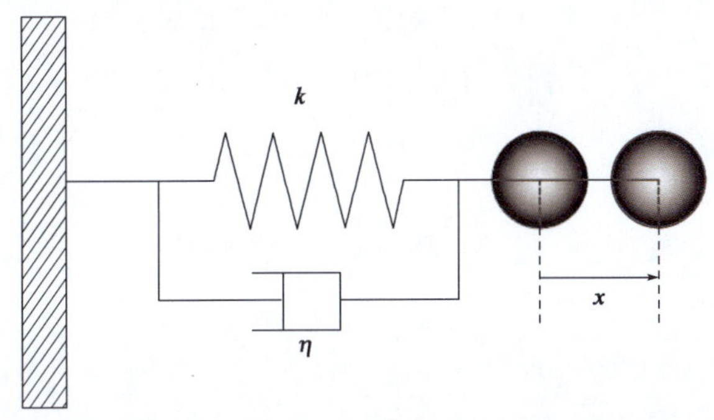

图 5-1　软球模型用弹簧振子的阻尼振动来描述颗粒间接触过程示意图

颗粒所受恢复力和位移成正比；所受黏滞阻力与速度成正比，方向相反，因此弹簧振子能量逐渐衰减。随着阻尼的增大，弹簧振子分别呈现欠阻尼振动、临界阻尼振动和过阻尼振动。

如图 5-2 所示，颗粒 i 在惯性或外力作用下，在点 C 与颗粒 j 接触，虚线表示开始接触时颗粒 i 的位置。随着两颗粒相对运动，颗粒表面逐渐变形并产生接触力，软球模型不考虑该变形细节，仅计算法向重叠量和切向位移，进而得到接触力。

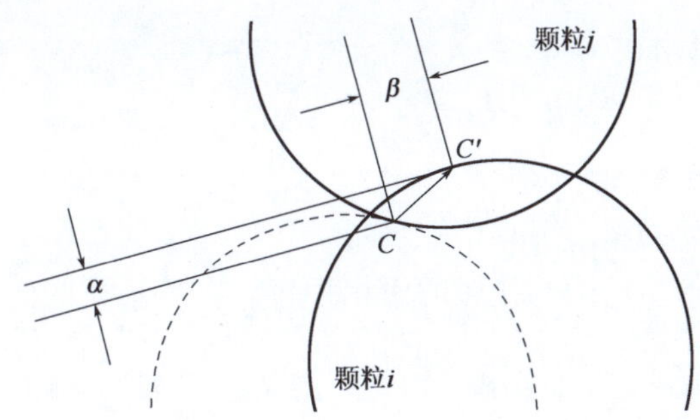

图 5-2　软球模型中仅考虑两颗粒法向重叠量和切向位移(不考虑颗粒表面变形)示意图

软球模型在颗粒 i 和颗粒 j 间设定了弹簧、阻尼器、滑动器和耦合器等。耦合器用来确定发生接触的颗粒配对关系，不引入任何力。如果切向力超过屈服值，两颗粒在法向力和摩擦力作用下滑动，由滑动阻力器实现这一目的。软球模型中用弹性系数 k 和阻尼系数 η 等参数来量化弹簧、阻尼器、滑动器的作用，如图 5-3 所示。

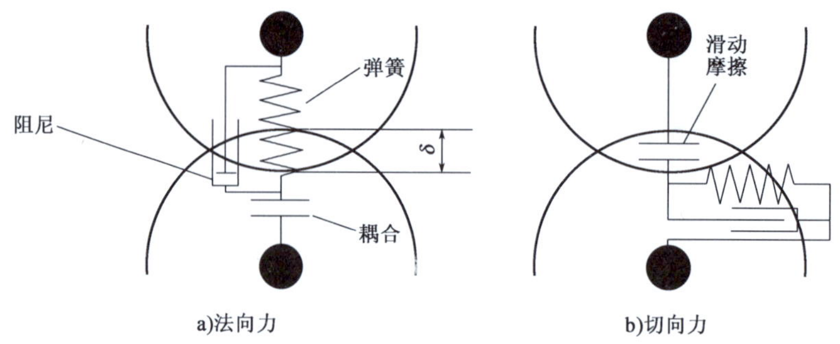

图 5-3 软球模型对颗粒间接触力的简化处理示意图

颗粒流理论中,法向力 F_{mij} 是弹簧和法向阻尼器作用在颗粒 i 上的弹性力和阻尼力的合力。对于二维颗粒,弹性力大小与重叠量成正比,阻尼力与颗粒相对速度成正比,则 F_{mij} 可用式(5-2)表示:

$$F_{mij} = (-k_n\alpha - \eta_{ni}Gn)n \tag{5-2}$$

式中:α——法向重叠量;

G——颗粒 i 相对于颗粒 j 的速度,$G = v_i - v_j$;

n——从颗粒 i 球心到颗粒 j 球心的单位矢量;

k_n、η_{ni}——颗粒 i 的法向弹性系数、法向阻尼系数。

切向力 F_{tij} 可用式(5-3)表示:

$$F_{tij} = -k_t\delta - \eta_{tj}G_{ct} \tag{5-3}$$

式中:k_t、η_{tj}——切向弹性系数、切向阻尼系数;

G_{ct}——接触点的滑移速度;

δ——接触点的切向位移。

接触点的滑移速度可用式(5-4)表示:

$$G_{c\tau} = G - (Gn)n + a_i\Omega_i \times n + a_j\Omega_j \times n \tag{5-4}$$

式中:a_i、a_j——颗粒 i 和颗粒 j 的半径;

Ω_i、Ω_j——颗粒 i、颗粒 j 的角速度。

如果 $|F_{tij}| > \mu|F_{nij}|$ 成立,则颗粒 i 发生滑动,切向力为 $\vec{F}_{tij} = -\mu|F_{nij}|\vec{t}$,就是库仑摩擦定律;$\mu$ 是静摩擦系数。切向单位矢量 $\vec{t}$ 由下式确定:$\vec{t} = Gct/|Gct|$,颗粒 i 受到的合力和合力矩为 $\vec{F}_{ij} = \vec{F}_{nij} + \vec{F}_{tij}$;$\vec{T}_{ij} = a_in \times \vec{F}_{tij}$。

颗粒浓度较高时,颗粒 i 可能同时与几个颗粒接触,则作用在颗粒 i 上的合力及合力矩可用式(5-5)来表示:

$$\begin{aligned}\vec{F}_i &= \sum_j(\vec{F}_{nij} + \vec{F}_{tij})\\ \vec{T} &= \sum_j(a_in \times \vec{F}_{tij})\end{aligned} \tag{5-5}$$

在传统社会力模型中，接触力依然分为法向的挤压力和切向的摩擦力，计算过程见式(5-6)。

$$
\begin{aligned}
F_{\text{pushing}} &= k\Theta(R_{\alpha\beta} - d_{\alpha\beta})\vec{n}_{\alpha\beta} \\
F_{\text{friction}} &= \kappa(R_{\alpha\beta} - d_{\alpha\beta}) < v_{\alpha\beta}, \vec{t}_{\alpha\beta} > \vec{t}_{\alpha\beta}
\end{aligned}
\tag{5-6}
$$

式中：　k——弹性系数；

Θ——函数作用，为自变量，大于或等于0其值为自变量，小于0则为0；

$R_{\alpha\beta}$、$d_{\alpha\beta}$——行人半径之和、行人质心距；

$< v_{\alpha\beta}, \vec{t}_{\alpha\beta} >$——切向量行人的相对速度；

$\vec{n}_{\alpha\beta}$、$\vec{t}_{\alpha\beta}$——行人β指向行人α的单位向量、切向单位向量，该切向量与行人α与行人β质心连线垂直，且与相对速度方向大致相反；

κ——摩擦系数。

对比上述两个理论中接触力的计算原理，发现颗粒流理论中的接触力计算理论与传统社会力模型不同。社会力模型中把法向力和切向力都简化为弹簧振子受力模型；而在颗粒流理论中把法向力视为弹簧和阻尼器的合力，切向力视为弹簧、阻尼器和滑动器的合力。颗粒流接触力模型比社会力模型多考虑了阻尼器与滑动器。阻尼器的作用是减少颗粒间的振动，滑动器用于计算接触颗粒发生切向相对运动时的滑动摩擦力。社会力模型下，行人接触时容易产生振荡现象，如果此时能够像颗粒流接触力计算模型那样设计一个阻尼器，行人的振荡现象便会得到改善。此外，社会力模型中切向力都是按照静摩擦来计算的，不区分是否有相对运动，如果在切向上引入一个滑动器，可以有效区分切向摩擦是动摩擦还是静摩擦。

综上所述，在社会力模型中引入颗粒流接触力理论是非常必要的，如图5-4、图5-5所示，这样改进能够减少模型振荡现象并使切向摩擦力计算更准确，能够实现行人流挤压下群体坍塌等现象。

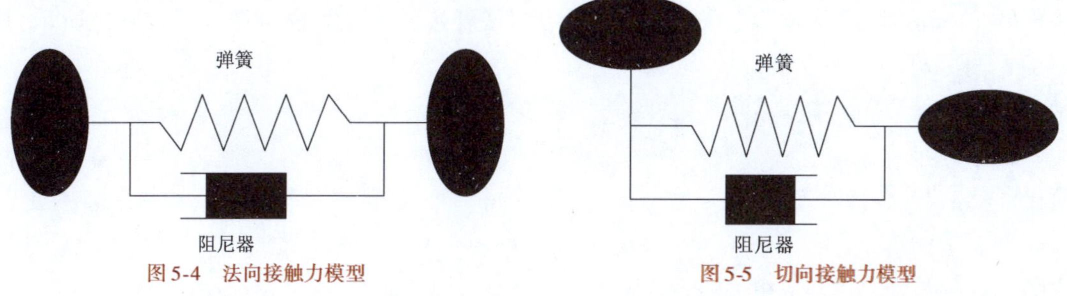

图5-4　法向接触力模型　　图5-5　切向接触力模型

在颗粒流理论中，采用软球模型计算接触力时需要标定两个参数：弹性系数和阻尼系数。

(1)弹性系数

软球模型中的弹性系数和阻尼系数与颗粒材料的弹性模量和泊松比等参数有关，但不能直接测量，需要标定。法向弹性系数k_n由赫兹接触理论确定，其计算方法见式(5-7)：

$$k_n = \frac{4}{3}\left(\frac{1-v_i^2}{E_i}+\frac{1-v_j^2}{E_j}\right)^{-1}\left(\frac{a_i+a_j}{a_ia_j}\right)^{-1/2} \tag{5-7}$$

式中：E、v——颗粒材料的弹性模量、泊松比；

a——颗粒半径；

i、j——发生接触的颗粒 i、颗粒 j。

如果颗粒 i 和颗粒 j 属于同质材料且粒径相等，则 k_n 可简化为：

$$k_n = \frac{\sqrt{2a}E}{3(1-v^2)} \tag{5-8}$$

k_t 为切向弹性系数，由 Mindlin-Deresiewicz 接触理论确定，即：

$$k_t = 8\alpha^{1/2}\left(\frac{1-v_i^2}{G_i}+\frac{1-v_j^2}{G_j}\right)^{-1}\left(\frac{a_i+a_j}{a_ia_j}\right)^{-1/2} \tag{5-9}$$

式中：G_i、G_j——颗粒 i 和颗粒 j 的剪切模量。

如果颗粒 i 和颗粒 j 属于同质材料且粒径相等，则 k_t 可简化为：

$$k_t = \alpha^{1/2}\cdot\frac{2\sqrt{2aG}}{2-v^2} \tag{5-10}$$

显然在颗粒接触过程中，k_n 和 k_t 与法向重叠量有关，需要依据接触过程进行实时计算，但是其计算量非常巨大。为了计算便捷，软球模型通常假设在整个接触过程中弹性系数和阻尼系数等都保持不变，忽略加载历史和变形等细节。

（2）阻尼系数

质量为 m 的弹簧振子如果处于临界阻尼状态，则机械能以最快速度衰减，此时法向阻尼系数 η_n 和切向阻尼系数 η_t 见式（5-11）：

$$\begin{aligned}\eta_n &= 2\sqrt{mk_n}\\ \eta_t &= 2\sqrt{mk_t}\end{aligned} \tag{5-11}$$

另一种确定阻尼系数的方法是把阻尼系数与恢复系数 e 耦合在一起，如式（5-12）所示，其中 e 由试验测定。

$$\eta_n = -\frac{2\ln e}{\sqrt{\pi^2+\ln e}}\sqrt{mk_n} \tag{5-12}$$

简化可得：

$$\eta_n = C\sqrt{mk_n}\alpha^{1/4} \tag{5-13}$$

式中：C——与恢复系数 e 相关的系数；

α——法向重叠量。

切向阻尼系数 η_t 的确定非常复杂，通常可与 η_n 取值相同。

在本节的建模中，为简化计算，弹性系数和阻尼系数均视为常数。此时可认为相接触两人的弹性模量相等，即 $E_i = E_j = E = 80\text{kPa}$，这同人体与墙接触时的弹性模量是一致的。由于人体是体积可变的可压缩弹性体，在外力作用下身体发生压缩变形时，与挤压力正交方向的身体尺寸几乎不发生变化，故泊松比 $\nu_i=\nu_j=\nu=0$。又由于不同行人的身体尺寸均处于同一个数量级，行人间身体尺寸的差异可以忽略，因此软球模型中的球直径取行人肩宽的平均值，根据中国标准化研究院的最新成年人人体尺寸数据资料，$a_i=a_j=a=1/2\times0.45\text{m}=0.0225\text{m}$。由此算得法向弹性系数 $k_n=17888.54\text{kg/s}^2$。计算切向弹性系数时，重叠量取人体压缩的极限值，即身体尺寸的 20%，$\alpha=0.2\times0.45=0.09\text{m}$；由公式 $G=E/(2+2\nu)$ 代入算得 $k_t=40.25\text{kg/s}^2$。颗粒质量取行人的平均体重 62.2kg，代入式(5-12)、式(5-13)可分别算出法向和切向阻尼系数 $\eta_n=2\sqrt{mk_n}=2109.66\text{kg/s}$，$\eta_t=2\sqrt{mk_t}=100.07\text{kg/s}$。静摩擦系数 μ 由行人所着服装的材料性质决定，参考服装业的数据，取为 0.3。

5.3 拥挤状态下的行人行为建模

5.3.1 行人形体

粒子模型作为连续空间微观模型的一种，将单个行人作为研究对象，依据每个行人受到的社会力等作用合力，在连续的空间内逐步更新行人的位置以达到模拟实际人群的行走效果。而研究对象模型的合理选取有助于提高仿真效果的真实性，主要体现在人体形状的选择和参数值的选取。

1) 椭圆形行人模型

既有连续空间微观模型一般将行人粒子描述为圆形，主要基于两方面的考虑。一方面，虽然行人静态投影的侧向宽度较大，但行走时的动态空间需考虑跨步所需空间即步幅长度，使得人的动态空间近似圆形，因此采用圆形模拟行人粒子；另一方面，因为椭圆形在净距测算等环节计算复杂，而圆形简单易实现。用圆形模拟行人粒子，在行人距离较远时可以在保证精度的条件下简化计算，同时也能反映行人正常跨步所需的动态空间；但是当行人流密度较大时，行人速度较低甚至短时静止，此时行人的步幅和动态空间较小，而行人空间需求近似静态水平投影，此时圆形描述方法误差较大，且由于排斥力与行人间净距呈指数增长，导致较大的计算误差。因此需要对行人模型的形体描述进行更符合实际的改进。

需要指明的是，二维连续空间微观模型模拟行人，本质上是将行人视为在空间上连续运动的粒子，只关注运动的结果，而对运动的细节如跨步等，并不能够很好地进行模拟。且连续模型选取的时间步长一般取 0.1s 甚至更小，只具有计算意义而没有实际的跨步、转向等意义。

行人的动态空间需求，则主要通过行人排斥力，特别是行人正前方较大的排斥力方位系数来体现。因此连续空间微观模型中对行人形体的描述，仅考虑其静态空间需求。基于以上分析，本案例采用椭圆形来描述行人形体，其中椭圆的长轴为行人肩宽、短轴为行人足长，以长短轴交点描述行人位置点坐标。

2)椭圆形行人模型净距算法

行人之间的净距及行人与障碍物的净距，是计算行人之间排斥力或吸引力、行人与障碍物的排斥力的关键参数。行人与行人之间的净距是指两个行人之间的最短距离。对于原始模型中的圆形行人粒子，由于各个方向粒子半径相同，可以通过粒子的中心距离减去两个粒子半径得出两个粒子的净距。但是，对于修正的行人椭圆粒子模型，其各方向半径不等且中心连线方向不一定是两粒子的最短距离方向，同时其最短距离很难用解析表达式进行求解，需迭代运算求解，非常消耗计算资源，需要寻求既能保证一定的计算精度，又有计算效率的方法。

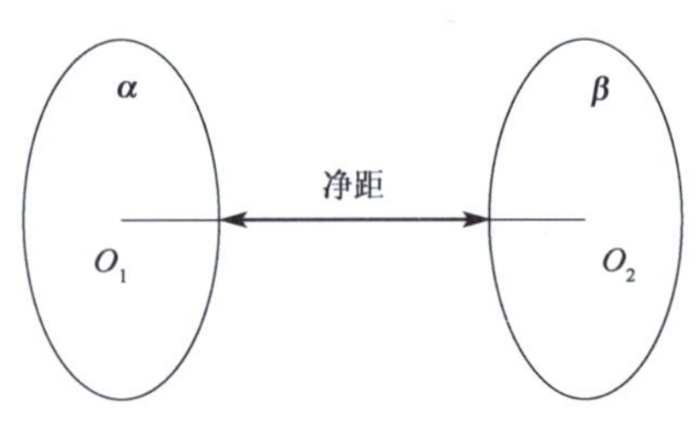

图 5-6 行人与行人之间净距

(1)行人之间净距

为了解决净距的计算，首先对较为特殊的情况进行分析，即两个行人位于同一条直线上行走，如图 5-6 所示；假设行人 α、β 的足长(短轴长)分别为 a_α、a_β，则其净距计算公式很容易推导出来，如式(5-14)：

$$\begin{aligned} S_{\alpha\beta} &= \| \overrightarrow{O_1O_2} \| - (a_\alpha + a_\beta)/2 \\ &= \| \overrightarrow{O_1O_2} \| - (r_{\alpha\theta} + r_{\beta\theta}) \end{aligned} \tag{5-14}$$

式中：$r_{\alpha\theta}$、$r_{\beta\theta}$——行人 α、β 中心线与短轴夹角为 θ 时的半径长。

然而实际情况下，由于每个行人的差异性，导致行人很少会一直跟随其他行人在一条直线上行走，一定的侧移交错情况更为多见；同时对于相遇行人的避让转向以及同向行人的超越转向，会导致行人行进方向间形成一定夹角。据此，令图 5-6 中的一个粒子旋转一定角度或侧移一定距离，得到图 5-7 和图 5-8，两图分别对应实际行走条件下行人不同方向的相遇或跟随情况。

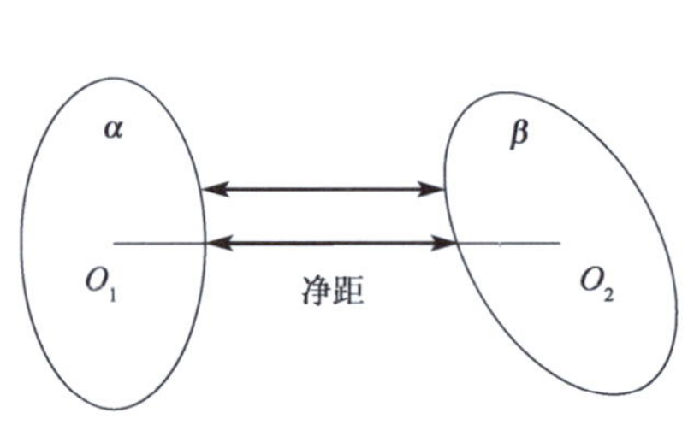

图 5-7 行人夹角净距示意图

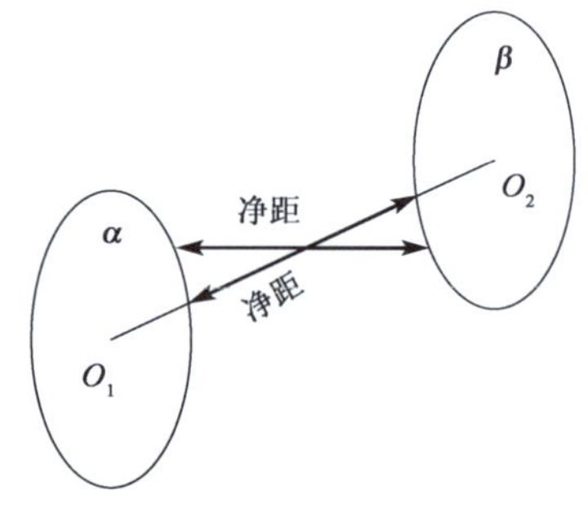

图 5-8 行人侧移净距示意图

如图 5-7、图 5-8 所示，不同于圆形人体最短距离，椭圆形之间最短距离的求解要复杂得多。本案例给出一个通用的求解公式，不失一般性。如图 5-7 所示的位置关系，可以用图 5-9 表示，其中 $\vec{e}_1$、$\vec{e}_2$ 分别为椭圆长轴方向上的单位向量。将椭圆 β 沿着两椭圆的中心连线 O_1O_2 移动至与椭圆 α 相切于点 T，则 TT' 就是椭圆最短净距。而 TT' 与 O'_2O_2 相等，O_1O_2 长度易得，因此求解两椭圆最短距离问题就转换成了求解 $O_1O'_2$。此外，两椭圆公式联立，直接计算切点方法复杂，无法用计算机实现，因此需要对椭圆 α 和 β' 进行转换处理。

通过转换因子对图 5-9 进行转换，见式(5-15)：

$$\boldsymbol{T} = \frac{1}{b_1}\left[I + \left(\frac{b_1}{a_1} - 1\right)\vec{e}_1\vec{e}_1\right] \tag{5-15}$$

式中：$\boldsymbol{T}$——转换矩阵；

$\boldsymbol{I}$——二维单位矩阵；

a_1、b_1——椭圆 α 的长、短轴。

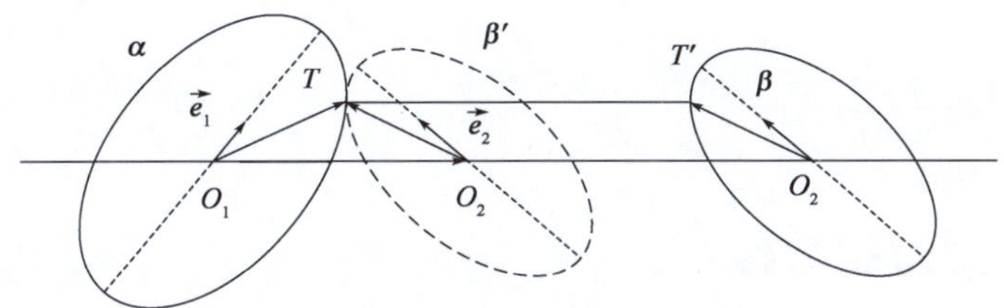

图 5-9　平移前后两椭圆的相对位置

变换后椭圆 α 为圆 O_1^{T}，β' 为 β'^{T}，如图 5-10 所示。

圆与椭圆的相切求解相对简单，在此不加赘述。可求得 $O_1^{\mathrm{T}}O'^{\mathrm{T}}_2$ 的长度，通过转换因子的逆 $\boldsymbol{T}^{-1}$，如式(5-16)，对 $O_1^{\mathrm{T}}O'^{\mathrm{T}}_2$ 进行转换，即可得到 $O_1O'_2$ 的长度。

$$\boldsymbol{T} = b_1\left[\boldsymbol{I} + \left(\frac{a_1}{b_1} - 1\right)\vec{e}_1\vec{e}_1\right] \tag{5-16}$$

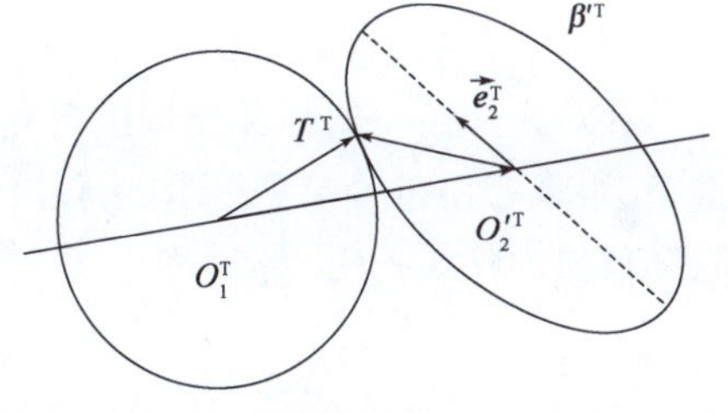

图 5-10　两椭圆转换后的相对位置

整理得到椭圆间距计算公式如式(5-17)所示：

$$S_{\alpha\beta} = \|\overrightarrow{O_1O_2}\| - \frac{\|\overrightarrow{O_1^{\mathrm{T}}O'^{\mathrm{T}}_2}\|}{\sqrt{1 - \left(1 - \dfrac{a_1^2}{b_1^2}\right)(\vec{e}_1\vec{e}_3)^2}}b_1 \tag{5-17}$$

式中：$\vec{e}_3$——$O_1O'_2$ 方向上的单位矩阵。

其他符号意义同前。

考虑计算复杂度，在大规模仿真时，对椭圆净距采用了简单的近似计算，仅考虑了两椭圆之间的夹角对净距的影响。

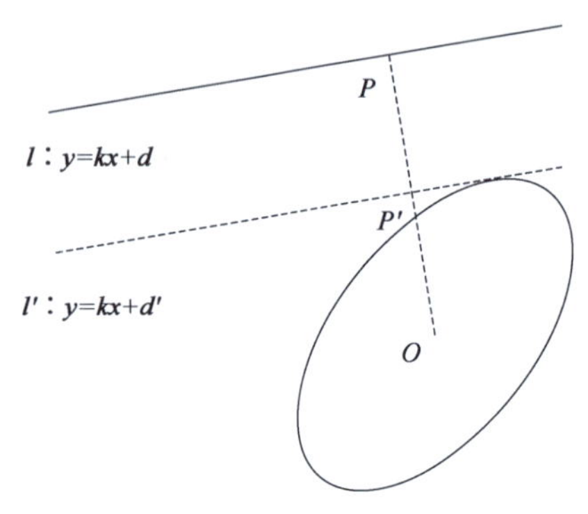

图 5-11 行人与墙体净距计算示意图

(2)行人与障碍物净距

行人与障碍物之间净距是指行人与障碍物之间的最短距离，对于通道墙壁等长大平直的障碍物来说，即为行人到墙壁表面的垂直距离。由于本节研究的障碍物主要为墙壁，因此只给出行人与墙体的净距计算。同样运用求解两个行人间距离的方法来进行行人与墙体之间净距的求解。一般情况下，行人与墙体的最短净距可以用图 5-11 表示，将直线 l 平移至与椭圆相切的位置 l'。椭圆长轴、短轴分别为 a、b。

过 O 向直线 l 引垂线，两个垂足分别为 P、P'，则 PP' 的长度即为椭圆与直线的最短净距。椭圆与直线方程已知，可求得最短距离如式(5-18)所示：

$$s = \min\left(\frac{|d' - d|}{\sqrt{1 + k^2}}\right) \tag{5-18}$$

其中，$d' = \pm\sqrt{b^2 + a^2k^2}$。

5.3.2 行人受力参数标定

1)试验方案

(1)肢体弹性模量的试验

在对人体组织的弹性模量进行测量的研究中，大多数既有研究使用了离体样品和复杂的设备，很难获得包含单个组织的样本，与人体的四肢明显不同。为了测量肢体的弹性模量，将肢体建模为弹簧—阻尼器系统。设计的试验方案如图 5-12 所示。

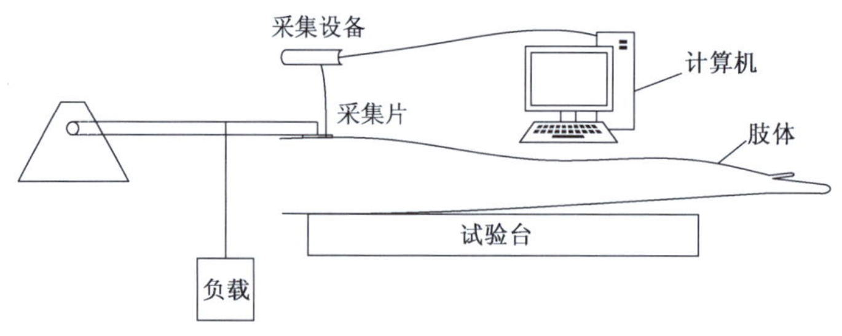

图 5-12 肢体弹性模量试验

试验参与者自然地将他们的肢体放在试验台上，将一定的负载施加到相应的零件上。试验者将负载缓慢向下压，然后释放负载以引发自由振动。通过采集片收集肢体上的压力，用数据采集设备记录振动的时间曲线。

然后,我们将试验中的肢体视为弹簧阻尼系统。角频率 ω 与负载质量 m 使用时间历史曲线计算。因此,可以从物理角度推导带有阻尼的自由振动的运动学方程和角频率表达式,见式(5-19)、式(5-20)。

$$x(t) = A_0 e^{-\frac{c}{2m}t}\sin(\omega t + \varphi_0) \tag{5-19}$$

$$\omega = \sqrt{\frac{k_0}{m} - \frac{c^2}{4m^2}} \tag{5-20}$$

式中:m——施加到测试部件的负载质量;

k_0——弹性模量,由式(5-21)计算;

c——阻尼值,由式(5-22)计算。

使用骨架可压缩因子 C 来解释人体刚度 k 的表达式中的骨架可压缩性,见式(5-23):

$$k_0 = m\left(\omega^2 + \frac{c^2}{4m^2}\right) \tag{5-21}$$

$$c = \frac{2m}{t}\ln\left[\frac{A_0}{x(t)}\sin(\omega t + \varphi_0)\right] \tag{5-22}$$

$$k = C \times k_0 \tag{5-23}$$

(2)骨架可压缩性试验

为了计算人体的骨骼压缩系数,需要拥挤情况下的实际拥挤力数据,并结合上面获得的肢体弹性模量。因此,设计户外试验来收集高峰时段北京地铁车厢中的人群密度和相应的拥挤力数据。在此试验方案中,试验人员在受挤压的身体部位上穿着带有压力传感器的特殊衣服,于高峰时段在拥挤的车辆中往返,拥挤受力由压力传感器获得。为了获得车厢中的拥挤密度,可以对试验人员站立的特定区域的乘客进行计数。然后,将乘客人数除以区域面积来计算拥挤密度。

根据前文研究,地铁车厢中的乘客分布是不同的。车厢中乘降区的乘客人数高于其他地区;旅客分布时间也不均匀,通常工作日的客流高于周末,而每天的客流则集中在早晚高峰时段;乘客分布在城市空间上也是不均衡的。就北京地铁而言,在早高峰时段,5 号线的天通苑南至天通苑、10 号线的国贸至金台夕照以及 13 号线的西二旗至上地的客流量最大,这些路线上的车厢人群密度高于北京地铁的其他部分。因此,选择工作日早上的高峰时段进行数据收集试验,一名试验人员穿着带有压力传感器的特殊衣服站在地铁的乘降区。选择 5 号线的天通苑南至天通苑、10 号线的国贸至金台夕照以及 13 号线的西二旗至上地为数据收集段。在每个工作日进行了现场试验。鉴于可用传感器的数量有限,传感器无法覆盖试验者的整个身体,因此这些传感器仅位于身体的主要承力部位。通过实际观察,在拥挤人群中,人体后背和肩膀是主要的受力区域,而胸部受力最小,因为乘客倾向于推动他人以防止胸部受压而获得并保持呼吸空间。

基于上述原因,在试验者的背部和两条胳膊上设置了十个收集点,如图5-13所示,在背部的上部、中部和下部分布六个点,每条胳膊上有两个点。

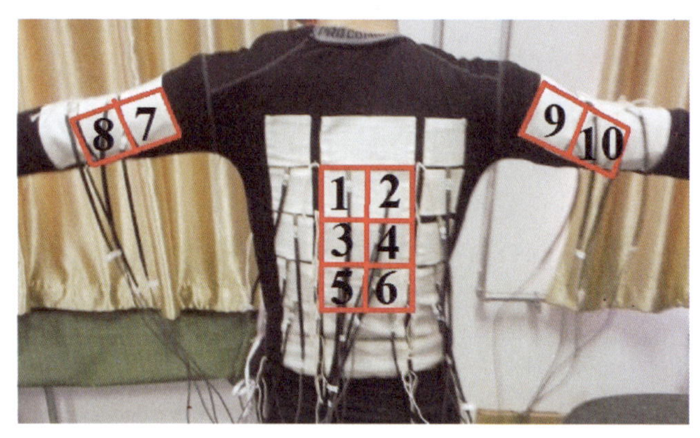

图5-13 传感器位置示意图

选定的试验者的身高和体重接近中国男性的平均值,具体形体参数如表5-3所示。由于夏季服装通常较薄,因此夏天无法进行拥挤力的户外试验,该试验仅在冬季服装条件下进行。

试验人员形体参数 表5-3

衣着状态	身高(m)	体重(kg)	肩宽(m)	胸厚(m)
冬季	1.71	67.5	0.65	0.41
夏季	1.71	67	0.57	0.32

2)模型参数标定

建模时,需要由肢体弹性模量和骨架可压缩系数组成的身体刚度来校准模型。在地铁车厢的拥挤力试验中,数据收集点位于后背和胳膊上。因此,在表示身体刚度时,选择胳膊的弹性模量作为肢体的弹性模量。如上所述,通过将其与拥挤力试验数据相结合来计算骨架可压缩系数。

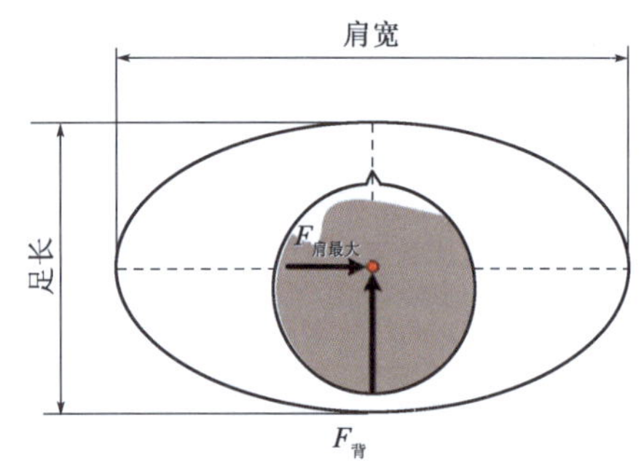

图5-14 人体受力示意图

(1)数据分析

乘客通常不会在拥挤的环境中快速移动,可以假设特定乘客在给定的瞬间受力是平衡的。因此,作用在乘客身体上的拥挤力可以表示为在两个垂直方向上最大分力的合力。假设反作用力的作用点是人体的重心,并且力的方向平行于(人脸)朝向的方向。胳膊(靠近肩部)力的作用点也是人体的重心,如图5-14所示。

由于传感器是分散地放置在试验者的身体上,因此收集的数据是身体表面的离散点压力。然而,实际的拥挤力持续分布在人体上。因此,假设拥挤力作用于传感器覆盖的区域,并且力的值在两个传感器之间是线性的。根据这些假设,可以使用式(5-24)计算背部和胳膊上的力。

$$F = (P_1 + P_2 + \cdots + P_N) \times A_{总} / N \tag{5-24}$$

式中:P_1、P_2、…、P_N——传感器 1、2、…、N 处的压强值;

$A_{总}$——该部位所有传感器所覆盖的身体表面的面积;

N——该部位传感器的个数。

试验者于 2014 年 12 月至 2015 年 4 月进行了一系列户外试验,收集了 15 个数据集。数据预处理之后,获取了 13 个有效数据集,其中包括来自 5 号线的 5 个有效数据集、来自 10 号线的 4 个有效数据集和来自 13 号线的 4 个有效数据集,这些数据的统计信息见表 5-4。分析不同身体部位的数据,背部的压力在大部分时间下大于手臂的压力。具体而言,在大多数记录中,传感器 3 和 4 记录的压力值大于其他传感器的压力值。

原始压力数据统计 表 5-4

路线选择	日期	最小值(kPa)	最大值(kPa)	平均值(kPa)	标准差(kPa)
5 号线区间	星期一	0.000	5.020	0.342	0.881
	星期二	0.000	11.860	0.459	1.043
	星期三	0.000	10.307	0.212	0.711
	星期四	0.000	6.669	0.238	0.679
	星期五	0.000	3.654	0.195	0.316
10 号线区间	星期一	0.000	9.936	0.156	0.566
	星期二	0.000	15.595	0.307	0.882
	星期四	0.000	8.656	0.112	0.566
	星期五	0.000	7.747	0.151	0.537
13 号线区间	星期一	0.000	9.263	0.541	0.931
	星期三	0.000	10.543	0.301	0.787
	星期四	0.000	7.276	0.230	0.675
	星期五	0.000	7.710	0.413	1.265

根据压力数据,使用式(5-24)计算背部和胳膊上的分力。根据计算结果,乘客的背部承受的力大于每条胳膊承受的力。然后,基于后背和胳膊上的力,使用矢量运算来计算拥挤力。提取最大拥挤力和相应的拥挤密度,并进行线性回归拟合以分析它们之间的关系,结果如图 5-15 所示。根据该结果,人群密度与最大拥挤力之间的关系可以由式(5-25)表示。皮尔逊(Pearson)相关系数为 0.838,调整后的 R^2 为 0.667,表明拟合优度有所提高。

$$F = \begin{cases} 0 & \rho \in (0, 4.33) \\ 82.14\rho - 355.36 & \rho \in [4.33, 8.0) \end{cases} \tag{5-25}$$

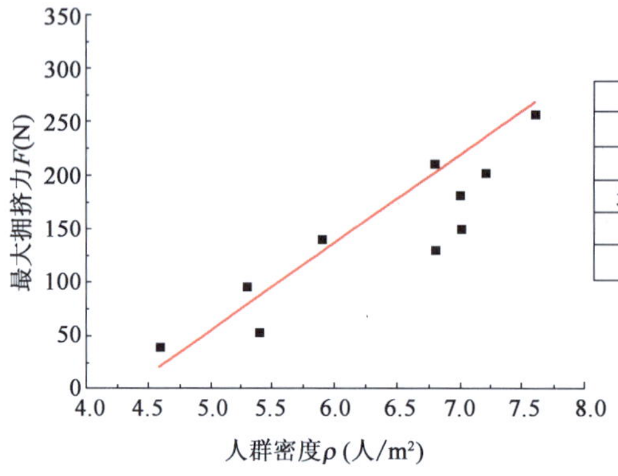

公式	$y=a+bx$	
相关系数	0.83788	
拟合优度	0.67721	
最大拥挤力F	数值	标准差
截距	-355.361	102.6182
斜率	82.13846	15.44747

图 5-15　人群密度和最大拥挤力的拟合结果

(2)肢体弹性模量

除了拥挤力试验以外,在与拥挤力试验相同的衣服条件下进行弹性模量试验。为了分析冬季和夏季服装数量差异对拥挤力的影响,还测量了夏季服装的肢体弹性模量。图 5-16 记录了其压力曲线,该曲线可被认为是自由振动曲线。

根据图 5-16 可得,平均角频率 w 和负载质量 m 分别为 44.88rad/s 和 0.51kg。图 5-17 表示了在每个数据点计算的弹性模量,表明弹性模量不是恒定的,并且与压力有关。因为压力与压缩量有关,所以假设弹性模量与压缩量线性相关,如式(5-26)所示。基于上述分析,拥挤力与弹性模量之间的关系呈二次形式,参数 k_0通过拟合试验数据而获得。

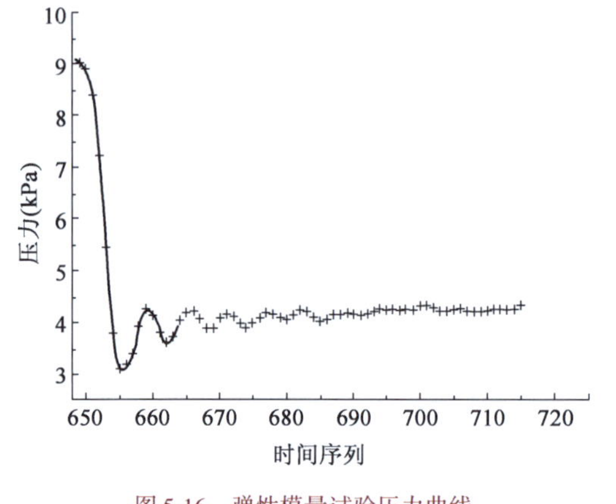

图 5-16　弹性模量试验压力曲线

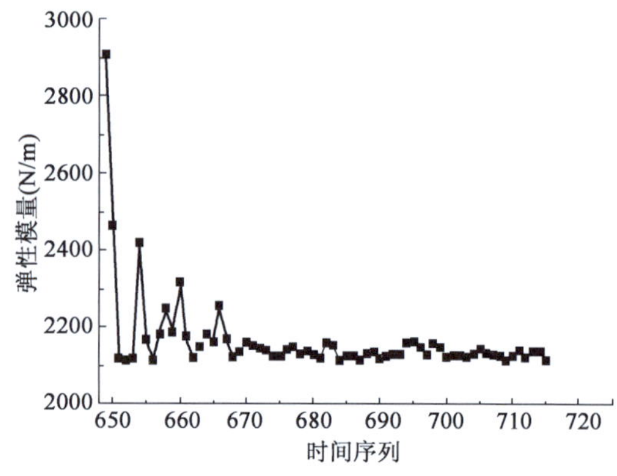

图 5-17　每个时间点的弹性模量

$$k_0 = a + bx \tag{5-26}$$

为了最大限度地减少单一试验中观察到的随机性,进行了一系列试验,结果见表 5-5。参数 k_0 是试验结果的平均值,如式(5-27)所示:

$$k_0 = \begin{cases} 961 + 126941x & \text{冬季} \\ 970 + 293789x & \text{夏季} \end{cases} \tag{5-27}$$

人体弹性模量拟合参数值　　表 5-5

着装	试验次序	1	2	3	4	5	平均值
冬季	a	930	498	606	1671	1101	961
	b	90614	121579	128123	163464	130924	126941
夏季	a	958	1268	1024	888	710	970
	b	250093	196539	294175	352458	375679	293789

(3)骨架压缩系数

为了校准骨架压缩系数,使用仿真模拟程序,根据目标行人的受力状态再现拥挤力试验场景。通过将模拟的拥挤力值与不同人群密度下的试验值进行比较,以计算出骨架拥挤力值。拥挤力试验场景中,试验者所在的上下车区的乘客站立能力达到 40 人。因此,使用 40 个行人进行校准模拟,目标行人的形体参数参照表 5-3。

使用不同的骨架压缩系数进行了一系列模拟,对每个骨架压缩系数的模拟结果采用线性拟合。参数结果列在表 5-6 中,可以看出,当骨架压缩系数 C 为 0.1 时,目标行人的受力状态与试验数据一致,仿真数据的方程与试验数据的方程匹配。

不同骨架压缩系数模拟数据与试验数据对比　　表 5-6

参数	试验拟合	$C=0.8$	$C=0.5$	$C=0.3$	$C=0.2$	$C=0.1$
截距	-355.36	-7002.5	-1946.1	-1400.6	-512.51	-379.88
斜率	82.14	1450.5	428.13	304.29	129.47	89.79

由此,建立了冬季和夏季条件下的身体刚度公式,如式(5-28)所示:

$$k = Ck_0 = \begin{cases} 96.1 + 12694.1x & \text{冬季} \\ 97.0 + 29378.9x & \text{夏季} \end{cases} \tag{5-28}$$

5.3.3 行人密度扫描及路径选择

行人对自身周围最直观的感知就是通过行人密度,而且在行人行走方向、速度等上的决策依据也主要考虑周围行走方向的行人密度。本小节着眼于拥挤状态下的行人仿真,乘客密度高出正常水平,因此引入密度扫描算法来修正行人的行走决策机制,优化行人的路径选择。该算法的流程示意图如图 5-18 所示。

①算法实现的基础是先找出行人的视角范围,通过查阅资料可知,行人的双眼视角能达到200°左右,然而实际上行人仅对两眼前方 120°范围的事物比较敏感,其他范围内的敏感度相对较低,如图 5-19 所示。本案例即采用行人视角为 120°,视距范围为 5 ~6m 的条件来进行实现。

②按照行人在正常情况下的观察习惯进行设定,设定行人视距为 5 ~6m,视角范围为120°。考虑到需要优化行人的运动方向,故将行人的视角范围按等角度划分为若干区域,角度的大小按照需要的精度来取,本案例采取 30°的范围来划分,如图 5-20 所示。

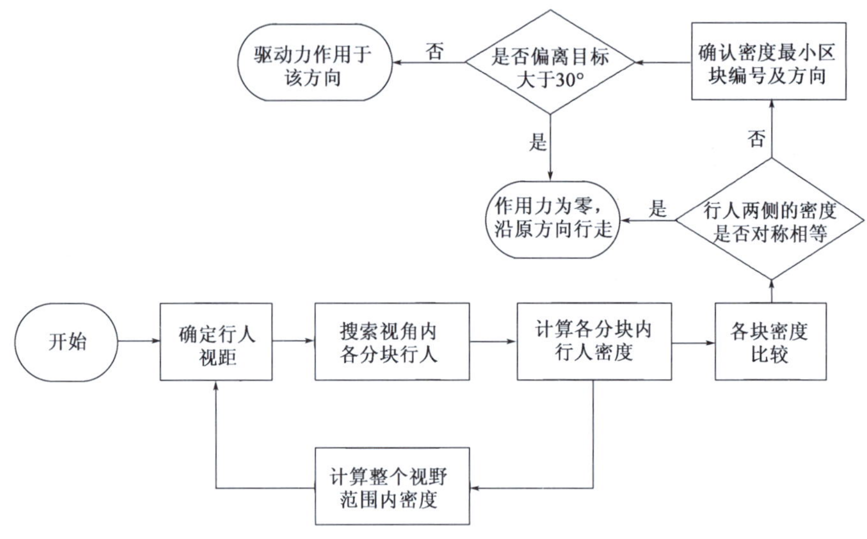

图 5-18 密度扫描算法流程图

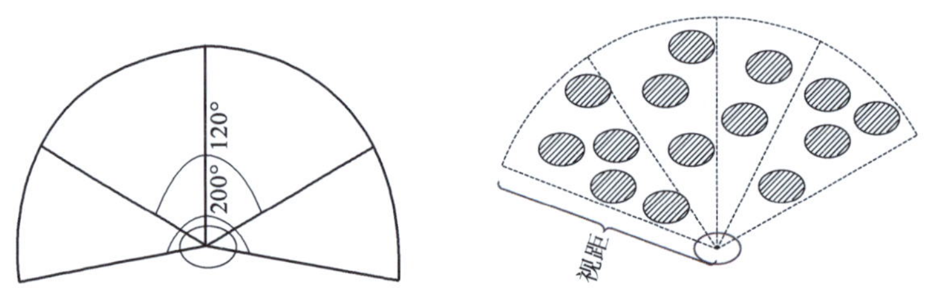

图 5-19 行人视角范围

图 5-20 视角扫描原理图

③遍历周围的行人进行扫描，对落在视野范围内各个区块的行人进行计数。并计算各个区块内行人的密度，则第 i 块区块的密度计算公式如式(5-29)所示：

$$\rho = \frac{n_i}{\pi r^2 \theta / 2\pi} = \frac{2n_i}{r^2 \theta} \tag{5-29}$$

式中：n_i——第 i 视野区块内行人的数量；

r——行人的视距；

θ——每个区块的角度。

④对各个视野区块内的行人密度进行比较，找出视野密度最小的区块。若行人两边的行人密度对称相等或都为零，这样行人就会沿原运动方向行走。在比较的过程中需要注意密度为零的区块的处理方法，其存在两种特殊情况：在瓶颈设施内，行人视野中的零密度区可能是通道墙体边界外或其他非行人目标点的空旷区域。故需要限制其运动方向必须朝向既定方向，这里采用了判断最小密度区域方向是否在目的地方向范围内的标准。对于在非瓶颈设施内的情况，由于有墙体等边界条件的约束，可放宽行人运动方向的约束，只用判断最小密度区域方向是否与目标方向夹角过大即可。

⑤当行人确定密度最小区域方向之后，就会自动地将目标点临时转换为该区域的距离自己最近的点；故行人在选择最小密度区域时要考虑该区域与自己原目标点的偏角大小。此时驱动力的方向就会转向该方向，即代表行人向该方向运动。接着开始下一步的循环判断计算。

本案例考虑到行人重点关注的视野范围随周围人群密度也会有所变化，例如，当周围密度较小时，行人的视野范围比较宽阔，视距较大；但密度较大较为拥挤时，行人只会关注眼前的情况，视距较小。故在循环中又加入了随密度调整视距的算法。在计算完每块视野范围的行人密度后，将其求和取平均得到行人整个视野范围的平均密度，据此来根据设定的函数关系调整自身视距范围。对于该函数关系，本案例采用如式(5-30)所示的分段函数来进行表示，通过测试，其效果比较理想。

$$r = \begin{cases} 4\text{m} & \rho \leqslant 0.5 \\ 3\text{m} & 0.5 < \rho \leqslant 1.5 \\ 2\text{m} & 1.5 < \rho \leqslant 3 \\ 1\text{m} & \rho > 3 \end{cases} \tag{5-30}$$

在程序中加入密度扫描算法，经过多次行人仿真，行人行走过程密度分布较为均匀，如图 5-21 所示。行人不断摆动自己的行走轨迹来寻求阻抗最小、最快捷的行走路径。

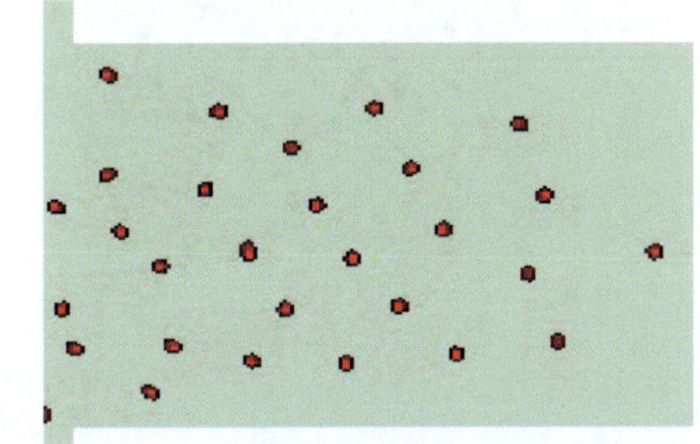

图 5-21　加入密度扫描机制后行人流分布模拟图

5.3.4　周围行人密度作用强度及感知范围调整

社会力模型采用全局统一的社会力作用强度和感知范围，反映到空间上就是行人的“私人领域”范围固定，限制了行人间的最小间距取值，以至于很难同时满足高密度和低密度行人模拟的要求。如果作用强度和范围较大，则在行人密度较小的时候能取得与实际符合程度高的仿真效果，但是在行人密度较大时，行人一旦相互靠近甚至接触就会产生比较大的社会力，在视觉上显示为“接近后弹开”的现象。一方面这种情形与实际不符，另一方面从密度和流量等宏观指标来说，与车站调研取得的数据相差较大，行人密度不能取得较大值。如果作用强度和感知范围过小，结果与上述情况相反，密度较大时拥挤状态下的仿真效果可以保证，但是密度较低、行人分布稀疏的时候，行人之间几乎看不到作用力，对向行人碰撞时社会力才发挥作用。这与实际情况不符。

以社会力作用强度和感知范围较大为条件建模，可以较好模拟低密度行人流，但很难模拟高密度行人流，行人聚集模拟图如图 5-22 所示。这一点可以通过行人流的密度-流率统计图看出，如图 5-23 所示。与实际调研结果比较可以发现，模型仿真统计最大人群流率为 15.69 人/(m · min)，出现在密度为 1.01 人/m^2 时，而调研统计最大人群流率为 68.23 人/(m ·

min)，出现在密度为 2.1 人/m²时；两者差别较大，故需要根据实际情况对该问题进行修正。

行人作为一个智能体，能感知周围信息并由此做出反应调节。行人通过对周围环境（人群密度）进行感知，依据这些信息来调整自己的"私人领域"范围。比如，当周围密度较小时，行人之间期望保持 0.5m 的私人距离，但是当密度较大时，行人之间可能相互接触而仍能向前移动。这就是社会力模型中排斥力作为行人心理作用的表征，其随周围环境而变化。

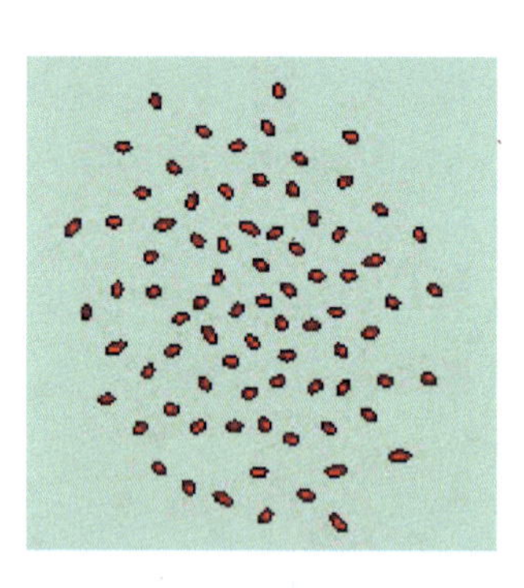
图 5-22 行人聚集模拟图

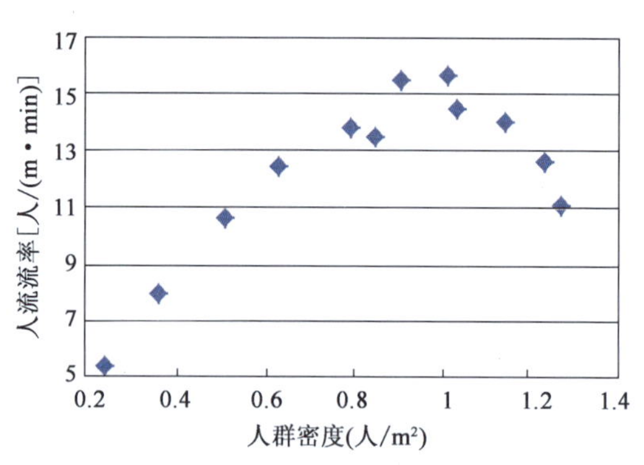

图 5-23 原模型密度-流率关系图

为了解决该问题，尝试通过引入一个关于标准化密度的函数关系来修正社会力强度值，密度修正函数$\overline{\omega}$如式(5-31)所示：

$$\overline{\omega} = K_0(1 - \overline{\rho}) \tag{5-31}$$

式中：K_0——折减系数，取为 0.3；

$\overline{\rho}$——标准化密度，按式(5-32)计算。

$$\overline{\rho} = \rho A \tag{5-32}$$

式中：ρ——行人流密度；

A——该行人的水平投影面积。

添加式(5-32)的函数关系，仿真效果的改进并不是很明显，依然出现行人不能聚集的情况。该修正函数和排斥力计算函数的对比显示，该修正函数计算的修正值与行人流密度之间呈线性关系，而排斥力的函数与行人净距之间呈指数关系。此外，行人净距和行人流密度之间大致上呈线性关系，这就导致了当行人距离较近时，通过密度得出的修正数值不足以抵消因净距产生的排斥力值。因此，为了能使排斥力值随密度的变化关系较合理，需要使密度与排斥力的关系和净距与排斥力的关系类似。通过函数曲线对比分析以及多次仿真调试，最终确定了如式(5-33)所示的密度修正函数。

$$\overline{\omega} = e^{1-\rho} \tag{5-33}$$

将式(5-33)的函数关系添加到排斥力计算的函数中，通过多次仿真模拟可以得到较为理想的效果，如图 5-24、图 5-25 所示，其中图 5-24 是在通道内较为分散的客流分布模拟图，

图5-25是聚集的客流分布模拟图。通过密度调节社会力作用强度,仿真中最大行人密度可达5.1人/m^2,这也是站内观测到的最大密度。

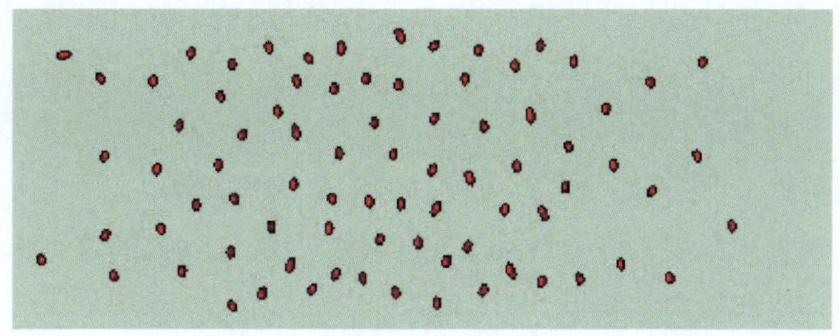

图5-24　加入密度调节系数后通道内客流分布模拟图

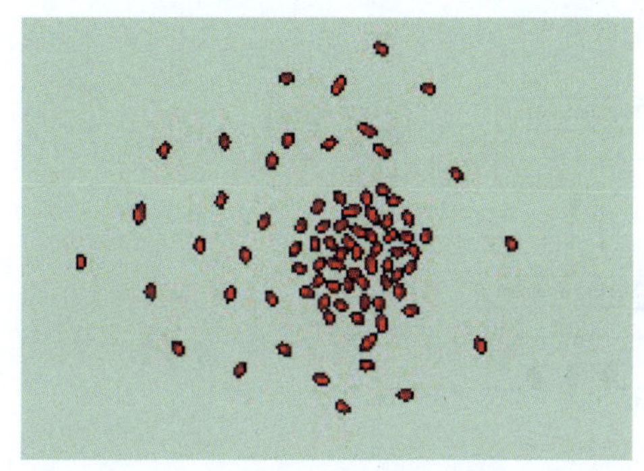

图5-25　加入密度调节系数后聚集客流分布模拟图

5.4 模型实现及案例应用

在仿真模型构建完成后,对仿真工具进行系统的设计和算法设计,在Microsoft Visual Studio 2008提供的微软基础类库(MFC)平台环境下,使用面向对象语言C++开发用于高密度行人仿真工具PedSim,对应本案例的模块。

5.4.1 程序类图设计

类图用来表示该程序中涉及的主要类之间的关系,是程序代码实现的初步设计。根据客户需求分析以及所建立的仿真模型,该系统设计主要分为仿真环境类CSimEnvironment、墙体障碍物类Wall2D、行人类CPed、人群类CCluster、视野类CVisualField、路径寻找类CFindPath、行为控制类CControlBehavior、图形元素类CMapElement、行人元素类CListElement、人群参数类CClusterPar以及MFC自动生成的框架类、视图类等其他各类。各个类负责不同的仿真职责。

仿真环境类作为系统的主要类,其中存储了用户构建仿真模型的主要数据,包括墙体障碍物、行人以及人群等，并负责整个仿真环境的绘制刷新工作。墙体障碍物类中存储了墙体障碍物的位置坐标、各顶点信息等，并负责其绘制刷新工作。行人类中存储了行人的质量、身体二维尺寸、位置、速度等数据；同时，为使行人智能化，实现智能体的特征，视野类、行为控制类以及路径寻找类被整合进行人类中，与行人类相互作用实现行人识别周围环境并自主控制自身行为的功能。人群类是为集合相同方向行人而建立的类，其通过行人元素类来存储读取同一人群中不同行人的数据，且该类也负责行人自身的绘制刷新工作。人群参数类通过与 MFC 生成的文档类交互来输入人群以及其中行人的相关参数。最后由视图类更新显示，由主框架类负责整体算法的循环更新频率。

遵照以上介绍的各个类的功能职责以及其之间的关系，同时遵循低耦合高内聚的设计原则，设计绘制类图如图 5-26 所示。

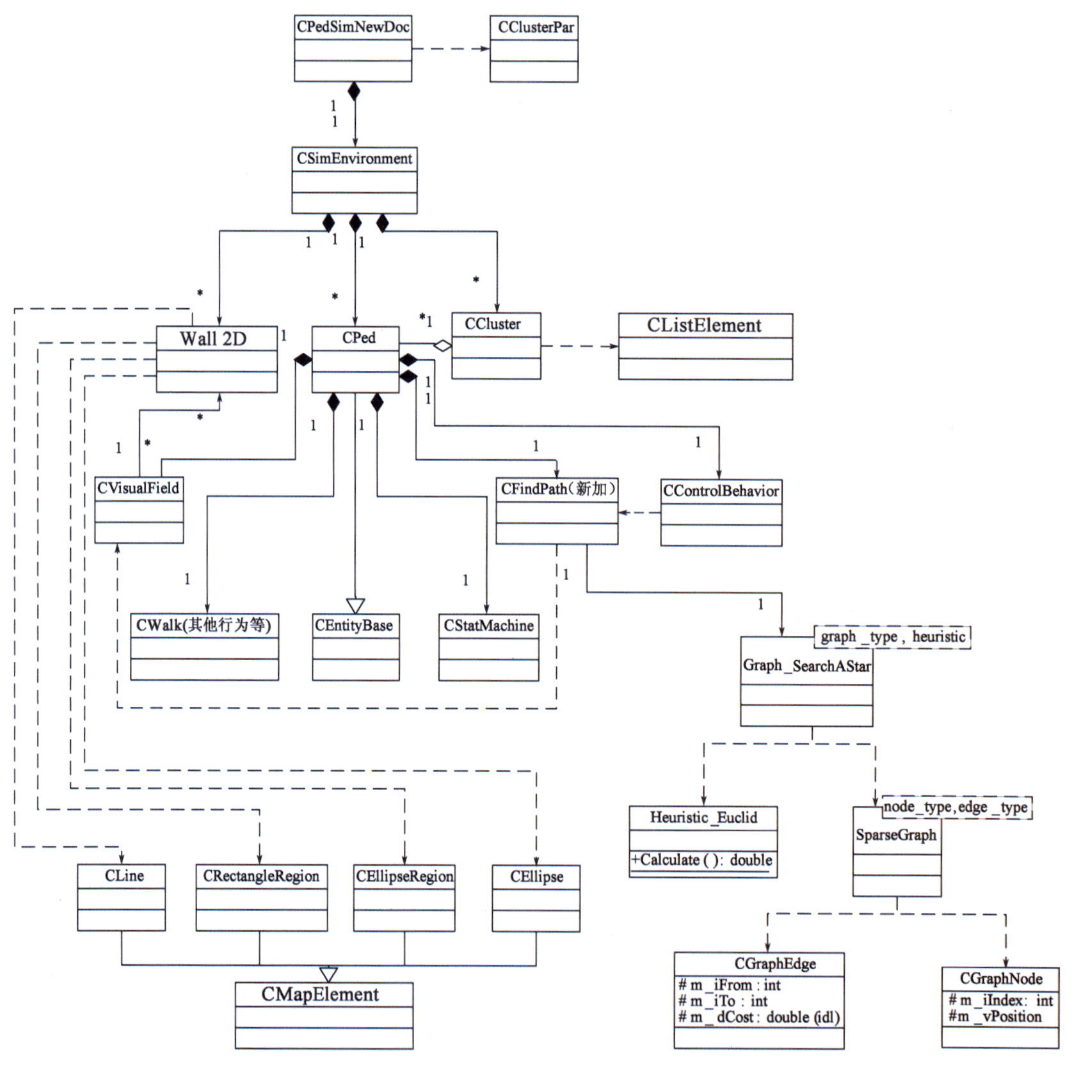

图 5-26　系统类图设计

5.4.2 仿真工具 PedSim 校核

为检验仿真工具 PedSim 是否能够应用于仿真模拟,本节将对仿真工具进行校核。仿真工具是建立在本章提出的连续空间粒子模型的基础上,因此对仿真工具的校核即是对本章提出仿真模型的校核。本部分将用仿真数据与已有的实测数据对比,来验证仿真工具的有效性。具体方法为:分别在单向行人流通道和双向行人流通道的环境下,对比仿真结果与通道实测密度-速度函数关系的一致性。

1) 双向行人流通道

双向行人流仿真是在 8m 宽 ×24m 长的通道条件下进行。行人以均匀分布的方式初始化于通道两侧 10m ×19m 的区域内,然后分别从各自区域向通道内行走,经过通道分别到达另一端的一个目的点,仿真通道远离瓶颈位置。仿真效果图与数据分析图如图 5-27、图 5-28 所示。

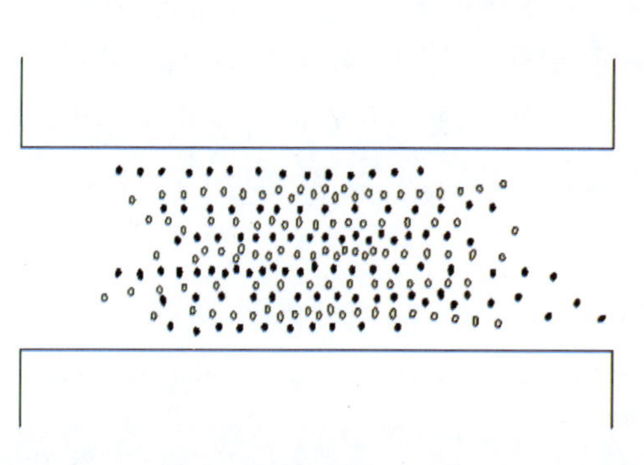

图 5-27 双向通道仿真效果图

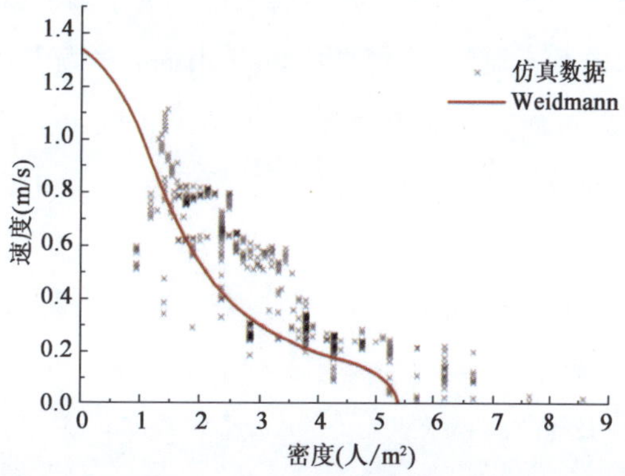

图 5-28 双向通道仿真数据对比图

图 5-28 中,红色曲线为 Weidmann 实测数据的拟合曲线,黑色散点为本仿真工具所得仿真数据。从图中可以看出,仿真工具得到的密度速度散点的整体趋势与 Weidmann 统计数据曲线十分接近,有较大不同的是本仿真工具在密度大于 6 人/m^2时,人流速度仍没有降低为零;而 Weidmann 的统计数据显示,当人群密度为 5.5 人/m^2 左右时就会出现人流速度为零的拥堵情况。国外学者 Helbing 等曾在研究 2006 年麦加朝圣者灾难录像时发现,即使当人群密度达到 9 人/m^2以上,行人流依然以一定的速度移动。这一点在仿真数据中也有所体现,也证明了本仿真工具可以很好地再现拥挤状态的高密度行人流。

2) 单向行人流通道

单向行人流仿真是在 8m 宽 ×24m 长的通道条件下进行。行人以均匀分布的方式初始化于通道一侧 10m ×19m 的区域内，然后从该区域向通道内行走，穿过通道到达另一端的一个目的点，仿真通道远离瓶颈位置。仿真效果图与数据分析图如图 5-29、图 5-30 所示。

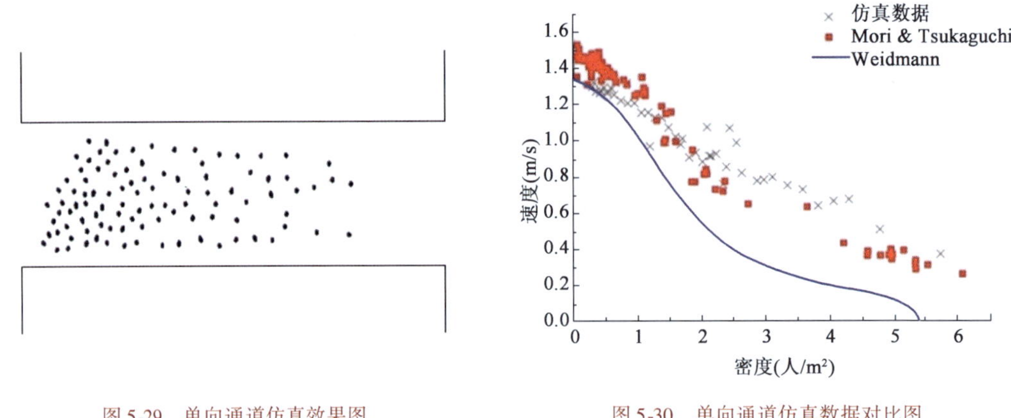

图 5-29　单向通道仿真效果图

图 5-30　单向通道仿真数据对比图

图 5-30 中，蓝色曲线是 Weidmann 实测数据的拟合曲线，红色散点为 Mori & Tsukaguchi 对日本大阪市中央商务区人行道行人流实测数据统计，黑色散点为本仿真工具所得仿真数据。单向行人流的仿真数据与 Weidmann 的统计数据在高密度范围内有较大差别，这是因为 Weidmann 研究认为单、双向行人流的密度-速度关系基本一致，因此选用双向统计曲线作为代表。然而有学者认为单、双向行人流有较大差别，密度-速度关系也有差别，并通过实际试验验证了这一结论。日本学者 Mori & Tsukaguchi 的统计数据与 Weidmann 统计数据的差异也再一次证实了该结论的正确性。通过对比本仿真数据与 Mori & Tsukaguchi 统计数据，两者在各密度区域都有较好的吻合度。表明本仿真工具能够很好地重现行人流的真实运动，并能够达到实际中出现的较高密度。

5.4.3　应用案例

本应用案例所选取的前门站是北京地铁 8 号线三期工程中的前门站，与既有 2 号线前门站换乘，预测的客流集散量较大，且即将投入使用。本案例将对 8 号线前门站站厅进行仿真，展示本仿真工具的仿真步骤与仿真效果。

1) 前门站基本情况

前门站是北京地铁 8 号线与 2 号线的换乘车站，车站站位设置在箭楼东南侧的前门大街下，车站沿前门大街呈斜向布置。站点周边区域是北京市重点文物保护区及商业街地段，商业、旅游客流量大。

8 号线前门站由于受线路转弯半径及绕避保护建筑等多方面条件的控制，站位设置较为固定,与 2 号线前门站较远,故两线采用通道换乘。前门站设置有三个出入口,均与地面直接相连,分别是 1 号、2 号、3 号出入口。出入口分布如图 5-31 所示。

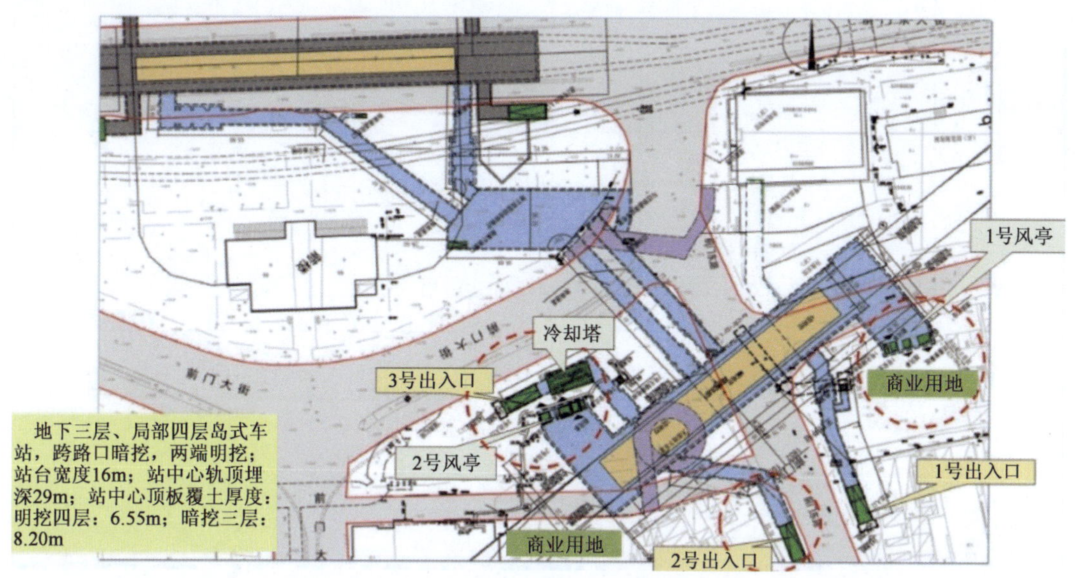

图 5-31　前门站设计平面图

2) 车站仿真环境建模

仿真工具将根据前门站 CAD 设计图纸在工具中建立仿真模型。前门站站厅布置方案如图 5-32 所示。

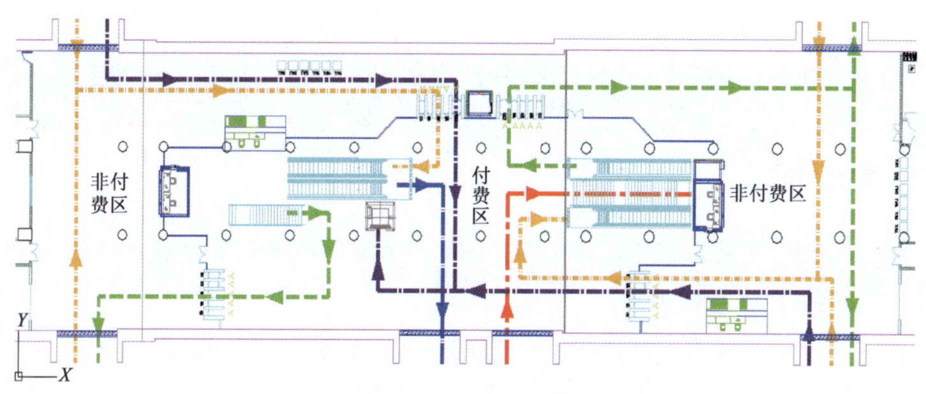

图 5-32　前门站站厅图

仿真工具通过自带的绘图功能在客户区绘制出站厅,如图 5-33 所示。

完成环境建模之后,为模型添加人群,因为连续空间粒子模型消耗计算量大,且仿真工具算法还有待改进,目前仅为仿真程序添加 4 组人群,两组出站,两组进站。添加人群模型如图 5-34 所示。

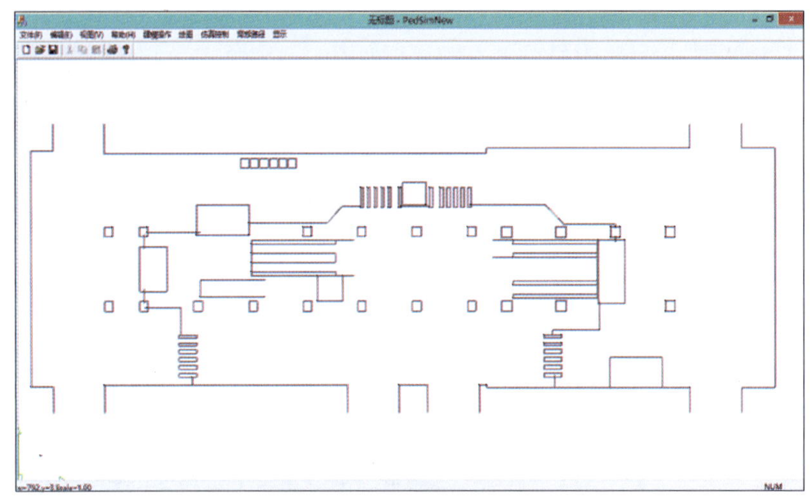

图 5-33　前门站平面建模

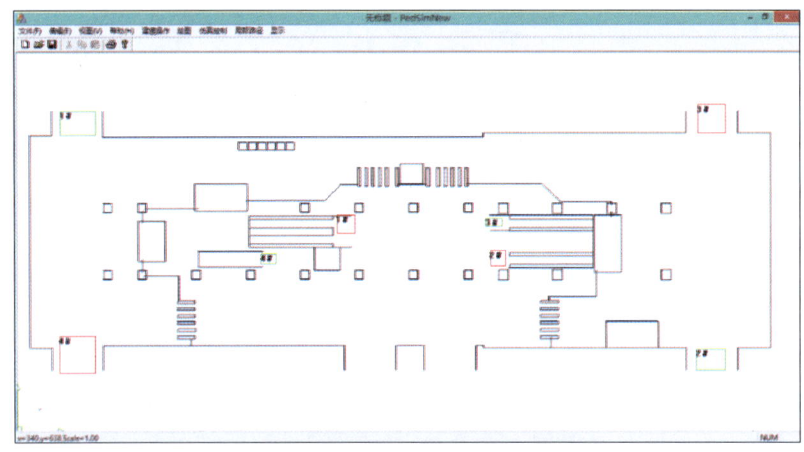

图 5-34　添加人群后的仿真模型

3) 仿真结果输出

完成人群设置之后进行初始化全局路径计算，之后就可得到路径计算的结果。前门站站厅主路径计算结果如图 5-35 所示。

之后开始运行模型仿真，主路径隐藏，图 5-36 为开始仿真后某一时刻的情况。同时仿真工具还能记录这一时刻每个行人的行程时间、通过的总路程、平均速度，这三种数值使用文本格式输出，图 5-37 即为前门站某一时刻的部分数据输出结果。ClusterID 表示人群编号，PedID 表示行人编号，WalkTime 表示行走时间，PathLength 表示该行人走过的总距离，AverVelo 表示行人的平均速度。

模型除了完成数据输出，还可以输出行人密度色块图，这样就可以清晰地看到站厅以及各服务设施的空间利用率，图 5-38 为前门站站厅仿真某时刻密度色块图。

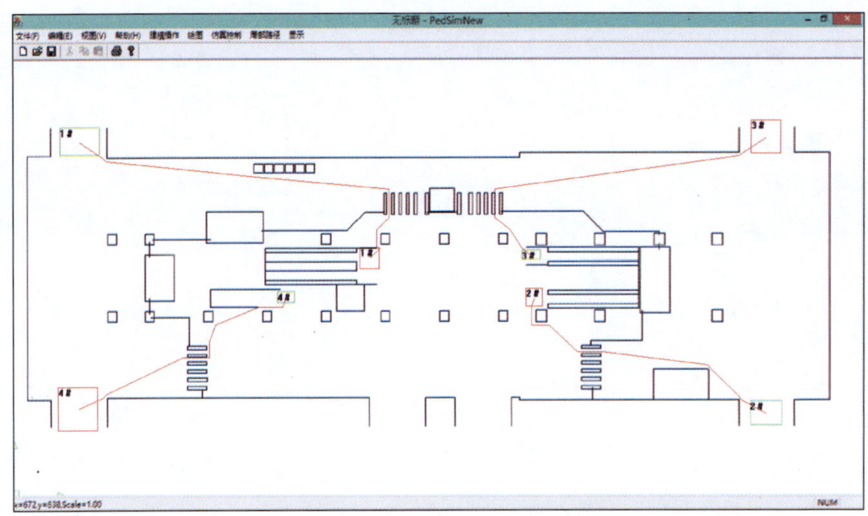

图 5-35　前门站站厅主路径计算结果

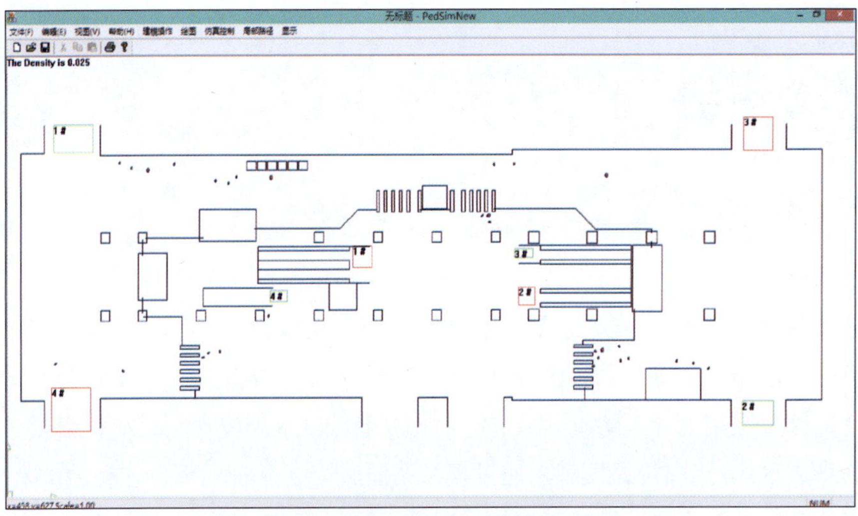

图 5-36　前门站某一时刻仿真情况

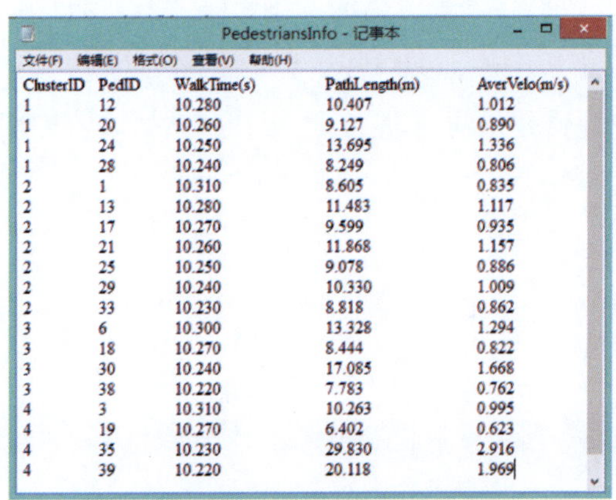
PedestriansInfo - 记事本

文件(F)　编辑(E)　格式(O)　查看(V)　帮助(H)

ClusterID	PedID	WalkTime(s)	PathLength(m)	AverVelo(m/s)
1	12	10.280	10.407	1.012
1	20	10.260	9.127	0.890
1	24	10.250	13.695	1.336
1	28	10.240	8.249	0.806
2	1	10.310	8.605	0.835
2	13	10.280	11.483	1.117
2	17	10.270	9.599	0.935
2	21	10.260	11.868	1.157
2	25	10.250	9.078	0.886
2	29	10.240	10.330	1.009
2	33	10.230	8.818	0.862
3	6	10.300	13.328	1.294
3	18	10.270	8.444	0.822
3	30	10.240	17.085	1.668
3	38	10.220	7.783	0.762
4	3	10.310	10.263	0.995
4	19	10.270	6.402	0.623
4	35	10.230	29.830	2.916
4	39	10.220	20.118	1.969

图 5-37　某时刻仿真模型数据输出

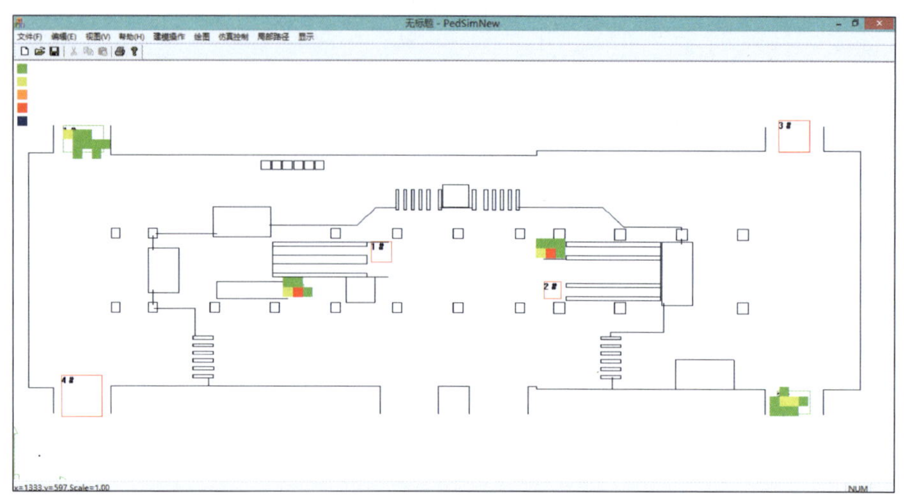

图 5-38　前门站某时刻仿真模型密度色块图

5.5 本章小结

本章针对拥挤状态下高密度的行人仿真,对模型进行了改进分析;给出了高密度的界定并对该状态下的行人流特征进行总结分析;深入探究了颗粒流的接触力理论融合进行人仿真模型的可行性和科学性,并基于此构建了基于颗粒流的行人接触力模型。该模型能够实现行人接触状态下的运动和受力特征,加入阻尼后有效避免行人颗粒振荡等非正常行为。这是颗粒流接触力理论首次应用于行人仿真领域。针对拥挤状态下的行人特点,本章介绍了如何建立更加科学的行人形体:椭圆行人模型。通过现场调研获得了高密度下行人受力的真实数据,同时对行人密度感知及路径选择做出了调整。以上不同方面的改进使得仿真模型更加贴近拥挤状态下的真实场景,能够有效提高场景应用的准确度。不仅如此,在改进模型的基础上,开发了高密度下的行人仿真工具 PedSim,对其进行测试后,验证了仿真工具在高密度行人条件下的有效性。本章选择北京地铁 8 号线三期工程中的前门站作为应用案例,使用该仿真工具进行了分析研究。

6

城市轨道交通应急疏散研究及应用

城市轨道交通车厢或站台处若发生火灾等紧急事故，人群疏散困难，救援难度较大。疏散时间是发生紧急疏散时至关重要的指标，由于通过模拟试验测得疏散时间难度较大，相对于传统的试验方式，利用计算机仿真工具对紧急疏散进行仿真模拟应用，有时间短、经济性好等诸多优势。本章基于前文中所开展的理论研究成果，对城市轨道交通应急疏散进行案例应用，案例应用包括车厢乘客疏散仿真应用与站台乘客疏散仿真应用两部分内容。

6.1 城市轨道交通车厢乘客疏散仿真

利用基于元胞自动机模型的行人仿真软件 BuildingExodus 建立地铁列车车厢疏散微观仿真模型。对北京地铁进行现场调研，测定北京地铁现役车型的内部车厢尺寸，并根据现场数据分析的结果，从冲突时间和车门流率两个方面对模型进行参数标定。用建立的模型仿真模拟了北京地铁现役车厢在紧急情况下的应急疏散过程，分析乘客的必要安全疏散时间，为车厢的设计和车厢内的乘客疏散组织提供理论依据，并为疏散规范的制定提供参考。

6.1.1 车厢乘客疏散模型构建

在经典的元胞自动机模型中，将建筑物内部划分成离散的网格，格点是网格的基本单位，每个格点可以容纳一个智能体或空闲。每个智能体都以一定的概率向其相邻的格点行走，或者静止不动。图 6-1 表示智能体的移动方式。

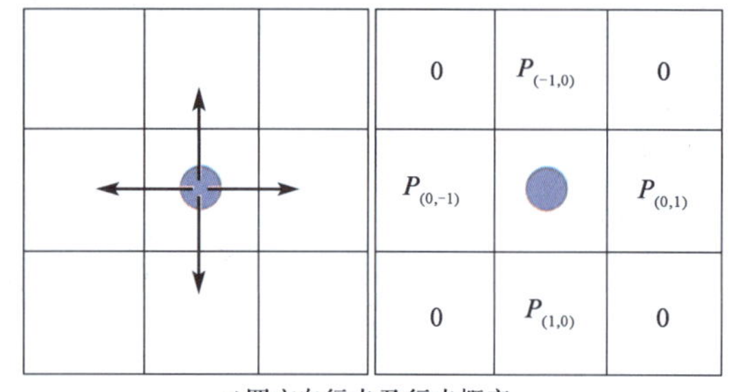

a)四方向行走及行走概率

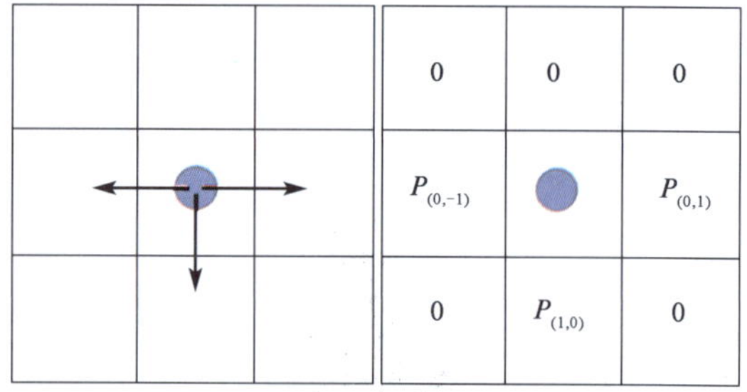

b)无后退行走及行走概率

图 6-1 元胞自动机模型中智能体的移动方式

节点间通过弧连接，每个节点通过 8 条弧与周围 8 个节点相连。节点间的弧线长度反映了各相邻节点的中心距，每个节点空间最多容纳一名乘客，每个节点也可视为能容纳一名乘客的一个空间区域。与经典元胞自动机模型不同，乘客可沿弧线从一个节点移动到前后左右相邻的 4 个节点，同时也可以通过斜向弧线移动到其余 4 个节点。

地铁客流量巨大,尤其是早晚高峰时段。由调研得到,早高峰时段,车厢内的最大立席密度可以达到 11 人/m^2。因此,根据节点的设置规则,为再现高密度状态,采用节点间的弧长为 0.3m 来进行车厢场景的布置,如图 6-2 所示。

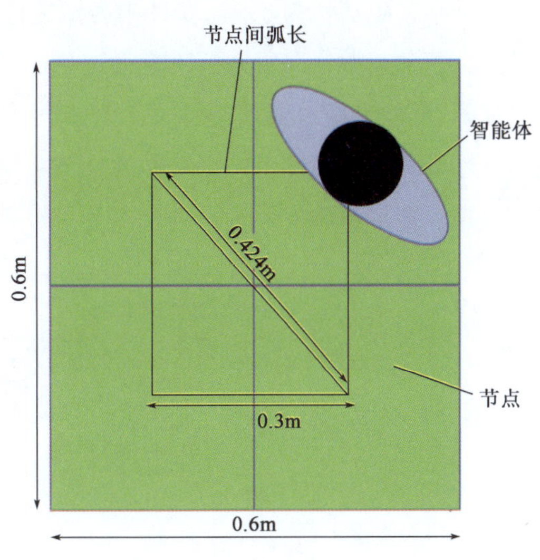

图 6-2 节点模型示意图

每个节点都具有一个潜在势能(简称潜势)属性,潜势从出口开始算起,并且随着离安全出口的距离增大而增加。如图 6-3 所示,颜色越深代表潜势越高,乘客根据潜势的大小而移动。乘客优先向着低潜势的节点移动,当无法朝着低潜势节点移动时,按低潜势、与潜势持平和原地等待的次序选择最佳移动方式。

出口是影响疏散时间非常重要的因素,模型中出口的属性包括出口的可用性、出口的宽度和流率。出口的宽度影响主要体现在同时通过出口的人数,出口的流率影响主要体现在出口对流量的限制。其中模型对出口流量的限制机制是通过改变乘客通过门的时间来体现的。乘客通过门的时间与流率的乘积为定值,即当设置出口的流率为 2 人/(s · m)时,每个乘客通过门的时间为 1s,设置出口的流率为 999 人/(s · m)时,每个乘客通过门的时间为 0s,相当于通过普通节点。

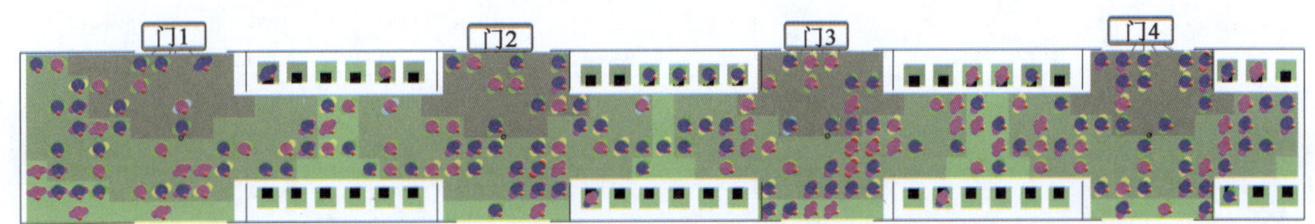

图 6-3 地铁车厢疏散潜势分布图

1) 弧的障碍性和乘客运动能力

弧的属性除了弧长以外还包括障碍性,本节只考虑两处弧的障碍性的设置——普通节点之间以及座椅节点和普通节点之间。当乘客在普通节点之间移动时,障碍性会影响通过乘客的移动速度。因此设置车厢内的普通节点之间弧的障碍性为 0,即乘客在普通节点间移动不受障碍性的影响。

疏散乘客性别的比例以及年龄根据交通大调查结果设置(图 6-4),疏散人群的属性(敏捷性、移动速度和身高等)设置如图 6-5 所示。敏捷性主要影响乘客疏散时翻越座椅的动作,当乘客的敏捷性大于弧的障碍值时,才会发生翻越座椅的动作。根据第 3.3 节 VR 试验结果,设定男性乘客敏捷性为3~7,女性乘客敏捷性为2~5。移动速度根据乘客的状态改变。

在正常疏散情况下乘客不会做出翻越座椅的行为,但是在紧急情况下,由于乘客的逃生意识强烈,可能会做出翻越座椅的行为。根据问卷调查结果设置跨越座椅乘客的比例,考虑男性和女性乘客的敏捷性范围以及敏捷性与弧的障碍性关系,取座椅与座椅之间弧的障碍性为6,只有男性乘客中敏捷性为7的乘客才可以翻越座椅。

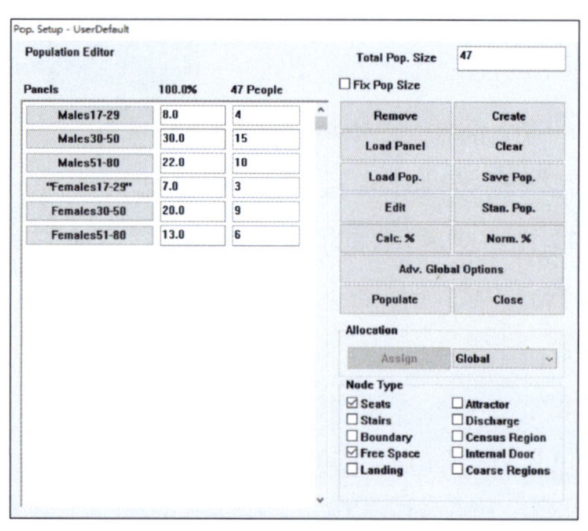

图6-4　疏散人群比例

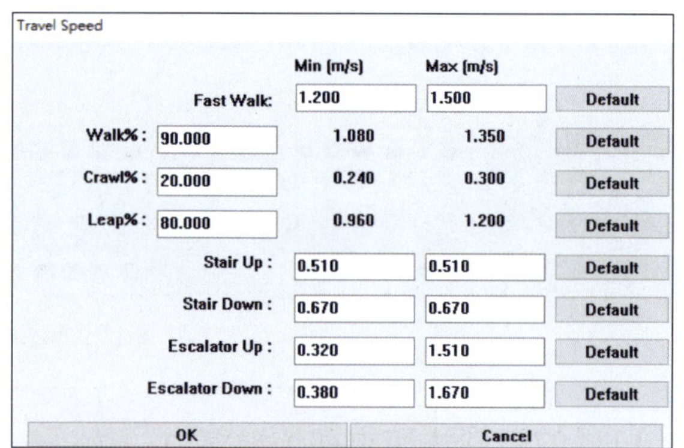

图6-5　疏散人群属性

2)冲突解决机制

乘客的属性除了年龄、性别、身高和运动速度等基本属性外,还包括了运动速度、反应时间和动力性。其中,运动速度即乘客在普通节点上不受拥堵影响的自由移动速度;反应时间即在疏散开始后经过规定时间才开始移动;动力性代表乘客的运动能力,例如男性的运动能力大于女性的运动能力,成年人的运动能力大于老人和小孩的运动能力。

在高密度场景时,乘客在疏散过程中容易发生拥堵。在拥堵过程中,会发生两个或两个以上的人争夺一个节点的情况,即发生冲突。为了解决冲突,提出一套解决冲突的机制。如图 6-6 所示,乘客 1、2、3 在不同节点上,三名乘客此时希望占据同一个节点,就发生了三方冲突。为了解决冲突,首先应该判断三名乘客到达“争议”节点的时间。如果都在同一时刻到达“争议”节点,则通过乘客动力性解决。如果一个乘客的动力性明显高于另一名乘客的动力性,动力性高的乘客会成功占据“争议”节点,同时从 0.5 ~0.7s 内随机选出一个时间,作为其他两名乘客的时间损失。如果一个乘客的动力性与另一名乘客的动力性非常接近,模型会随机选出一个胜出者占据“争议”节点,同时从 0.8 ~1.5s 随机选出一个时间作为两名乘客的时间损失。

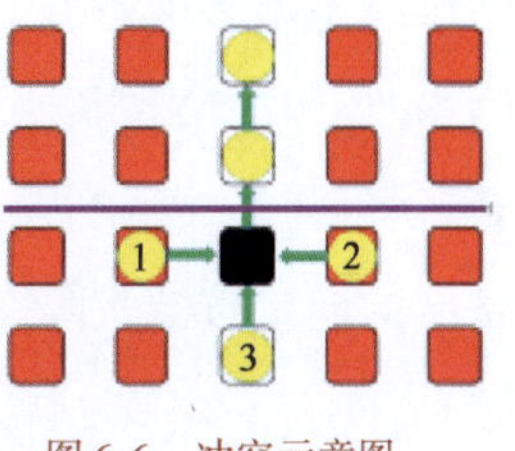

图 6-6　冲突示意图

3) 车厢环境建模

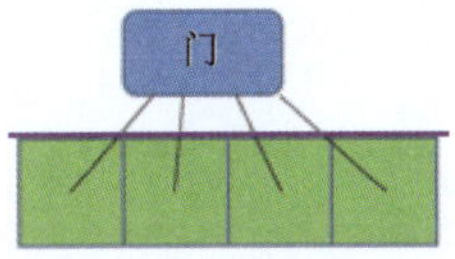

在实际调研中发现,列车到站乘客从车门撤离时,车门最多可以同时容纳四个人同时下车。因此,采用如图 6-7 所示出口和普通节点的连接方式,出口是乘客在疏散过程中的终点。乘客通过弧从普通节点到达出口,通过出口的乘客会损失一定的时间。当乘客通过门的速度小于聚集的速度时,容易在门区发生拥挤。

图 6-7　出口的连接示意图

根据车厢布置,由于座椅占有空间较大,同时也只能容纳一个人,将节点分为座椅节点和普通节点两类。座椅节点表示车厢里的座席空间,普通节点表示车厢内可站立和行走的空间。根据调研的结果,每个座椅的尺寸为 0.44m ×0.55m,因此设置座椅节点的尺寸同样为 0.44m × 0.55m。如图 6-8 所示,与普通节点之间的连接不同,普通节点与座椅节点连接时应该根据实际尺寸进行连接。

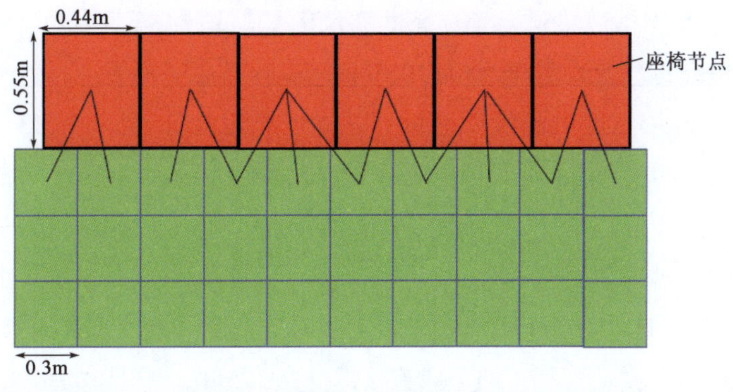

图 6-8　座椅节点与普通节点的连接

列车型号的不同,其内部尺寸的划分也存在差异。根据离散节点的特性,在车厢场景布置网格时,门区节点与座席区节点的连接方式有两种。如图6-9所示,当车厢宽大于或等于2.4m时,门区与坐席区的连接按照普通节点与普通节点的连接;当车厢宽小于2.4m时,门区与座席区的连接按照实际距离连接,如图6-9所示。

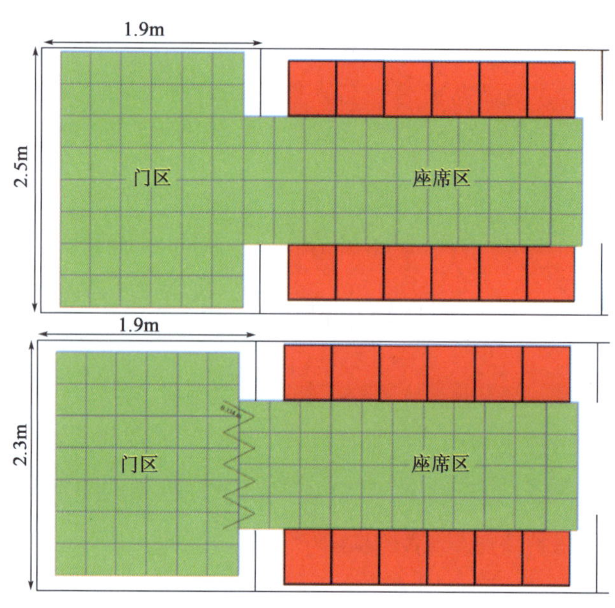

图6-9　座席区和门区的连接

北京地铁各线路现役列车型号如表6-1所示。其中14号线和16号线采用A型车,其他线路均采用B型车;除6号线、7号线和16号线采用8编组列车外,其余线路均采用6编组。对车厢内部尺寸进行实地测量,结果显示A型车和B型车内部尺寸存在明显差别,但同一车型的不同列车内部尺寸相差不大。具体如下:

(1)车厢长度。B型车带驾驶员室的车厢和不带驾驶员室的车厢长度分别约为16.5m和18.3m;A型车车厢长度大于B型车,约为20.5m。

(2)车厢宽度。车厢宽度的测量以地板可站立区域为准,B型车中,13号线车厢宽度最小,仅2.3m;7号线车厢最宽,达到2.7m;其余B型车车厢宽度为2.4~2.6m。A型车的车厢宽度为2.7~2.9m。

(3)车门宽度。B型车的车门宽度为1.3~1.4m;A型车车门较宽,约为1.5m。

(4)车厢连接部位的宽度。B型车的车厢连接部分宽度一般为1.3m,但1号线DKZ4型车和13号线列车仅为0.7m;A型车的车厢连接部分宽1.5m。

(5)车厢连接部位的长度。车厢连接部位的长度根据连接部分两侧是否布置座椅而存在差别。由于座椅占用一部分空间,一般布置有座椅的连接部分长度较小。不同列车的连接部分长度差异较大，最小的为 1 号线 DKZ4 型车、10 号线和 15 号线两侧布置有座椅的部分，长度仅为 0.7m；其他 B 型车的连接部分长为 1.0 ~ 1.7m；A 型车的车厢连接部位长度为 2.0 ~ 2.3m。

（6）座椅尺寸。除 13 号线外，座椅尺寸均为 0.44m × 0.55m，13 号线由于车厢宽度较小，座椅宽度也被压缩，尺寸仅为 0.44m × 0.46m。

北京地铁各线路现役列车型号 表 6-1

地铁线路	车　型	A/B	编　组　数
1 号线	SFM04、DKZ4	准 B	6
2 号线	DKZ16	B	6
4 号线	SFM05	B	6
5 号线	DKZ13	B	6
6 号线	DKZ47	B	8
7 号线	BD32	B	8
8 号线	SFM12	B	6
9 号线	DKZ33	B	6
10 号线	DKZ15	B	6
13 号线	DKZ5	准 B	6
14 号线	DKZ53、SFM18	A	6
15 号线	DKZ31	B	6
16 号线	DKZ93	A	8

以北京地铁 4 号线为例，根据所测量得到的数据，将单节列车内部车厢画成 CAD 图，然后进行节点布置，如图 6-10 和图 6-11 所示。

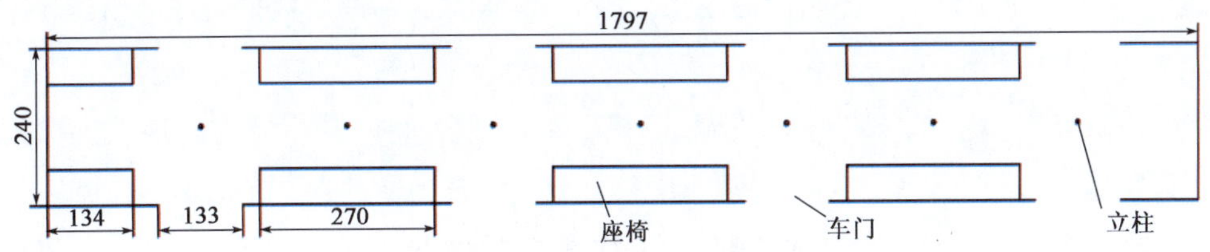

图 6-10　北京地铁 4 号线地铁车厢内部平面图（尺寸单位：cm）

以北京地铁 9 号线为例，将列车的第 1、2 节车厢画成 CAD 图以及进行节点布置，如图 6-12 和图 6-13 所示。只考虑车厢的内部设施及尺寸对乘客疏散的影响，在节点布置时不包括驾驶员室的节点布置。其中，图 6-13 中最左侧为驾驶员室车厢的紧急疏散门。

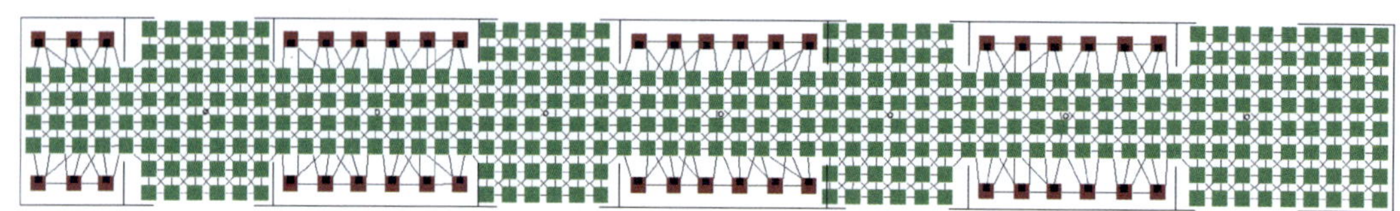

图 6-11 北京地铁 4 号线车厢节点布置

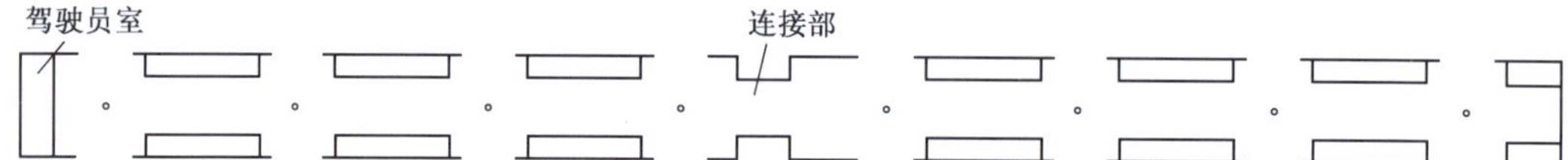

图 6-12 北京地铁 9 号线第 1、2 节车厢平面示意图

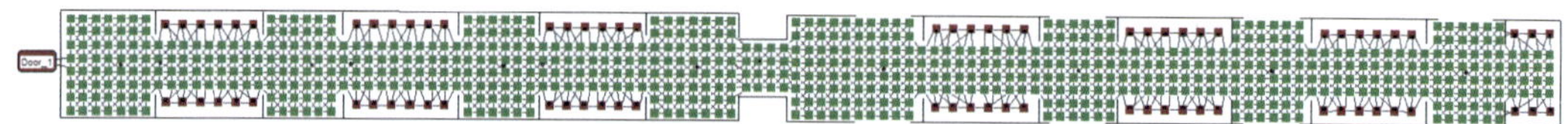

图 6-13 北京地铁 9 号线第 1、2 节车厢节点图

6.1.2 模型参数标定

利用 BuildingExodus 实现仿真建模。与经典的 BuildingExodus 场景不同,地铁车厢具有密度高、空间小的特点。为了实现利用 BuildingExodus 仿真地铁车厢的疏散,对 BuildingExodus 进行了参数标定和场景处理,包括出口流率的标定和冲突时间的标定。

1) 出口流率

在 BuildingExodus 中外部出口的流率是在模拟过程中从设置的最大流率和最小流率的范围内随机选一个值作为模拟过程的流率。BuildingExodus 内置了许多学者提出的流率的设置范围,但是均不适用于地铁车厢疏散的场景。因此,需根据实际调研数据对外部出口流率进行修正。

实际调研北京地铁 9 号线与 13 号线下车人数、下车时间以及相应的流量、流率如表 6-2 所示。其中地铁车厢门宽 1.32m。将观测所得最大值设定为地铁列车车门最大流率。

地铁列车车门通过能力调研结果　　表 6-2

下车人数	时间(s)	流量(人/s)	流率[人/(s·m)]
27.0	12.2	2.2	1.7
28.0	13.0	2.2	1.6
31.0	13.4	2.3	1.8
35.0	15.9	2.2	1.7

续上表

下车人数	时间(s)	流量(人/s)	流率[人/(s·m)]
37.0	17.4	2.1	1.6
38.0	15.2	2.5	1.9
40.0	15.0	2.7	2.0
41.0	17.2	2.4	1.8
41.0	17.6	2.3	1.8
42.0	20.9	2.0	1.5
46.0	19.3	2.4	1.8

2) 冲突时间

冲突时间的长短关系到疏散时间的长短，BuildingExodus 默认的冲突时间是开发者根据特定疏散场景标定而得，并不适合地铁车厢等高密度、小空间场景，因此有必要重新标定冲突时间。

为了提高模拟的准确性，调研北京地铁 13 号线和北京地铁 9 号线高峰时段各车门的下车人数以及下车时间，结果如图 6-14 所示。场景 1 为乘客从 B 型车中间两个车门下车，场景 2 为乘客从另外两个车门下车。

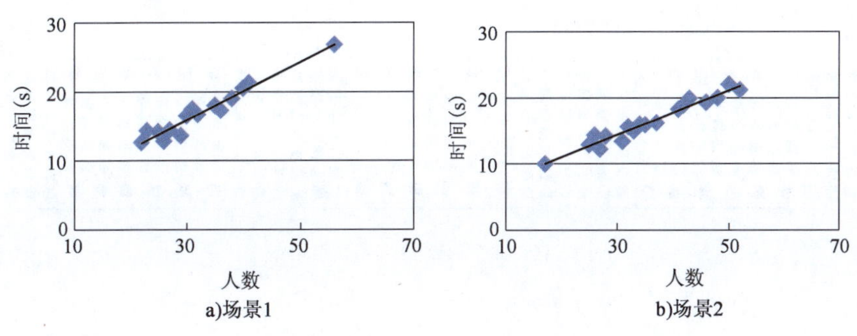

图 6-14 下车人数和下车时间测量结果

通过出口的人数和时间呈线性关系，利用 Origin 软件对上面的观测数据做线性回归，结果如图 6-15 所示，函数关系见式(6-1)和式(6-2)。

中间门：

$$T = 0.4213P + 3.2434 \tag{6-1}$$

端门：

$$T = 0.338P + 4.2658 \tag{6-2}$$

式中：T——下车时间；

P——下车人数。

BuildingExodus 中默认的冲突时间为 0.5～0.7s 和 0.8～1.5s，分别设置冲突时间为默认值的130%、140%、……、250%，然后采用修改后的冲突时间对9号线和13号线列车进行乘客乘降场景模拟各100次。以13号线为例，如图6-16所示，在场景1中设置42名乘客，全部从门2离开。将所有场景中不同冲突时间下得到的试验值平均值与实际观测数据进行对比，不同场景的均方差结果如图6-17所示。结果显示，当冲突时间为190%默认冲突时间时，试验数据与实测数据差值最小。

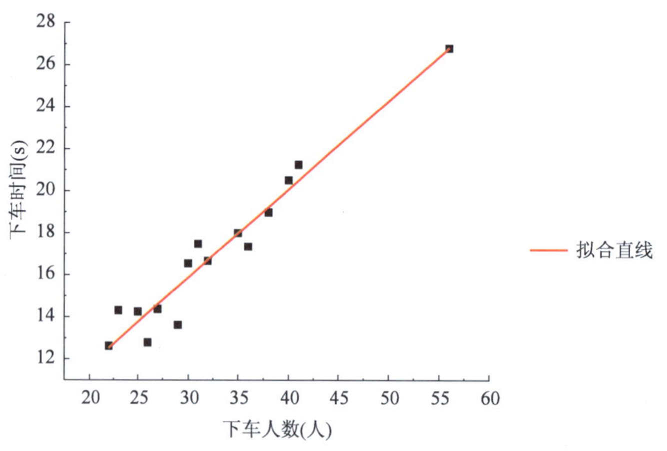

图6-15　下车时间和下车人数的数据拟合结果

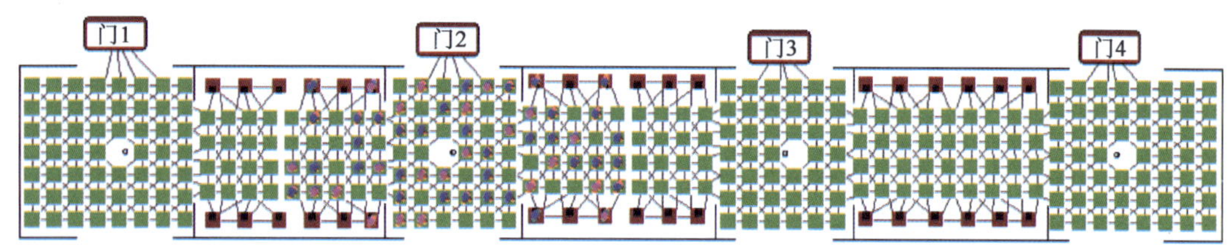

图6-16　北京地铁13号线疏散模型

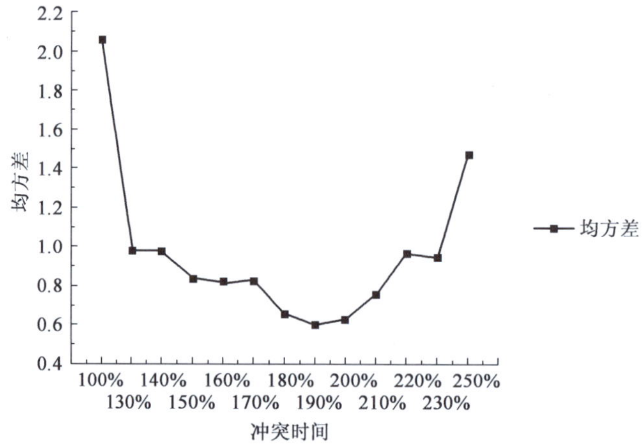

图6-17　不同比例冲突时间下的均方差

6.1.3 紧急情况下乘客在车厢内的疏散运动

不同的车厢内部构造、尺寸以及门的宽度会影响整个疏散过程的疏散时间，分析北京地铁现役车型在不同立席密度下的疏散时间，可以为车厢构造、制定疏散方案等提出建议。地铁在运行中发生火灾，优先将列车开到站，不得已时在隧道内采取紧急制动，乘客从列车两端紧急疏散门疏散。本模型假设在6编组列车的2、3节车厢的中间部起火，如图6-18所示，两侧乘客分别向远离火源的方向疏散。当车厢门不能正常打开，或不具备从门疏散的条件（如隧道内无疏散平台）时，需要从列车两端的紧急疏散门疏散乘客。由于驾驶员打开列车两端的紧急疏散门需要一定的时间，可将疏散过程分为两个阶段：第一阶段为在紧急疏散门完全打开之前，乘客不断地在紧急疏散门前聚集；第二阶段为紧急疏散门开启后乘客疏散。

当车门未打开时，乘客将在车厢两端聚集，达到最大密度后，乘客远离火的运动达到最大限度，即拥堵在车厢两端。通过模拟得到拥堵时乘客与火源的距离（以距离火源最近的乘客计）及疏散达到拥堵极限的时间，作为评价列车疏散能力的标准。

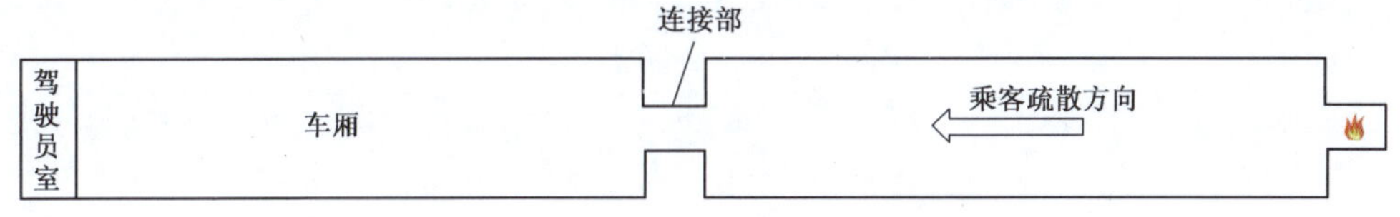

图6-18 火源位置和乘客疏散方向示意图

在立席密度为4人/m^2、6人/m^2、8人/m^{2}和10人/m^{2}时，分别对北京地铁的各车型进行模拟。由于B型车的紧急疏散门尺寸差别不大，在场景中不考虑紧急疏散门的流率差异。图6-19为北京地铁16号线第1、2节车厢节点布置图。

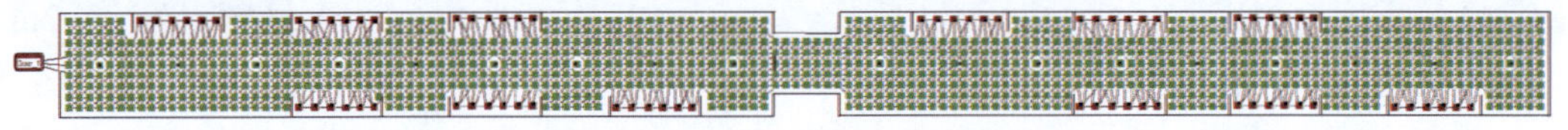

图6-19 北京地铁16号线第1、2节车厢节点图

1）紧急疏散门未开启

火灾发生时，火源附近的乘客首先发现灾情，并主动远离火源，随着乘客的移动和着火消息的传播，乘客按照距离火源的远近依次开始运动，尽力远离火源。如表6-3所示，由疏散时间和安全距离指标可知，紧急疏散门开启前，最有利于乘客疏散车型的线路是2号线，在各种密度下的时间和距离指标均为优。其次是4号线，在各种密度下的时间指标均为优，但其距离指标表现一般，处于居中水平。1号线（SMF04）在密度较小时，其时间指标表现出疏散优势，但距离指标表现为中等偏下，在高密度时表现较差。一般情况下，1号线（DKZ4）在火灾时的

疏散时间大于其他线路的列车。13 号线、14 号线和 16 号线列车所需的疏散时间也较长。在车厢特别拥挤时(立席密度 10 人/m²),5 号线乘客远离火源花费的时间最长。A 型车的乘客可聚集在距离火源较远的位置,但随着乘客数量增加,当车厢较为拥挤时,乘客距离火源较近,十分危险。

车门未开启时的乘客疏散时间和安全距离　　表 6-3

地铁线路	疏散时间(s)				安全距离(m)			
	4 人/m²	6 人/m²	8 人/m²	10 人/m²	4 人/m²	6 人/m²	8 人/m²	10 人/m²
1 号线(DKZ4 车型)	70	65	46.7	23	19.8	14.1	8.25	2.7
1 号线(SMF04 车型)	39	35	24.5	14	20.1	15	9	3.3
2 号线	37	33	22	11.7	18	12.6	6.3	1.2
4 号线	38	34	26.5	15.3	19.8	14.7	8.7	3.3
5 号线	49	48	38	29	21	15.7	10.5	4.8
6 号线	49.5	46.8	38.5	26	20.1	15	8.7	3
7 号线	52.3	42.4	29.8	18	19	13.63	6.6	1.5
8 号线	47.3	44.5	36.8	23.8	19.5	14.4	8.1	3.3
9 号线	52.5	47.3	43.3	25.3	20.7	15.3	8.1	4.2
10 号线	45.7	42.8	36.7	21.3	19.5	15	9.3	3.3
13 号线	65.8	62.3	46	23.3	19.2	13.2	8.4	2.4
14 号线	64.8	48.4	37.3	21.2	23.61	16.11	8.1	1
15 号线	34.2	33.4	28.9	17.9	20.7	15	9.6	3.9
16 号线	63.2	53	38	18.4	25.1	17.3	9.3	1.8

仿真分析表明,乘客在车厢连接处的运动缓慢,这主要是由于连接部位狭窄,因此连接是车厢间疏散的瓶颈所在。各线路列车的车厢连接部尺寸如表 6-4 所示。在表 6-3 中,1 号线(DKZ4)的乘客远离火源花费的时间最长,这是因为 DKZ4 车厢之间的连接部最窄(0.7m)。当乘客向紧急疏散门移动时,车厢连接部较窄,通过流量较小,导致车厢连接部的冲突增多,因此疏散所需时间最长。虽然地铁 13 号线的车厢连接部宽也为 0.7m,但由于 13 号线车厢面积较小,在相同立席密度下,13 号线车厢的人数小于其他线路的车厢人数,因此疏散时间要比 1 号线(DKZ4)短。同时,1 号线(DKZ4)离火源的距离比较近,由于火灾是动态发展的,乘客最容易受到伤害。

不同车型的连接部尺寸　　表 6-4

地铁线路	连接部长(m)	连接部宽(m)
1 号线(DKZ4 车型)	0.70	0.70
1 号线(SMF04 车型)	1.30	1.20
2 号线	1.30	1.30
4 号线	1.30	1.30

续上表

地铁线路	连接部长(m)	连接部宽(m)
5号线	1.30	1.30
6号线	1.60	1.30
7号线	1.10	1.30
8号线	1.20	1.30
9号线	1.30	1.30
10号线	1.30	0.70
13号线	0.70	1.60
14号线	1.50	2.00
15号线	1.00	1.30
16号线	1.50	2.26

注:车厢连接部长为沿着列车方向的连接部尺寸,车厢连接部宽为垂直列车方向的连接部尺寸。

在车厢特别拥挤时(立席密度10人/m^2),由于空间有限,乘客很少发生车厢间的移动,大部分乘客仅在同车厢内向远离火源的一端移动。5号线车厢的平均密度较小,乘客朝着疏散门移动后,移动距离最长,所以移动时间最长。但由于离火源的距离最远,相对于其他场景乘客受到伤害的概率较小。通常情况下,疏散时间和安全距离之间不存在明显的相关关系,但随着立席密度增加,两者逐渐表现出负相关。

在紧急疏散门开启前,乘客在车厢内疏散的极限时间不超过70s,而在发生火灾时,从驾驶员得知火灾消息,到停车、上报、断电、疏散门打开等一系列操作所需的时间约3min,远大于乘客在车内的自主疏散时间,因此上文将车厢内疏散分为两个阶段是完全合理的。

2)紧急疏散门开启后

紧急疏散门开启后,拥挤在疏散门处的乘客开始疏散。对B型车,全部乘客疏散出车厢的时间如图6-20所示,不同车厢的疏散时间差异较大,相同立席密度时,疏散时间最大值是最小疏散时间的两倍以上。其中,1号线(DKZ4)的乘客疏散花费时间最长,这是因为DKZ4列车的连接部通过流量较小,同时车厢较长,相同立席密度时乘客数较多,因此疏散时间最长。A型车的乘客疏散时间如表6-5所示,同样地,车厢尺寸越大,相同立席密度时乘客数越多,因此疏散时间越长。

随着立席密度增大,乘客疏散时间延长。立席密度为6人/m^2时,2节车厢的乘客通过紧急疏散门疏散所需的时间约为6min;立度密度为8人/m^2时,平均疏散时间为7.5min;达到拥挤极限(10人/m^2)时,平均疏散时间为9min。由于此时只有一个出口,疏散时间与乘客人数成正相关关系。

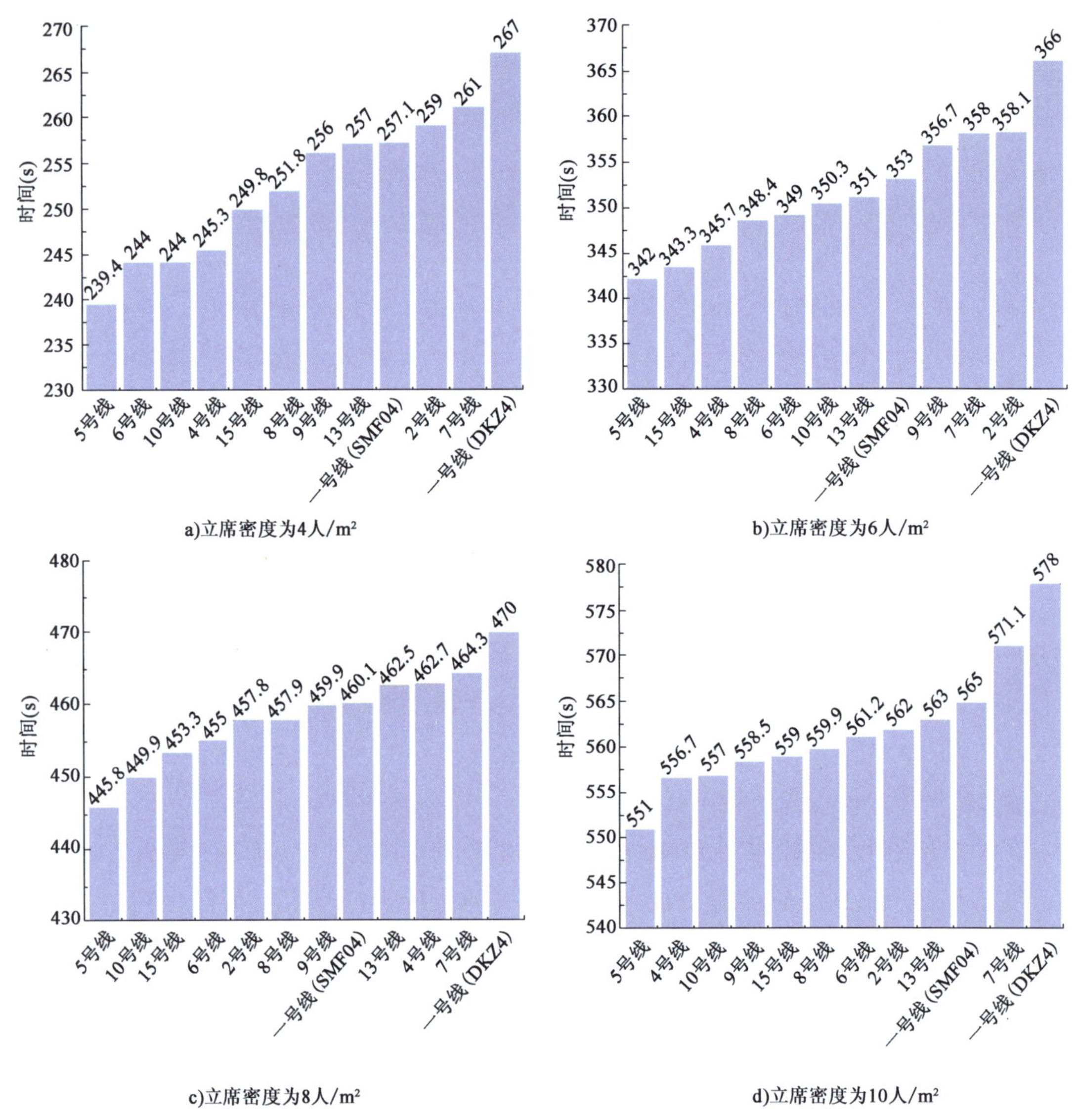

a)立席密度为4人/m²　　b)立席密度为6人/m²

c)立席密度为8人/m²　　d)立席密度为10人/m²

图 6-20　B 型车乘客疏散仿真结果

车门开启后 A 型列车乘客疏散时间　　表 6-5

立席密度	4 人/m²	6 人/m²	8 人/m²	10 人/m²
14 号线	256s	382s	483.7s	610.3s
16 号线	273s	404s	519s	630s

6.1.4　隧道内疏散策略分析

《地铁设计防火标准》(GB 51298—2018)中规定,当列车发生火灾停在隧道内时,乘客的疏散方向应为远离火的方向并且隧道内加以 2 ~ 11m/s 的横向通风。驾驶员可手动操控打开其所在一端的紧急疏散门，并且按照规范可适当打开 1 ~ 2 扇车厢门。但在实际发生事故时，可能由于电力故障导致车门无法顺利打开，乘客需要从列车头部的紧急疏散门逃生。绝大多数的乘客在遇到突发的紧急情况时，第一反应是从车门疏散。考虑驾驶员和乘客可以手动打开部分车门，本部分探讨不同的车门开启情况下乘客的必要疏散时间。

1) 疏散场景建模

选用北京地铁 6 号线列车建立隧道内列车和疏散平台仿真模型。地铁 6 号线为 8 编组的 B 型车，按列车行驶方向对车厢进行 1 ~ 8 编号。考虑到不同的工况，根据紧急疏散门是否开启和每节车厢打开的车门数量，设置了 10 个疏散场景。其中，图中绿色图例代表车门开启，橙色图例代表车门关闭。

疏散场景 1 为仅开启列车前方驾驶员室的紧急疏散门，其余的车门均关闭，如图 6-21 所示。在紧急疏散门处设置连接到隧道轨行区的楼梯，若乘客下至隧道轨行区则视为疏散成功。

图 6-21　疏散场景 1 示意图

疏散场景 2 为在疏散场景 1 的基础上开启 1 号车厢的两扇侧门，如图 6-22 所示，其余车厢门均为关闭状态。设置仅可以容纳一人通行的紧急疏散平台，且在疏散至远离列车 2m 处视为疏散成功。在开启的车门处加入 2 人/(m·s)的流率限制。

图 6-22　疏散场景 2 示意图

疏散场景 3 与疏散场景 2 的不同在于关闭驾驶员室车厢的紧急疏散门，如图 6-23 所示，其余条件均相同。

图 6-23　疏散场景 3 示意图

疏散场景 4 为每节车厢随机打开一扇车门，如图 6-24 所示。判定疏散成功和开启的车门流率限制与前面相同。

疏散场景 5 在疏散场景 4 的基础上打开驾驶员室车厢的紧急疏散门，如图 6-25 所示。

疏散场景 6 与第 3.3 节的地铁 VR 疏散试验工况相同，即每节车厢打开两扇车门，如图 6-26 所示。

图 6-24　疏散场景 4 示意图

图 6-25　疏散场景 5 示意图

图 6-26　疏散场景 6 示意图

疏散场景 7 在疏散场景 6 的基础上打开驾驶员室车厢的紧急疏散门，如图 6-27 所示。

图 6-27　疏散场景 7 示意图

疏散场景 8 为打开 8 节车厢的所有车门，如图 6-28 所示。

图 6-28　疏散场景 8 示意图

疏散场景 9 在疏散场景 8 的基础上打开驾驶员室车厢的紧急疏散门，如图 6-29 所示。

图 6-29　疏散场景 9 示意图

疏散场景 10 为所有车门包括两个紧急疏散门都为开启状态，如图 6-30 所示。

图 6-30　疏散场景 10 示意图

所有疏散场景的车门都是从开始即为开启状态。

2）疏散模拟结果和分析

对以上 10 种场景分别设置车厢内立席密度为 5.5 人/m^2、8 人/m^2 和 10 人/m^2 的乘客，乘客的年龄段分布以及其他生理和心理因素均采用第 3.3 节所做的 VR 试验的结果。每种场景进行 10 次疏散仿真试验。图 6-31 展示了疏散仿真的一个时刻。

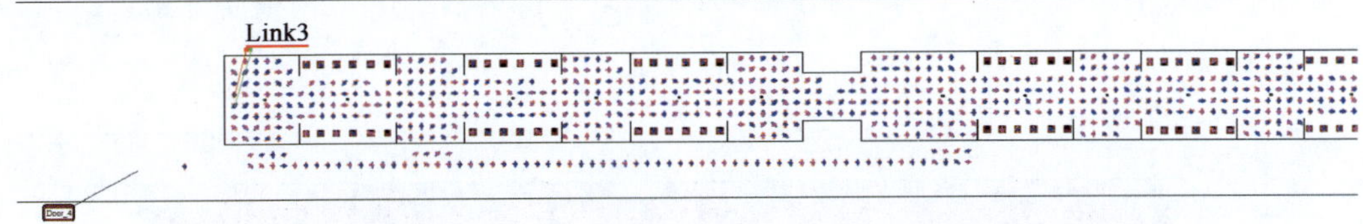

图 6-31　疏散场景 2 在立席密度 5.5 人/m² 时的乘客疏散过程图示

不同疏散场景、立席密度下的仿真时间如表 6-6 所示。可知疏散用时最短的是场景 10，疏散时间为 10 ~ 15min；用时最长的是场景 1，此时全部乘客都将通过车头驾驶员室的紧急疏散门疏散，疏散时间为 60 ~ 96min，效率非常低。在疏散过程中应注意安抚乘客情绪，若此时车厢发生火灾等危险，将对乘客安全造成极大威胁。

不同工况下的隧道内必要疏散时间　　表 6-6

疏散场景	立席密度(人/m²)		
	5.5	8	10
1	57′28″	79′18″	96′36″
2	23′5″	31′10″	38′36″
3	42′21″	57′46″	63′20″
4	21′16″	29′40″	35′20″
5	17′31″	27′20″	31′40″
6	20′54″	28′33″	35′09″
7	18′30″	26′	30′50″
8	21′25″	30′14″	37′14″
9	12′20″	16′38′	20′19″
10	9′50″	12′29″	15′30″

通过比较疏散场景 2 和 3 可知，紧急疏散门的设置对疏散影响较大，可以极大地缩短疏散时间。因为部分乘客从紧急疏散门疏散，开启车门处的冲突减少，缩短了疏散时间。由疏散场景 1 和 3 比较可得，开启车门可以缩短疏散时间，因为开启的车门起到了分流的作用。由疏散场景 5 和疏散场景 2 比较可得，每个车厢随机开一个车门有利于疏散。

由疏散场景 10 的仿真结果可知，开启的车门数量多，平均在每个车门处的冲突减少。这与预期的结果存在一定差异：考虑到疏散平台宽度有限，开启较多的车门，大量乘客同时到达疏散平台，易造成拥堵，导致疏散效率下降。而模拟结果显示，开启更多的车门有利于提高疏散效率，缩短疏散时间。图 6-32 和图 6-33 为在同一立席密度下的疏散车厢密度图。对比可得，同样的立席密度下，疏散场景 2 疏散过程中的平均密度大于疏散场景 10，开启更多的车门可降低疏散过程中的平均密度,减少冲突提高疏散效率。

在所有场景中,开启所有车门的疏散时间最短,这是因为该工况下拥堵和冲突最少,大幅减小了疏散时间。

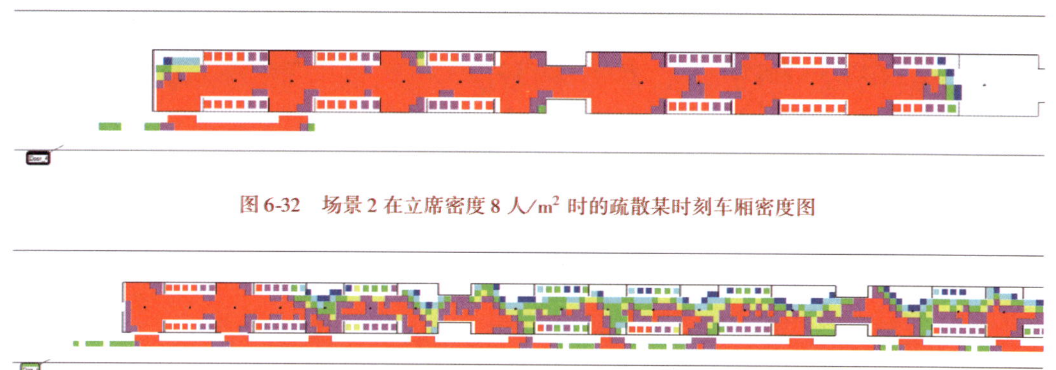

图 6-32　场景 2 在立席密度 8 人/m² 时的疏散某时刻车厢密度图

图 6-33　场景 10 在立席密度 8 人/m² 时的疏散某时刻车厢密度图

下面以场景 5 为例,分析车厢疏散时的瓶颈位置。图 6-34 为疏散场景 5 不同车厢在不同立席密度下的乘客完成疏散的平均时间。可以看出,初始位置为第 1 ~ 8 节车厢乘客的平均疏散总时间先增加后减少,呈倒 V 形,即列车中部乘客疏散时间较长,两端乘客逃出车厢的时间较短。

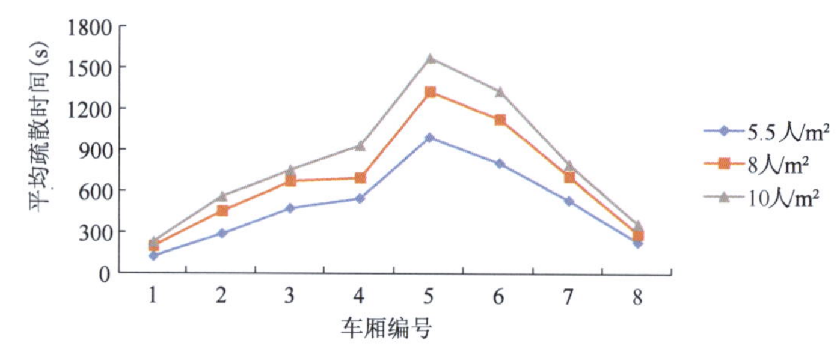

图 6-34　疏散场景 5 各车厢乘客平均疏散时间

并且随着立席密度的增大,每个车厢的平均疏散总时间也是递增的。图 6-35 为立席密度为 10 人/m²时的拥挤状态示意图,疏散场景 5 为开启第 1 节车厢的紧急疏散门和每节车厢的随机一扇门,中间车厢(第 2 ~ 7 节)的乘客从车门向疏散平台疏散时在车门处形成拥堵,第 1 节车厢的部分乘客从紧急疏散门疏散,同时在紧急疏散门处拥堵。另外,由于车厢连接部和隧道内的紧急疏散平台较窄,在疏散时也是拥堵非常严重的区域。

再以场景 7 为例做进一步分析。相比于疏散场景 5,疏散场景 7 每节车厢打开的车门数量较多,疏散瓶颈位置发生变化。图 6-36 为疏散场景 7 在不同立席密度下的初始位置的乘客完成疏散的平均疏散总时间。乘客的平均疏散总时间的变化规律与疏散场景 5 相同,但是平均疏散总时间却比疏散场景 5 短。图 6-37 为立席密度为 10 人/m²时的拥挤状态示意图。与疏散场景 5 相同,拥挤区域主要分布在开启的车门附近、隧道内的紧急疏散平台和车厢连接部。另外,紧急疏散门处有小块拥挤区域,这是因为当列车客室门开启时,大部分乘客从客室门逃生,利用紧急疏散门逃生的乘客较少。

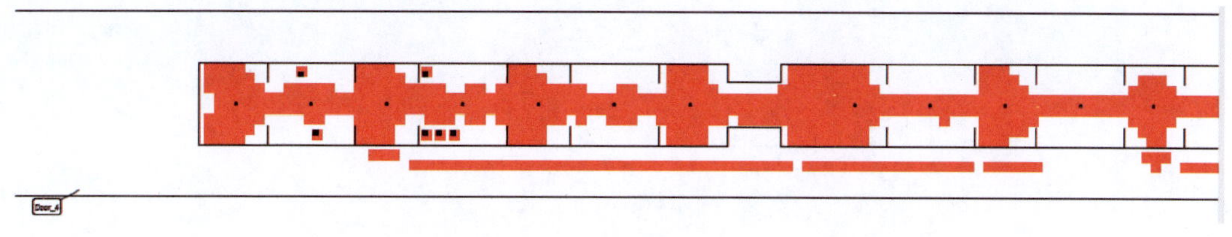

图 6-35　疏散场景 5 在立席密度 10 人/m² 时的拥挤状态示意图

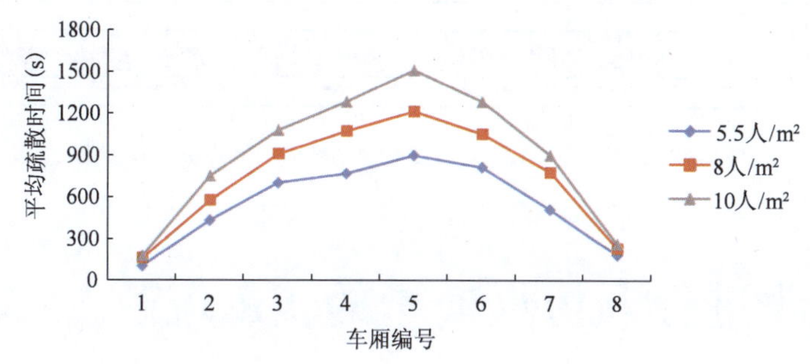

图 6-36　疏散场景 7 各车厢乘客平均疏散时间

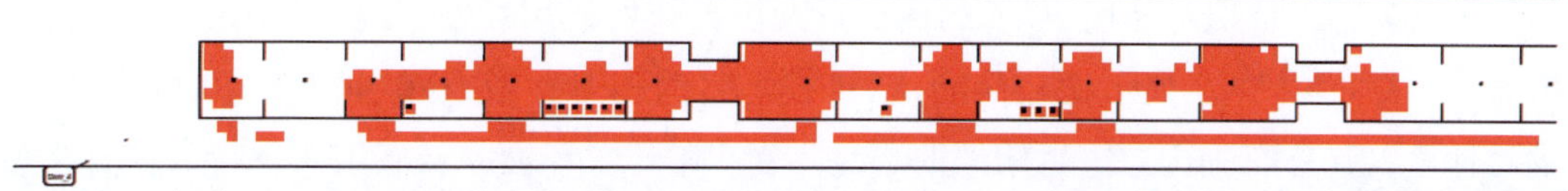

图 6-37　疏散场景 7 在立席密度 10 人/m² 时的拥挤状态示意图

当列车客室门全部开启时(疏散场景 9),不同立席密度下的初始位置的乘客完成疏散的平均疏散时间如图 6-38 所示。不同车厢乘客的平均疏散时间的变化规律与疏散场景 5、7 相同,但是平均疏散总时间却是最短的。与上述疏散场景不同,疏散场景 9 的拥挤区域主要分布在开启车门的门区和隧道内的紧急疏散平台(图 6-39),并且紧急疏散平台处的拥挤程度显著大于场景 5 和场景 7。

综上所述,在不同疏散场景中,开启车门的区域、隧道内的紧急疏散平台、车厢连接部和紧急疏散门处是发生拥挤的主要区域,也是疏散过程的薄弱点与风险点。虽然增加开启车门的数量可以缩短疏散时间,提高疏散效率,但是若其中一个车门发生踩踏等事故,会影响整个疏散过程。开启车门数量较少,大量乘客从紧急疏散门逃生会造成车厢连接部和紧急疏散门处拥挤。

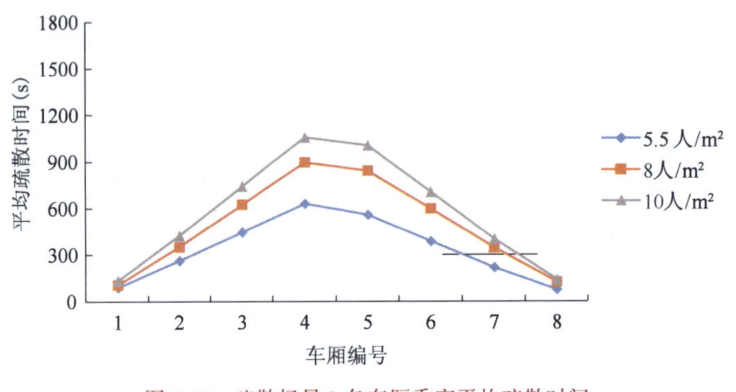

图 6-38　疏散场景 9 各车厢乘客平均疏散时间

图 6-39　疏散场景 9 在立席密度 10 人/m^2 时的拥挤状态示意图

6.2 基于改进行人仿真模型的 VR 疏散

行人仿真软件作为城市轨道交通领域制定应急预案与运营评估的主要工具之一，可以定量地分析乘客疏散情况。然而，目前的商业行人仿真软件通用性差，二次开发几乎不可能，并且购置成本高、仿真结果展示比较简陋。VR 技术目前相对比较成熟、成本较低，利用其沉浸性的特性可以弥补商业行人仿真软件的不足。在 VR 开发环境中从底层实现行人仿真模型，以实现与火灾更好的互动，保证系统的可控性。将专业的行人仿真模型、火灾模拟结果集成至 VR 场景中，开发基于行人仿真的城市轨道交通火灾疏散平台，与商业行人仿真软件互补，具有重要的研究意义。

因此，本节选择社会力模型作为行人仿真模型，并针对紧急疏散场景下的行人行为特征对模型进行改进，开发社会力-智能体模型，以实现智能体与火灾、障碍物以及其他智能体等的交互行为；然后将该模型应用于 VR 中以提高沉浸度，并以真实地铁车站为例进行了紧急疏散仿真的应用。

6.2.1 基于火灾疏散场景的行人微观仿真模型

1) 基于预测碰撞的社会力模型

虽然经典的社会力模型考虑规则较多，但是在实现行人绕避行为上尚有所缺陷，与真实的行人绕避有所差距,需要对社会力模型做一定的改进。

社会力模型是通过行人之间的作用力与期望力的合力完成绕避的,而在实际生活中,某个行人要绕避对向来的行人或者其他障碍物时,一般分两步:首先,根据自身的速度及前方行人的速度预测碰撞时间;然后,根据碰撞时间及周围环境调整自身路径,如图 6-40 所示。因此,行人进行绕避实际上就是行人预测碰撞然后调整自身的过程,本节基于行人的预测行为对行人之间的作用力进行改进。

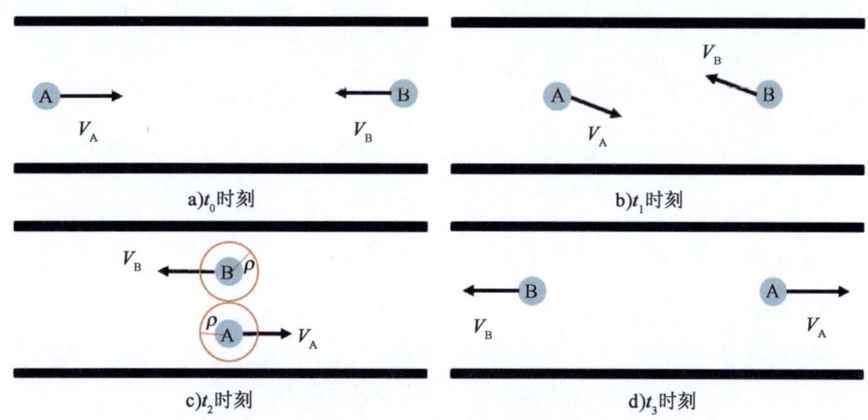

图 6-40　行人绕避示意图

Ioaanis Karamouzas 将碰撞预测机制引入到行人仿真中,可以较好地仿真行人之间的避让行为,基于 Ioaanis Karamouzas 提出的模型(以下简称预测碰撞模型)对社会力模型进行改进。预测碰撞模型同样也包括三个作用力:期望力、行人与障碍物之间的作用力及行人之间的作用力。

(1)期望力

预测碰撞模型的期望力 F_{Desire} 计算与社会力模型计算相同。

(2)行人与障碍物之间的作用力

在预测碰撞模型中,计算行人与障碍物之间的作用力时不考虑接触力与摩擦力,仅考虑行人与障碍物之间的斥力。具体的计算见式(6-3):

$$F_{\text{Wall}} = \begin{cases} n_{iw} \dfrac{d_s + r_i - d_{iw}}{(d_{iw} - r_i)^{\kappa}} & d_{iw} - r_i < d_s \\ 0 & \text{其他} \end{cases} \tag{6-3}$$

式中:F_{Wall}——行人与障碍物之间的作用力;

d_s、r_i、d_{iw}——行人 i 期望与障碍物保持的距离、半径及与墙壁或障碍物的最短距离;

n_{iw}——由墙壁或障碍物指向行人 i 的单位向量;

κ——待标定参数。

(3)行人之间的作用力

①预测碰撞模型行人之间作用力。

为计算行人之间的作用力，先对模型做一定的假设：

a. 行人 i 具有视野 P，i 可以感知到视野范围内其他行人的速度。

b. 行人 i 与其他行人心理上保持一定的距离，即为私人空间 ρ。

c. 行人 i 的半径为 r_i，并具有一个期望碰撞时间 t_α。

如图 6-41 所示，在 T_0 时刻，行人 i、j 的速度分别为 v_i、v_j，位置分别为 x_i、x_j。以行人 i 为例计算行人之间的作用力，首先假设行人 i 在 T_0 时刻所受的合力 F_i 为期望力及行人与障碍物之间作用力的合力，行人 j 不受作用力。已知行人 i、j 的速度、位置及所受作用力，可以预测未来时刻 T 行人 i、j 的位置 x'_i、x'_j，计算公式见(6-4)和式(6-5)：

$$x'_i = x_i + \left(v_i + \frac{F_i}{m}\Delta t\right)t \tag{6-4}$$

$$x'_j = x_j + v_j t \tag{6-5}$$

式中：m——行人 i 的质量；

Δt——仿真时间步长。

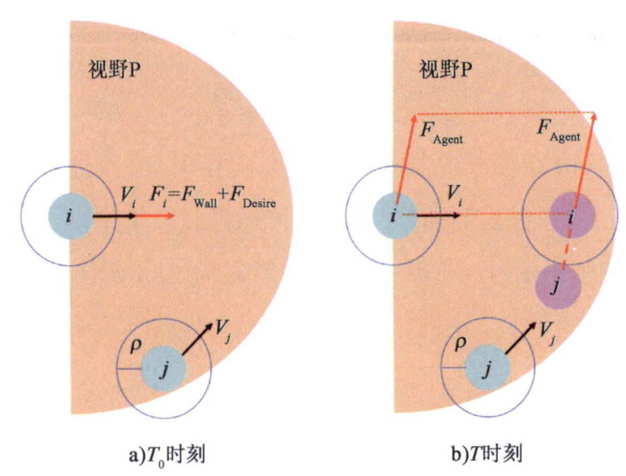

图 6-41 预测碰撞模型计算行人之间的作用力

假设在未来的 T 时刻，行人 j 与行人 i 的私人空间相切，如图 6-41b）所示。其方程为关于 t 的一元两次方程，假设有两个实数解 t_1、t_2，根据 t_1、t_2 可以得到两行人相切时的时刻 T。公式见式(6-6)：

$$\| x'_i - x'_j \| = \rho + r_i \tag{6-6}$$

具体分析如下：

a. t_1、$t_2 < 0$：已经发生过碰撞，碰撞可以忽略。

b. $t_1 < 0 < t_2$ 或 $t_2 < 0 < t_1$：即将要发生碰撞，预测碰撞时间 $tc_{ij} = 0$，并将行人 j 添加至行人 i 的碰撞集合 CP_i^t 中。

c. t_1、$t_2 > 0$：将会发生两次碰撞，仅考虑距离较近的碰撞，即预测碰撞时间 $tc_{ij} = \min\{t_1, t_2\}$，如果 tc_{ij} 小于期望碰撞时间 t_α，将行人 j 添加至行人 i 的碰撞集合 CP_i^t 中。

根据已经求得的行人 i 的碰撞集合 CP_i^t，分别计算行人之间的作用力 F_{Agent}^{ij}。在预测碰撞模型中，F_{Agent}^{ij} 是按照分段函数 $F(d)$ 计算的，如图 6-42 所示。其中，F_{d}、d_{max}、d_{min} 及 d_{mid} 都为待标定参数；d 为行人 i、j 在当前时刻 T_0 的距离。

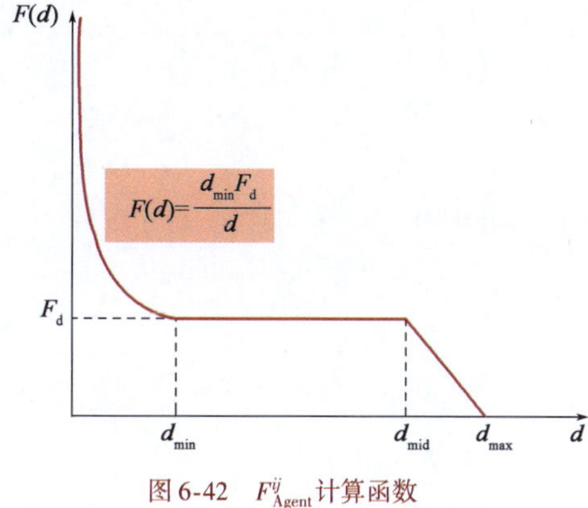

图 6-42　F_{Agent}^{ij} 计算函数

最后，根据行人 i 的碰撞集合 CP_i^t 计算行人间作用力 F_{Agent}，然后重新计算 T_0 时刻行人 i 的合力 F_i，计算公式见(6-7)和式(6-8)：

$$F_{\text{Agent}} = \sum_{j \in CP_i^t} F_{\text{Agent}}^{ij} \tag{6-7}$$

$$F_i = F_{\text{Desire}} + F_{\text{Agent}} + F_{\text{Wall}} \tag{6-8}$$

②改进行人之间作用力。

预测碰撞模型在计算行人 i、j 之间的作用力时利用的是分段函数法，这与实际有所不同，并且不同位置的行人 j 对行人 i 产生作用力的权重应该是不同的，如行人在运动过程中更加关注前方的行人，对并排行走的行人关注较少。基于此，本节主要对预测碰撞模型中行人之间的作用力进行改进，改进后的预测碰撞模型简称改进模型。

基于社会力模型行人之间作用力的计算方法，改进模型行人之间的作用力 F_{Agent} 的计算公式见式(6-9)，通过引入余弦三角函数来描述行人 i 与行人 j 位置关系的不同导致行人之间作用力的不同。

$$F_{\text{Agent}} = \sum_{j \in CP_i^t} A_{\text{p}} \exp\left(\frac{d}{B_{\text{p}}}\right)(\cos\theta + 1)\, n_{ij} \tag{6-9}$$

式中：A_{p}——待标定参数，为该作用力强度；

B_{p}——待标定系数，为影响距离；

θ——行人 i 的速度与行人 i、j 连线所成的夹角；

n_{ij}——行人 i、j 连线的单位向量。

2）社会力-智能体模型

（1）行人基本属性

行人的基本属性见表 6-7，包括期望速度 v_{desire}、运动时间 t_{e}、拥堵时间 t_{c}、运动距离 d_{m}、剩余运动距离 d_{r} 及移动性 M 等，行人的期望速度并不是保持不变的，烟气、高温等都可能影响行人的期望速度；运动时间、拥堵时间、运动距离、剩余运动距离分别为行人从运动开始所花费的时间、由于堵塞而在原地等待的时间、已经运动的距离、离目标点的距离；行人的移动性是为衡量行人期望速度而设置的属性，其受到高温、烟气、有毒气体等的影响，然后影响行人期望速度变化。

智能体基本属性 表 6-7

属性	范围	影响	被影响
期望速度	0～1.5m/s	移动速度	移动性、性别、年龄等
运动时间	0s～无限	—	—
拥堵时间	0s～无限	—	行人数量、出口容量等
运动距离	0m～无限	—	—
剩余运动距离	0m～无限	—	—
移动性	0～1	期望速度	烟气、有毒气体等

(2)行人火灾属性

行人在逃生时,火灾产生的高温烟气、辐射热及有毒气体,不仅仅会造成行人视距减小、运动速度减慢,还会对人体产生致命的伤害。由于涉及人体生命安全,采用试验研究高温、烟气等对人体的伤害是不可取的,本节主要参考其他学者的研究成果,建立社会力-智能体模型的火灾属性。为衡量高温烟气、辐射热及有毒气体对人体的危害,提出 FIH 属性及 FIN 属性。

①FIH 属性:

FIH 属性为衡量高温及辐射热对人体造成的伤害程度的属性,范围为 0～1。当 FIH = 1 时,高温及辐射热对人体产生致命伤害,FIH 默认为 0,具体的计算公式见式(6-10):

$$FIH = FIH_c + FIH_r \tag{6-10}$$

式中:FIH_c——衡量高温对人体造成的伤害程度的属性,仅受到行人周围高温的影响,范围为 0～1。

同样,当 $FIH_c = 1$ 时,行人因为暴露在高温中丧命。参考 Purser 及 Speitel 的研究成果,FIH_c 计算公式分别见式(6-11)及式(6-12)。Purser 假设人体将皮肤直接暴露在高温中,而 Speitel 假设人体穿着衣服暴露在高温中,因此,在 Purser 模式下往往更低的温度就能导致行人死亡。假设行人处于 120℃的高温环境中,按照 Purser 模式,在高温环境 4.3min 会对人体产生致命威胁;而按照 Speitel 模式,在高温暴露 13.6min 才会对人体产生致命威胁。出于保守的考虑,采用 Purser 模式来计算 FIH_c 值。

$$FIH_c = \int_0^t 2 \times t \times 10^{-8} \times T^{3.4} dt \qquad T > 40℃ \tag{6-11}$$

$$FIH_c = \int_0^t 2.4 \times t \times 10^{-9} \times T^{3.61} dt \qquad T > 40℃ \tag{6-12}$$

式中:t——累计在高温环境中的暴露时间(min);

T——环境温度(℃)。

FIH_r 属性为衡量辐射热对人体造成的伤害程度的属性,仅受到行人周围辐射热的影响,范围及对人体产生致命伤害的阈值与 FIH_c 相同,同样参考 Purser 的研究成果,计算公式见式(6-13):

$$\mathrm{FIH_r} = \int_0^t \frac{q^{1.33}}{D_r} \times t\mathrm{d}t \tag{6-13}$$

式中：t——累计在热射热环境中的暴露时间（min）；

q——环境辐射热（kW/m^2）；

D_r——辐射热分母［$s(kW/m^2)^{4/3}$］。

关于 D_r 的取值，Purser 推荐较为保守的值，D_r 为 80，相当于人体在 $2.5kW/m^2$ 的环境中可以存活 24s，此时的 D_r 代表辐射热对人体产生疼痛的阈值，即人体受到与导致疼痛相当的累计热辐射通量而无法逃生。另有一种 D_r 的取值是代表辐射热对人体产生致命伤害的阈值，此时 D_r 为 1000，相当于人体在 $8.25kW/m^2$ 的环境中可以存活 1min，即人体受到剧烈的辐射热对人体产生烧伤而无法逃生。出于保守的考虑，采用 Purser 推荐的较为保守的 D_r 来计算 $\mathrm{FIH_r}$ 的值。

②FIN 属性：

FIN 属性为衡量行人由于缺氧及吸入过量 CO 对人体造成的伤害程度的属性，范围为 0 ~ 1。当 FIH = 1 时，人体由于缺氧或过度吸入 CO 而死亡，参考 Purser 的研究成果，计算公式见式（6-14）：

$$\mathrm{FIN} = \mathrm{FICO} \times \mathrm{VCO_2} + \mathrm{FIO} \tag{6-14}$$

式中：$\mathrm{VCO_2}$——衡量人体吸入过量的 CO_2 导致的换气过度的属性，仅受到环境中的 CO_2 的浓度（$\mathrm{MCO_2}$）影响，计算见式（6-15）；

$$\mathrm{VCO_2} = \exp\left(\frac{\mathrm{MCO_2}}{5}\right) \tag{6-15}$$

FICO——衡量人体过量吸入过量 CO 对人体造成的伤害程度的属性，受到环境中的 CO 浓度、人体自身的肺活量影响；

FIO——衡量因缺氧对人体产生的伤害程度的属性，仅受环境中的 O_2 浓度（$\mathrm{MO_2}$）影响。

行人在火场中暴露时间过长，当 FICO 达到 1 时，行人会因过量吸入 CO 而中毒死亡。计算公式见式（6-16）：

$$\mathrm{FICO} = \int_0^t 3.317 \times 10^{-5} \times \mathrm{MCO}^{1.36} \times \mathrm{RMV} \times \frac{t}{30}\mathrm{d}t \tag{6-16}$$

式中：RMV——人体的肺活量，根据性别不同男性一般为 3500 ~ 4000mL，女性一般为 2500 ~ 3500mL；

t——累计在火场中的暴露时间（min）；

MCO——环境中的 CO 浓度。

当 FIO 达到 1 时，行人会因缺氧而死亡，计算公式见式（6-17）：

$$\mathrm{FIO} = \int_0^t \frac{t}{\exp[8.13 - 0.54 \times (20.9 - \mathrm{MO_2})]}\mathrm{d}t \tag{6-17}$$

③移动性与火灾属性：

移动性 M 反映烟气、有毒气体对人体移动速度的影响，人体由于缺氧、过度吸入 CO 而造成行人运动速度减弱方面的相关研究较少。因此，仅考虑烟气对行人移动性的影响，参考学者 JIN 的研究成果，公式见式(6-18)。

$$M = -2.08K^2 - 0.38K + 1.06 \tag{6-18}$$

式中：K——烟气消光系数(1/m)。

行人的期望速度与移动性的关系公式见式(6-19)。

$$v_{\mathrm{desire}} = v_{i\mathrm{desire}} \times M \tag{6-19}$$

式中：$v_{i\mathrm{desire}}$——行人 i 初始的期望速度。

(3)火灾绕避

①Smartfire 火灾模拟结果。

为实现将火灾模拟结果导入至行人仿真模型中，对利用火灾分析软件 Smartfire 得到的火灾结果进行处理，将空间环境离散成数个具有一定尺寸的正六面体区域。以环境中某一区域为例，某时间步的模拟结果为其内部所有网格在此时间步模拟结果的平均值，部分结果见图 6-43。第一列为区域编号，第二列为时间步，第三、四列环境中的温度，第五、六列为烟气值，第七、八列为辐射热值。其中温度、烟气值、辐射热值都对应两种结果——站立时人眼高处(1.7m)及爬行时人眼高处(0.5m)的火灾模拟结果。

temp
smoke
rad

1	0.000	2.88151e+002	2.88151e+002	0.00000e+000	0.00000e+000	3.90871e-002	3.90871e-002
2	0.000	2.88149e+002	2.88150e+002	0.00000e+000	0.00000e+000	3.90873e-002	3.90873e-002
3	0.000	2.88150e+002	2.88150e+002	0.00000e+000	0.00000e+000	3.90873e-002	3.90873e-002
4	0.000	2.88150e+002	2.88151e+002	0.00000e+000	0.00000e+000	3.90872e-002	3.90872e-002
5	0.000	2.88151e+002	2.88149e+002	0.00000e+000	0.00000e+000	3.90873e-002	3.90873e-002
6	0.000	2.88150e+002	2.88148e+002	0.00000e+000	0.00000e+000	3.90873e-002	3.90873e-002
7	0.000	2.88151e+002	2.88150e+002	0.00000e+000	0.00000e+000	3.90873e-002	3.90873e-002
8	0.000	2.88151e+002	2.88150e+002	0.00000e+000	0.00000e+000	3.90873e-002	3.90873e-002
9	0.000	2.88150e+002	2.88149e+002	0.00000e+000	0.00000e+000	3.90873e-002	3.90873e-002
10	0.000	2.88150e+002	2.88151e+002	0.00000e+000	0.00000e+000	3.90873e-002	3.90873e-002
11	0.000	2.88151e+002	2.88149e+002	0.00000e+000	0.00000e+000	3.90873e-002	3.90873e-002
12	0.000	2.88150e+002	2.88151e+002	0.00000e+000	0.00000e+000	3.90872e-002	3.90872e-002
13	0.000	2.88150e+002	2.88151e+002	0.00000e+000	0.00000e+000	3.90872e-002	3.90872e-002
14	0.000	2.88150e+002	2.88149e+002	0.00000e+000	0.00000e+000	3.90872e-002	3.90872e-002
15	0.000	2.88150e+002	2.88149e+002	0.00000e+000	0.00000e+000	3.90873e-002	3.90873e-002
16	0.000	2.88150e+002	2.88148e+002	0.00000e+000	0.00000e+000	3.90872e-002	3.90872e-002
17	0.000	2.88150e+002	2.88150e+002	0.00000e+000	0.00000e+000	3.90872e-002	3.90872e-002
18	0.000	2.88150e+002	2.88150e+002	0.00000e+000	0.00000e+000	3.90873e-002	3.90873e-002
19	0.000	2.88150e+002	2.88151e+002	0.00000e+000	0.00000e+000	3.90873e-002	3.90873e-002
20	0.000	2.88150e+002	2.88150e+002	0.00000e+000	0.00000e+000	3.90873e-002	3.90873e-002
21	0.000	2.88150e+002	2.88151e+002	0.00000e+000	0.00000e+000	3.90873e-002	3.90873e-002
22	0.000	2.88150e+002	2.88150e+002	0.00000e+000	0.00000e+000	3.90873e-002	3.90873e-002
23	0.000	2.88149e+002	2.88151e+002	0.00000e+000	0.00000e+000	3.90872e-002	3.90872e-002
24	0.000	2.88150e+002	2.88150e+002	0.00000e+000	0.00000e+000	3.90872e-002	3.90872e-002
25	0.000	2.88150e+002	2.88149e+002	0.00000e+000	0.00000e+000	3.90872e-002	3.90872e-002
26	0.000	2.88149e+002	2.88149e+002	0.00000e+000	0.00000e+000	3.90872e-002	3.90872e-002
27	0.000	2.88151e+002	2.88149e+002	0.00000e+000	0.00000e+000	3.90872e-002	3.90872e-002
28	0.000	2.88150e+002	2.88151e+002	0.00000e+000	0.00000e+000	3.90873e-002	3.90873e-002
29	0.000	2.88150e+002	2.88150e+002	0.00000e+000	0.00000e+000	3.90873e-002	3.90873e-002
30	0.000	2.88149e+002	2.88150e+002	0.00000e+000	0.00000e+000	3.90872e-002	3.90872e-002
31	0.000	2.88149e+002	2.88149e+002	0.00000e+000	0.00000e+000	3.90872e-002	3.90872e-002
32	0.000	2.88151e+002	2.88149e+002	0.00000e+000	0.00000e+000	3.90872e-002	3.90872e-002
33	0.000	2.88149e+002	2.88149e+002	0.00000e+000	0.00000e+000	3.90873e-002	3.90873e-002
34	0.000	2.88149e+002	2.88148e+002	0.00000e+000	0.00000e+000	3.90872e-002	3.90872e-002
35	0.000	2.88149e+002	2.88150e+002	0.00000e+000	0.00000e+000	3.90873e-002	3.90873e-002

图 6-43　Smartfire 火灾模拟结果

②火灾绕避作用力。

在真实火灾中，行人在疏散过程中一般会绕过高温及烟气弥漫的区域，有毒气体无色透明，行人通过时感官无法感知。若行人周围温度达到 80℃或视距小于 5m 时，行人开始采取绕避火灾行为，由于缺乏试验数据支撑，此设定有待考究。

如图 6-44a) 所示，在 T_0 时刻，行人 i 在视野范围内感知到其前方尺寸为 1m×1m 区域 j，其温度高于 80℃ 或视距小于 5m，此时行人需要对区域 j 进行绕避。行人 i 的速度为 v_i，位置为 x_i，区域 j 的位置为 x_j。首先，假设行人 i 在 T_0 时刻所受的合力 F_i 为期望力、行人与障碍物之间作用力及行人之间作用力的合力，根据行人 i 在 T_0 的速度、位置及所受合力，可以预测未来某时刻 T 行人 i 的位置，计算见式(6-20)。

假设在未来的 T 时刻，行人 i 的私人空间与区域 j 相切，为了更有效地计算火灾绕避作用力，将区域 j 假设为其内切圆，如图 6-44b) 所示，计算如式(6-20) 所示。与式(6-6) 方程解法相同，此方程为关于 t 的一元两次方程，假设有两个实数解 t_1、t_2，对 t_1、t_2 具体分析可区分碰撞时间。

$$\| x_i' - x_j \| = \rho + r_i \tag{6-20}$$

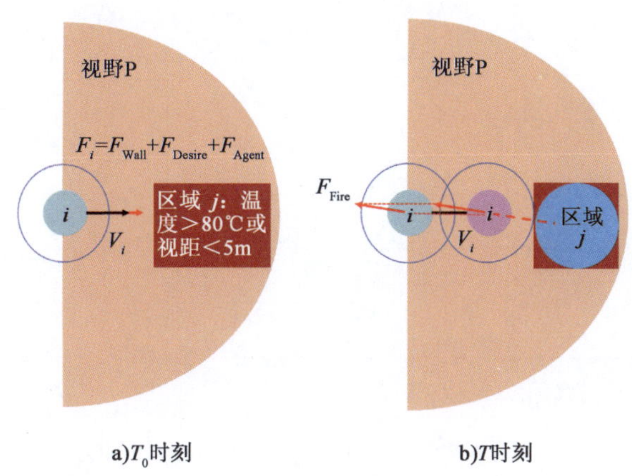

a) T_0 时刻　　b) T 时刻

图 6-44　计算火灾绕避作用力

a. t_1、$t_2<0$：已经发生过碰撞，可以忽略。

b. $t_1<0<t_2$ 或 $t_2<0<t_1$：即将要发生碰撞，预测碰撞时间 $tc_{ij}=0$，并将区域 j 添加至行人 i 的火灾绕避集合 CP_i^f 中。

c. t_1、$t_2>0$：将会发生两次碰撞，仅考虑距离较近的碰撞，即预测碰撞时间 $tc_{ij}=\min\{t_1, t_2\}$，如果 tc_{ij} 小于期望碰撞时间 t_α，将区域 j 添加至行人 i 的火灾绕避集合 CP_i^f 中。

根据已经求得行人 i 的火灾绕避集合 CP_i^f，分别计算行人 i 对火灾区域的绕避作用力 F_{Fire}^{ij}，具体计算公式见式(6-21)。

$$F_{Fire} = \sum_{j \in CP_i^f} A_p \exp\left(\frac{d}{B_p}\right) n_{ij} \tag{6-21}$$

式中：A_p——待标定参数，为该作用力强度；

B_p——待标定参数，为影响距离；

d——行人在 T_0 时刻与区域 j 的距离；

n_{ij}——行人 i 与区域 j 连线的单位向量。

6.2.2 模型校验

1) 参数标定

(1)基本参数

在本部分中主要介绍模型验证所需的基本参数,如期望速度、行人尺寸及视野参数等,具体取值见表6-8。

行人基本参数　　表6-8

参　数	符　号	数　值
行人质量	m	80kg
行人尺寸	r	0.3m
私有空间半径	ρ	0.3m
期望速度	v_{desire}	1.5m/s
松弛时间	τ	0.5s
视野范围	θ	180°

(2)预测碰撞模型参数标定

在预测碰撞模型中,待标定的参数主要有 d_{min}、d_{mid} 及 d_{max}(图6-42),其他参数及待标定参数见表6-9。

预测碰撞模型参数　　表6-9

参　数	符　号	数　值
行人间作用力	F_d	3400N
d_{min}		待标定
d_{mid}		待标定
d_{max}		待标定
期望碰撞时间	t_α	5s

①d_{max}:

d_{max} 的大小决定采取超越行人行为的时间点。d_{max} 较大,行人在离前方行人较远时采取超越行为;d_{max} 较小,行人可能要碰到前方行人时才采取超越行为。为标定 d_{max},首先假设 $d_{mid}=1.5$、$d_{min}=0.5$,然后建立一个行人超越的场景,如图6-45所示,行人 i 以1.5m/s的速度朝终点运动,在其前方有一静止的行人。

分别设定不同的 d_{max} 记录行人 i 的路径,如表6-10所示。

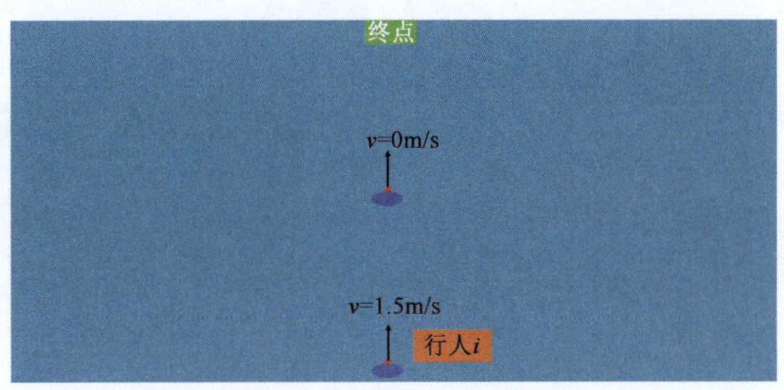

图 6-45　行人超越场景示意图

d_{max}及行人 i 路径颜色　　表 6-10

d_{max}	单　位	RGB 色彩模式	颜　色
4	m	(236,218,212)	
3	m	(0,255,0)	
2.5	m	(0,0,0)	
2	m	(0,37,255)	
1.8	m	(255,0,225)	
1.6	m	(194,194,194)	
1.5	m	(243,255,0)	

图 6-46 为不同 d_{max}值对应的仿真路径。结合表 6-10 可以看出，当 d_{max}越大时，行人采取超越行为的时间点越提前，即离待超越行人的距离越远，当 d_{max} =1.5 时，行人采取超越时间点最晚。

图 6-46　不同 d_{max}的行人仿真结果

此外，d_{max}的值不仅仅影响到行人采取超越行为的时间点，还影响到行人运动的平顺性。d_{max}越小，行人采取超越行为转动角度越大，一般情况下，行人一般都倾向于较小地调整自身完成超越行为、避免碰撞等行为。当 d_{max} =1.5 时，行人转动角度最大，此路径明显是不合理的，相比之下，当 d_{max} =3 及 d_{max} =4 时，行人的运动路径更加平顺。两者的区别为行人采取绕避行为所移动的横向距离差别，d_{max} =3 移动的横向距离更小。综上可得，当 d_{max} =3 时，行人的移动路径更加合理、平顺性更高。

②d_{min}：

d_{mid}的大小决定行人采取超越行为所移动的横向距离大小。为标定 d_{mid}，首先假设 d_{max} = 3、d_{min} =0.5，然后基于上面的行人 i 超越场景，分别设定不同的 d_{mid} 记录行人 i 的路径，如表 6-11 所示。

d_{mid}及行人 i 路径颜色 表 6-11

d_{mid}	单　位	RGB 色彩模式	颜　色
2.5	m	(0,255,0)	
2	m	(0,37,255)	
1.5	m	(243,255,0)	
1	m	(255,0,220)	
0.8	m	(236,218,212)	
0.6	m	(134,12,24)	

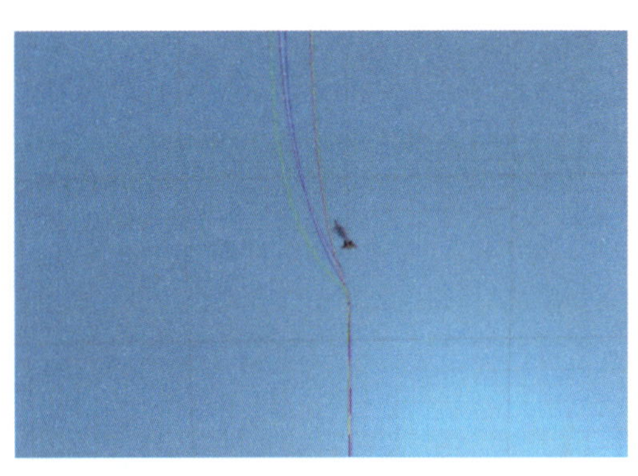

图 6-47　不同 d_{mid} 的行人仿真结果

图 6-47 为不同 d_{mid} 值对应的仿真路径。结合表 6-11 可以看出，当 $d_{mid}>1$ 时，d_{mid} 越大，行人采取超越行为所移动的横向距离越大。而当 $d_{mid}<1$ 时，可能由于行人过于接近导致行人之间的斥力过大，从而使得移动的横向距离过大。当 $d_{mid}=1$ 及 $d_{mid}=1.5$ 时，行人的移动路径几乎重合，两者的移动路径也较为合理、平顺性较高，两者中取其一都可行。

③d_{min}：

d_{min} 的大小同样决定行人采取超越行为所移动的横向距离大小。为标定 d_{min}，首先假设 $d_{max}=3$、$d_{mid}=1$，然后基于上面的行人 i 超越场景，分别设定不同的 d_{min} 记录行人 i 的路径，如表 6-12 所示。

d_{min}及行人 i 路径颜色 表 6-12

d_{min}	单　位	RGB 色彩模式	颜　色
0.6	m	(0,255,0)	
0.5	m	(0,37,255)	
0.4	m	(243,255,0)	
0.3	m	(255,0,220)	
0.2	m	(236,218,212)	
0.1	m	(134,12,24)	

图 6-48 为不同 d_{min} 值对应的仿真路径。结合表 6-12 可以看出，与 d_{mid} 相同，行人采取超越行为所移动的横向距离随 d_{min} 先增大再减小。当 $d_{min}=0.4$ 时，横向距离最小。当 $d_{min}=0.1$ 时，横向距离最大，这可能由于行人过于接近导致行人之间的斥力过大，导致移动的横向距离过大。当 $d_{min}=0.3$ 时，路径合理性及平顺性较高。因此，以 $d_{min}=0.3$ 作为 d_{mid} 的取值。

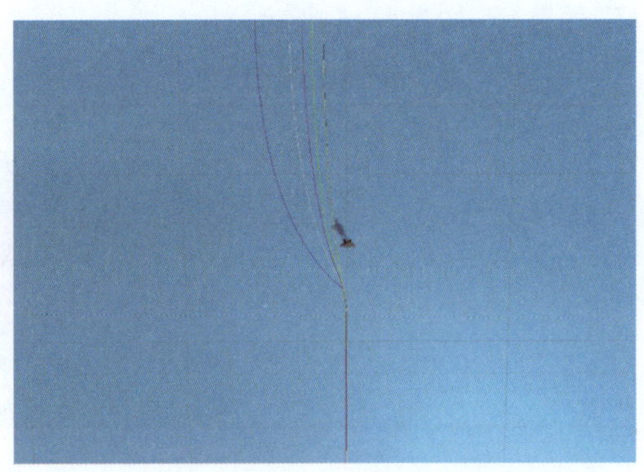

图 6-48　不同 d_{min} 的行人仿真结果

(3)改进模型参数标定

在改进模型中,待标定的参数主要有 A_p、B_p,其他参数及待标定参数见表 6-13。

改进模型参数　　表 6-13

参　　数	符　　号	数　　值
行人间作用力强度	A_p	待标定
行人间影响距离	B_p	待标定
期望碰撞时间	t_α	5s

①A_p:

A_p 为行人间作用力强度。为标定 A_p,首先假设 $B_p=5$,然后建立一个同上的行人超越的场景,分别设定不同的 A_p 记录行人 i 的路径,如表 6-14 所示。

A_p 及行人 i 路径颜色　　表 6-14

A_p	单　　位	RGB 色彩模式	颜　　色
600	N	(255,171,0)	
500	N	(0,2500,0)	
450	N	(250,0,20)	
400	N	(234,0,255)	
300	N	(0,104,255)	
200	N	(235,255,0)	
100	N	(14,14,14)	

图 6-49 为不同 A_p 值对应的仿真路径。结合表 6-14 可以看出,随着 A_p 增大,由于行人之间的排斥力增大,行人超越时所移动的横向距离增大。当 $A_p=600$ 时,行人的移动路径发生较大的横向偏移;当 $A_p \leqslant 450$ 时,横向移动距离变化幅度较小;而当 $A_p=100$ 时,横向移动距离过小。考虑到移动路径的合理性及平顺性,将 $A_p=300$ 作为 A_p 的取值。

②B_p:

B_p 为行人间影响距离。为标定 B_p,首先假设 $A_p=300$,然后基于上面的行人超越场景,分

别设定不同的 B_p 记录行人 i 的路径，如表 6-15 所示。

B_p 及行人 i 路径颜色 表 6-15

B_p	单 位	RGB 色彩模式	颜 色
10	m	(0,2500,0)	
8	m	(250,0,20)	
6	m	(234,0,255)	
5	m	(0,104,255)	
4	m	(235,255,0)	

图 6-50 为不同 B_p 值对应的仿真路径。结合表 6-15 可以看出，相较于 A_p，B_p 对行人路径的影响较小，主要体现在影响行人路径的平顺性。当 $B_p=5$ 时，若接近前方行人，前方行人对行人 i 产生的排斥力过小，横向偏移也较小，但是随着行人 i 逐渐接近前方行人，行人间排斥力瞬间增大，发生较大的转向从而造成行走路径不平顺。当 $B_p=4$、$B_p=6$ 及 $B_p=8$ 时，行人路径基本重合，三者的移动路径也较为合理、平顺性较高，三者中取其一都可行。

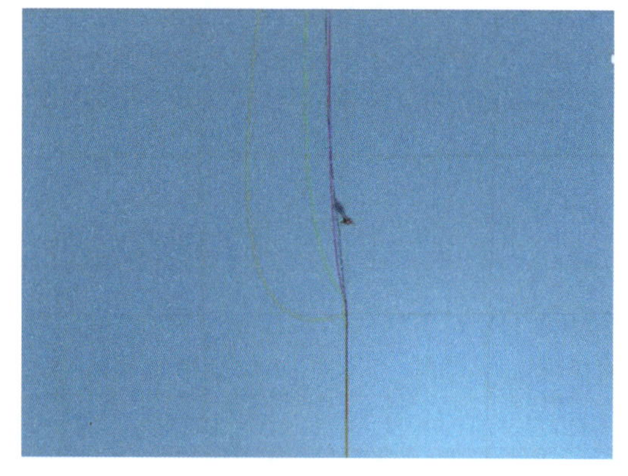

图 6-49 不同 A_p 的行人仿真结果

图 6-50 不同 B_p 的行人仿真结果

2) 模型验证

(1) 超越多行人

建立如图 6-51 所示的超越多行人场景，行人 i 以 1.5m/s 的速度朝终点运动，在其前方有三个静止的行人。图 6-52 为行人 i 在预测碰撞模型及改进模型下的超越仿真结果，绿色线为行人 i 的移动路径。可以看出，两模型都可以较好地仿真超越多个行人的情况。预测碰撞模型中的行人相较于改进模型中的行人在超越时有过渡段，但预测碰撞模型中，行人在超越时多次调整自身，平顺性相较于改进模型较低。改进模型行人没有多次调整自身即可完成超越，平顺性更高。

(2) 双向行人流

图 6-53 及图 6-54 为预测碰撞模型及改进模型对向行人流仿真结果，两侧各随机生成 6 名

行人,各自朝着对向并以一定的期望速度沿直线运动。其中,所有行人的期望速度均为1.5m/s。

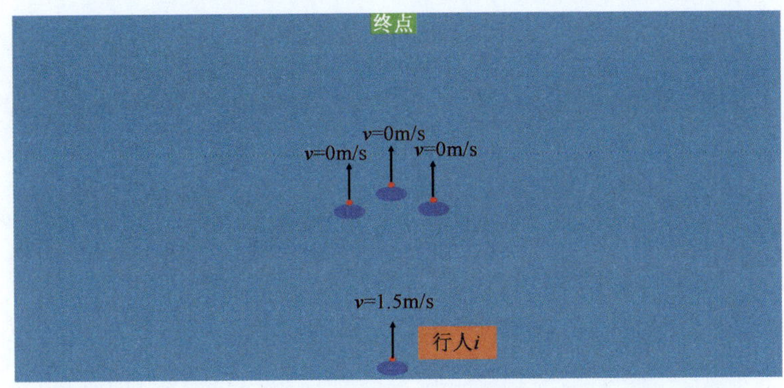

图 6-51　超越多行人示意图

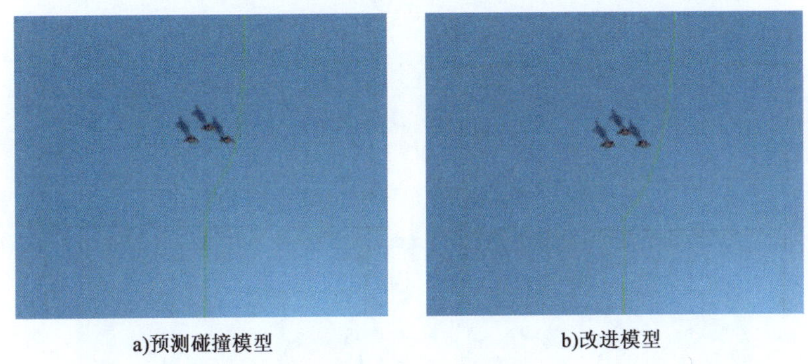

a)预测碰撞模型　　b)改进模型

图 6-52　超越多人仿真结果

在两场景中,t_0时刻,12 名行人都位于各自的初始位置。t_1时刻,部分行人开始预测到碰撞采取避让行为,而预测无碰撞的行人继续沿直线运动。t_2时刻,所有行人的避让行为基本完成,并各自朝对向继续行走。从图中可以看出,两模型都可以很好仿真对向行人流,可以较好地预测碰撞并完成避让行为。但是,预测碰撞模型行人互相避让过程中产生较多的移动路径交织,而改进模型行人路径无交织,相较于预测碰撞模型,改进模型行人移动更加有序。

(3)火灾绕避

建立如图 6-55 所示的火灾绕避场景,行人 i 以 1.5m/s 的速度朝终点运动,在其前方有半径为 2m 的火灾区域。图 6-56 为行人 i 在预测碰撞模型及改进模型下的火灾绕避仿真结果。与超越多行人类似,预测碰撞模型中的行人在进行火灾绕避时也有过渡动作,但可能由于预测碰撞模型在计算行人之间作用力时采用分段函数,相较于改进模型,行人平顺性有所欠缺。

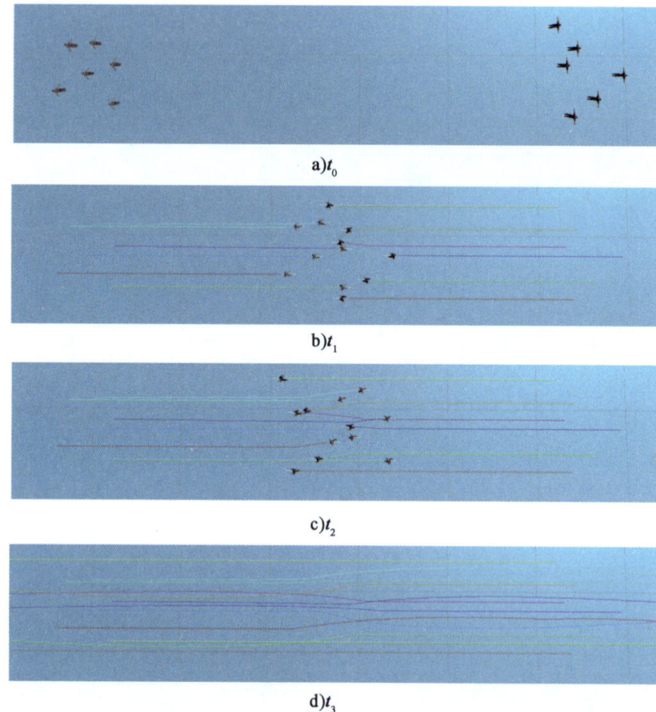

a) t_0 b) t_1 c) t_2 d) t_3

图 6-53 预测碰撞模型对向行人流仿真结果

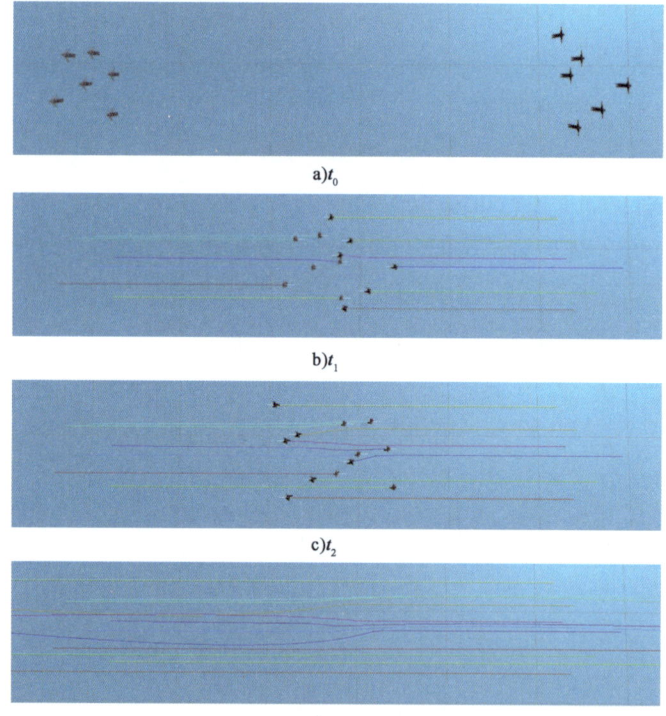

a) t_0 b) t_1 c) t_2 d) t_3

图 6-54 改进模型对向行人流仿真结果

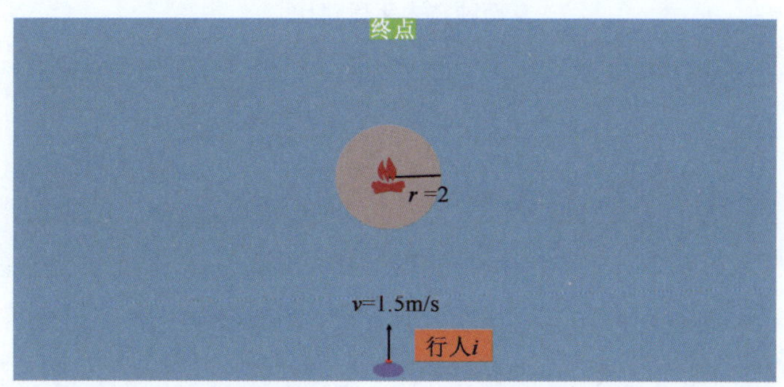

图 6-55　火灾绕避示意图

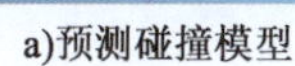

a)预测碰撞模型

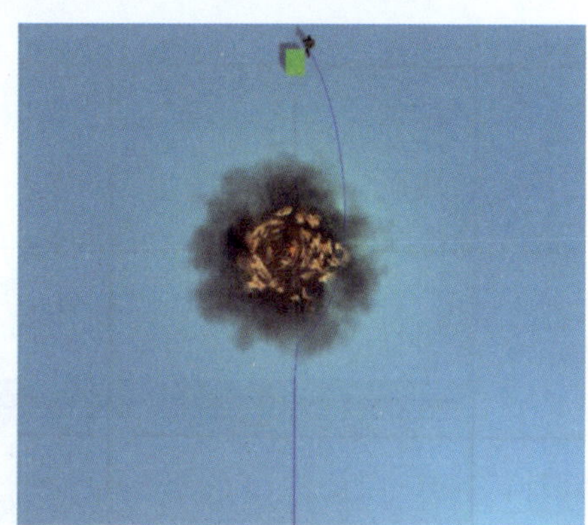

b)改进模型

图 6-56　火灾绕避仿真结果

6.2.3　VR 系统开发

在上述研究基础上，开发 VR 系统，并进行仿真应用，测定乘客站台疏散的必要疏散时间。

VR 仿真系统依托于北京地铁青年路站开发，集成火灾数值模拟结果及行人仿真模型，可以实现正常运营、紧急情况下的乘客仿真及沉浸演练式演习训练。对青年路站进行模型搭建，然后采用 Unity 引擎开发适用于正常运营及紧急疏散情况的系统平台，同时设计 UI 界面用于设置场景及乘客的具体参数，最后利用所开发的虚拟现实系统对青年路站的疏散进行仿真评估和分析。

1）虚拟场景建模

场景建模及模型渲染主要有两种技术手段：一是利用 3dsMax 建模渲染，渲染效果较好，但模型精度有所欠缺，无法保存建筑信息（Building Information）；二是利用建筑信息模型（Building Information Model，BIM）系统搭建模型并适当渲染，模型精确，但是 BIM 模型无法直接导入 Unity 引擎中，可能会丢失材质等信息。两种技术手段的具体对比如表 6-16 所示。

两种技术手段对比　　表 6-16

技术手段	复杂度	模型精确度	导入 Unity 引擎	是否包括建筑信息
3dsMax 建模	复杂	较低	直接导入 Unity 引擎,无须再次渲染	不包括建筑信息,需自行在 Unity 引擎开发
BIM 建模	简便	较高	需经过 3dsMax 渲染或在 Unity 引擎内渲染	导入 Unity 引擎内建筑信息丢失,需自行在 Unity 引擎开发

采用 3dsMax 自主进行车站相关设备设施的建模和渲染,然后导入 Unity 引擎,再对建筑信息进行丰富完善。《地铁设计防火标准》(GB 51298—2018)明确规定乘客疏散至地面为抵达安全地点。但是站台发生火灾一般不会影响到在通道等待疏散的乘客,因此青年路站模型仅包括站台层及站厅层。

(1)站台层建模及渲染

站台层主要包括乘客集散区、屏蔽门、站房、楼扶梯、电梯、轨行区及站台顶部的通风排烟口、灯管。其中,屏蔽门、楼扶梯设置预留控制接口,可供指挥中心集中控制,同时也可由运营人员开关,其余的设备设施如电梯、轨行区设备设施及通风排烟口均仅为可视化模型,起增强虚拟沉浸感的作用,不与外部环境及人员发生交互,具体模型见图 6-57。

a)站台层平面图

b)屏蔽门

c)电梯

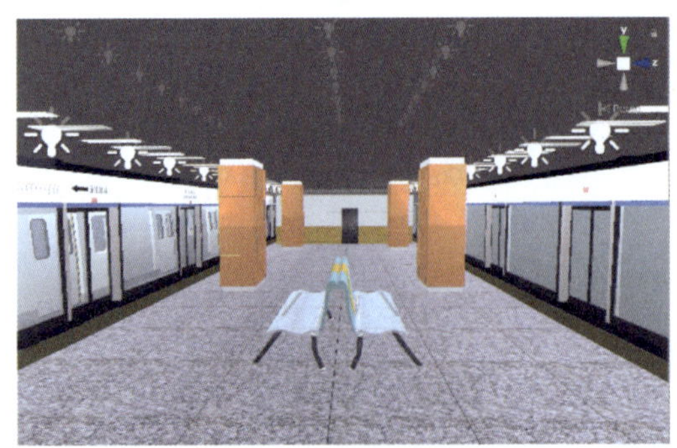

d)站房

e)楼扶梯

图 6-57

f)轨行区

g)列车轨道

图6-57 站台层建模及渲染

(2)站厅层建模及渲染

站厅层主要包括服务亭、立柱、进出站自动检票机、导流栏杆、自助售票机以及站厅顶部的通风排烟口、灯管。进出站自动检票机设为全部可以由指挥中心集中控制,导流栏杆设为可以由工作人员操作调整位置,可以影响乘客流线但不发生交互,具体模型见图6-58。

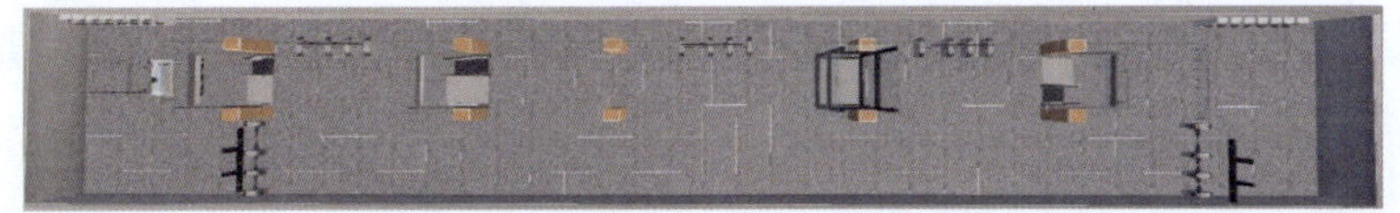
a)站厅层平面图

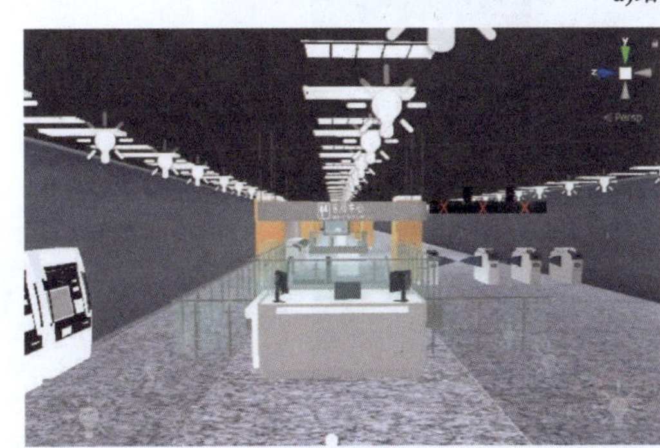
b)服务亭

c)出站自动检票机

d)楼扶梯

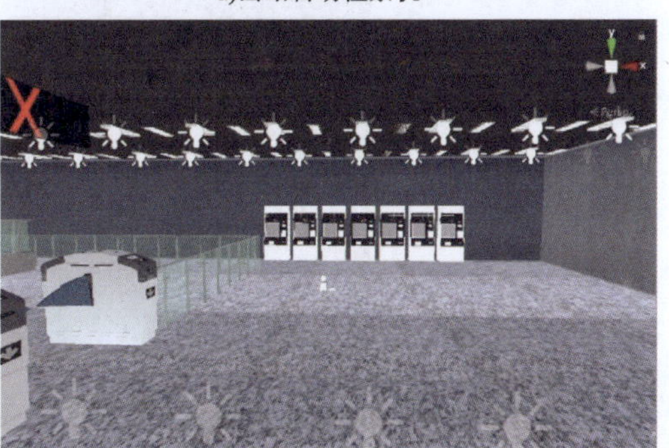
e)自助售票机

图 6-58

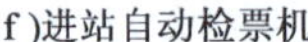

f)进站自动检票机

g)导流栏杆

图 6-58　站厅层建模及渲染

2) 系统界面设计

本系统界面(User Interface,UI)设计在 Unity 引擎内部开发完成,如图 6-59 所示。其操作功能包括人物形象选择功能、仿真控制、火灾时间设定、乘客数量与期望速度等基本属性的设定,以及火灾位置选择、观察方式选择、火灾属性控制以及社会力-智能体模型控制。其中,是否选择开启乘客火灾属性为选择乘客在疏散过程中是否受到火灾演变的影响,是否选择开启社会力-智能体模型为选择虚拟乘客的模型为智能体模型还是社会力-智能体模型。

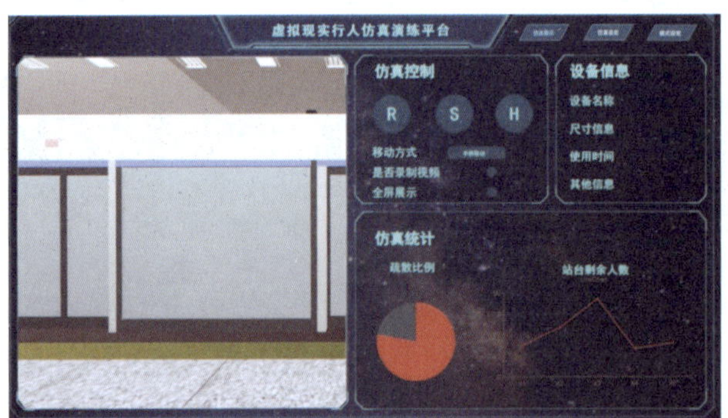

a)仿真展示界面

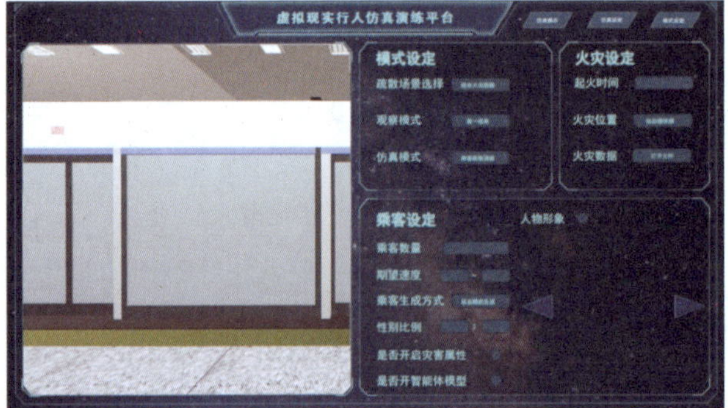

b)仿真设定

图 6-59　系统 UI

本系统根据功能架构可以分为四大模块:行人仿真模块、路径规划模块、火灾数据模块、可视化模块。行人仿真模块主要负责设计行人按照路径规划的结果进行全局移动,并在全局移动过程中根据行人仿真模型调整自身行为;路径规划模块主要根据物理空间场景、立柱及设备设施布局信息进行虚拟乘客的动态实时路径规划;火灾数据模块主要负责对场景中的火灾数据进行可视化表现以及设定影响虚拟乘客的火灾属性;可视化模块主要负责仿真数据的统计与可视化展示、选择沉浸式的观察方式还是第三人称视角下的观察方式。

UI与系统四大模块的逻辑关系如图6-60所示。UI是本VR系统的控制中心,用户可以通过UI与系统模块发生交互。例如,通过UI,用户可以直接设定行人仿真模块中乘客的基本属性、生成方式及数量;可以为火灾数据模块导入火灾数据及控制火灾的可视化展示;可以调整导流栏杆的位置,然后在路径规划模块为乘客重新进行路径规划,用以探究导流栏杆对客流流线的影响;可以在可视化模块中选择场景观察方式。

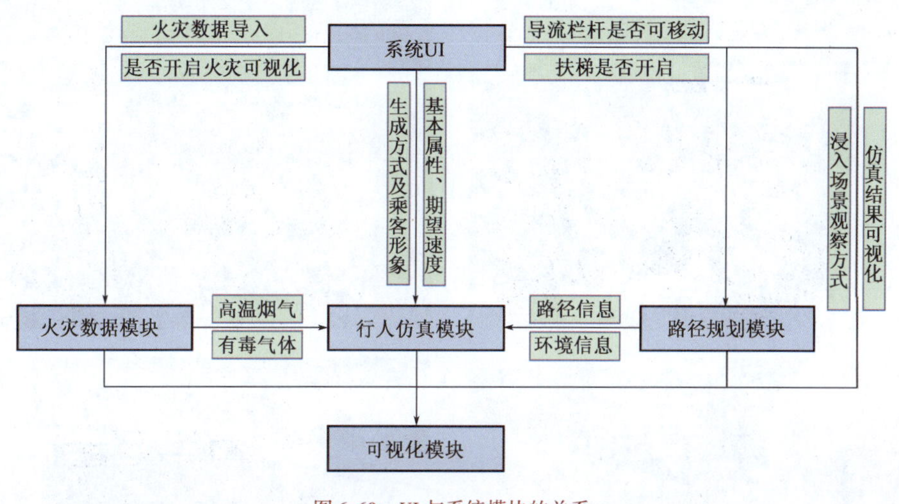

图6-60 UI与系统模块的关系

6.2.4 系统案例应用

本小节主要基于开发的VR系统对青年路站的乘客疏散情况进行研究,考虑到要与《地铁安全疏散规范》(GB/T 33668—2017)多角度对比,本节首先建立三个乘客疏散场景,分别为场景1站台无火灾;场景2站台最左端扶梯着火,不限制其一旁的楼梯使用;场景3站台最左端扶梯着火,限制其一旁的楼梯使用。

根据《地铁安全疏散规范》对场景1做出假设:站台内无火灾,某一扶梯无法使用,乘客均匀分布于站台之上。通过场景1与《地铁安全疏散规范》对比,可以验证基于《地铁安全疏散规范》中的假设,乘客的疏散时间能否满足6min的硬性规定;场景2在场景1的基础上假设站台最左端扶梯因电子设备出现故障着火,并且火灾会影响乘客的生命安全。通过场景2与场景

1 对比，可以验证乘客在真实的地铁站台扶梯火灾中是否可以安全地逃生；场景 3 在场景 2 的基础上限制了着火扶梯旁的楼梯使用，通过场景 3 与场景 2 对比，可以更好地研究地铁站台扶梯火灾乘客疏散方案。

由于条件限制，不进行浸入式疏散试验，而是使用第三人称视角方式观察整个疏散进程。但是本系统可以满足参与者佩戴 VR 视觉设备浸入虚拟环境，观察、操作、动态控制疏散过程，进行效果逼真的疏散演练。

1) 场景 1

在站台随机生成 2696 名乘客，如图 6-61 所示。其余两个场景乘客生成分布与本场景相同，不予赘述。

图 6-61　乘客生成分布

从图 6-62 可以看出，站台上的乘客基本在 210s 内可全部从站台疏散至站厅，即若不考虑 1min 反应时间，站台乘客可在 4min 内疏散至站厅，按照《地铁安全疏散规范》计算，疏散时间为 222s。

图 6-63 为仿真的乘客疏散路径示意图。本系统在设计乘客的路径选择时，考虑最短路径规划，由于出口 B 到站厅通道过长，当虚拟乘客到达站厅时会优先选择 C、D 出口疏散至地面。

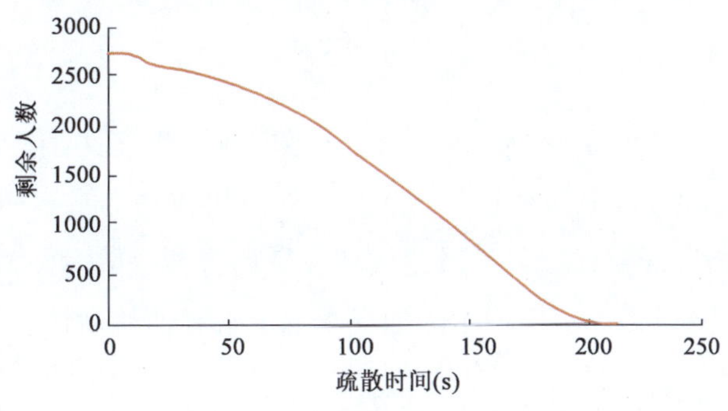

图 6-62　场景 1 站台剩余人数

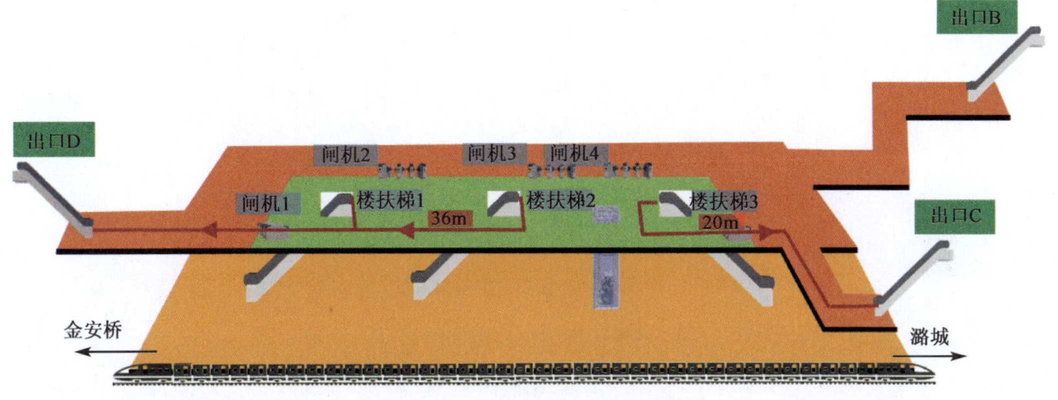

图 6-63　乘客疏散路径示意图

场景 1 的乘客疏散仿真时间统计如表 6-17 所示。根据仿真结果，青年路站的乘客疏散时间刚好满足规范中的 6min 要求。通过仿真得到的疏散时间与按照规范计算得到的疏散时间有一定差异，主要是因为仿真过程中乘客从站厅付费区疏散至非付费区闸机的选择、从非付费区疏散至地面出口的选择与规范的假设有差异。规范中假设在乘客从站厅付费区疏散至非付费区时，25 个闸机都被均衡使用，但在仿真中乘客仅使用了 C、D 出口附近的 10 个闸机。另外，在利用规范计算乘客在从站厅付费区疏散至安全出口的疏散时间时，是以站内疏散路径最长的乘客为计算标准，未考虑部分出口离站厅过远，乘客在疏散过程中倾向于从就近的出口直接疏散。

场景 1 疏散仿真时间统计　　表 6-17

计 算 位 置	时间（s）	备　　注
站台→非付费区	248	含 1min 反应时间
非付费区→地面	227（通过楼扶梯）+45（运动）	
共计	353	

2）场景 2

图 6-64 与表 6-18 分别为场景 2 的站台剩余人数曲线图与疏散时间统计表。在场景 2 中，乘客并未能全部成功逃生，其中伤亡乘客 403 名。在逃生成功的乘客中，乘客的疏散时间为 386s，超出了规范中的 6min 要求。若只对比成功疏散的乘客疏散时间，相较于场景 1，场景 2 的乘客疏散时间变长，这是由于火灾产生的烟气影响了乘客的移动性、视距，造成乘客的移动速度降低，延长了乘客的疏散时间。

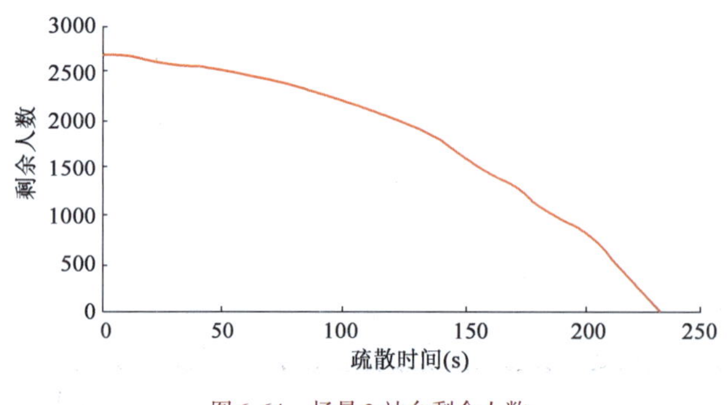

图 6-64 场景 2 站台剩余人数

场景 2 疏散仿真时间统计 表 6-18

计算位置	时间(s)	备 注
站台→非付费区	281	含 1min 反应时间
非付费区→地面	227（通过楼扶梯）+45（运动）	
共计	386	

在火灾尚未达到充分燃烧阶段之前，场景 1 与场景 2 站台上的乘客数量变化几乎一致，因为在这段时间内，站台上的乘客数量的变化是由乘客疏散至站厅引起的。而经过一段时间后，火灾达到充分燃烧阶段，场景 2 大量乘客因为火灾产生的高温烟气而丧生，站台上的乘客数量迅速减少。

图 6-65 为场景 2 疏散失败的乘客死亡位置示意图。乘客的死亡位置主要集中在火源周围及其附近的楼梯上，其中扶梯由于起火无法继续使用，因此扶梯上无乘客伤亡。当扶梯发生火灾时，着火扶梯周围皆为危险区域，若其旁的楼梯继续使用，会吸引大量乘客选择此楼梯逃生，并且一旦发生拥堵，楼梯上的乘客极容易受到高温烟气的影响而伤亡。因此，当扶梯发生火灾时，其旁的楼梯是否继续使用有待商榷。

3）场景 3

图 6-66 与表 6-19 分别为场景 3 站台剩余人数曲线图与疏散时间统计表。相较于场景 1

与场景2,场景3站台清空时间大幅度增长,已经超出了4min的规定时间,这是由于相较于前两种场景,场景3限制了着火扶梯旁楼梯的使用,因此总通过能力大幅降低,从而延长了疏散时间。

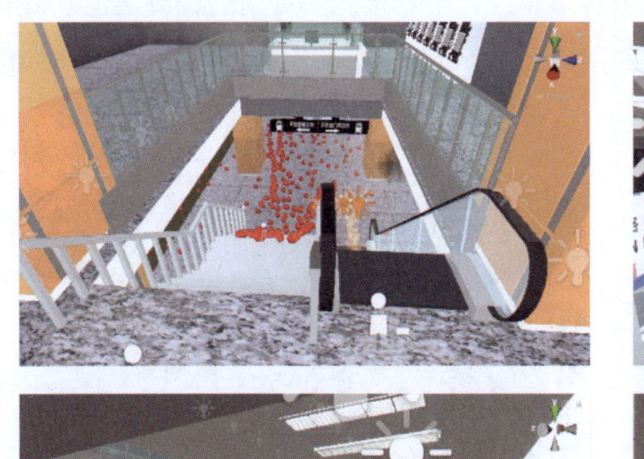

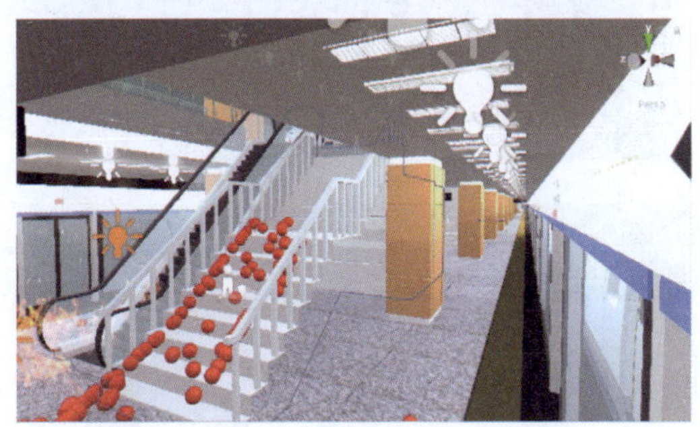

图6-65　场景2乘客死亡位置示意图

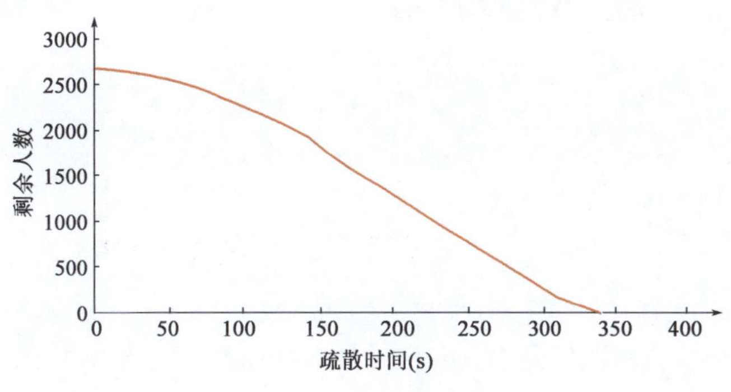

图6-66　场景3站台剩余人数

场景3疏散仿真时间统计　　表6-19

计算位置	时间(s)	备　注
站台→非付费区	347	含1min反应时间
非付费区→地面	227(通过楼扶梯)+45(运动)	
共计	479	

图6-67 为场景3 的疏散失败的乘客死亡位置示意图。场景3 共伤亡乘客350 名,相较于场景2,场景3 的伤亡乘客量有所降低。与图6-65 相比较,可以看出,场景2 与场景3 乘客死亡位置分布大概一致,都积聚在着火扶梯周围。但是由于场景3 限制了着火扶梯旁边的楼梯使用,乘客都会选择从其他楼扶梯逃生,因此未有乘客死亡于着火扶梯旁边的楼梯之上。以青年路站为例,当其中某一电扶梯发生火灾时,限制其旁的扶梯使用可以降低乘客死亡数量,但同时会延长疏散时间。

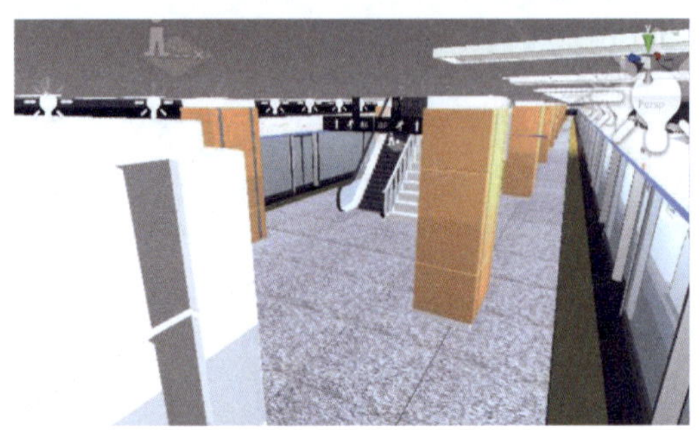

图6-67　场景3 乘客死亡位置示意图

6.3 本章小结

在城市轨道交通应急疏散研究中,相对于传统的试验方式,计算机仿真因安全、经济等诸多优势,成为主要的研究手段。本章基于前文中所开展的理论研究成果,进行车厢乘客疏散仿真应用与站台乘客疏散仿真应用两部分案例应用内容。

车厢乘客疏散仿真应用研究中,利用行人仿真软件 BuildingExodus 建立地铁列车车厢模型,基于元胞自动机模型进行疏散仿真。模拟发生在北京地铁中的紧急情况下的应急疏散过程,分析必要安全疏散时间,为车厢设计、车厢内的乘客疏散组织以及相关疏散规范的制定提供理论参考。

站台乘客疏散仿真应用中，基于社会力模型改进了行人微观仿真模型，开发 VR 仿真系统，并对北京地铁青年路站进行疏散仿真以验证模型的有效性。构造的三种疏散场景很好地验证了：①基于《地铁安全疏散规范》的假设，青年路站可以满足 6min 内全部乘客从站台疏散至地面疏散的规定；②火灾发展速度会影响疏散允许时间；③关闭着火点附近楼梯延长了疏散时间，但是降低了乘客死亡数量。

参考文献

[1] 钱寒峰. 我国城市轨道交通发展回顾与问题分析[J]. 世界环境,2005 (6).

[2] 李逊. 城市轨道交通车站设计行人仿真应用概述[J]. 交通与运输,2016 (02):28-30.

[3] 胡明伟,黄文柯. 行人仿真方法与技术[M]. 北京:清华大学出版社,2016.

[4] Hankin B D, Wright R A. Passenger Flow in Subways[J]. Operational Research Quarterly, 1958,9(2).

[5] M O Ri M, Tsukaguchi H. A new method for evaluation of level of service in pedestrian facilities[J]. Transportation Research Part A:General,1987,21(3):223-234.

[6] Algadhi S A, Mahmassani H S. Modelling crowd behavior and movement:application to Makkah pilgrimage[J]. Transportation and Traffic Theory,1990,1990:59-78.

[7] Hughes R L. The flow of large crowds of pedestrians[J]. Mathematics and Computers in Simulation,2000,53(4):367-370.

[8] Helbing D, Johansson A. Pedestrian, crowd and evacuation dynamics [M]//Extreme Environmental Events. Springer,2011:697-716.

[9] Helbing D, Johansson A, Al-Abideen H. The dynamics of crowd disasters:an empirical study [J]. Physical Review E,2007,75:1-7.

[10] Rastogi R, Ilango T, Chandra S. Pedestrian flow characteristics for different pedestrian facilities and situations[J]. European Transport,2013,53(6):1-21.

[11] Bussieck M R, Kreuzer C, Zimmermann U T. Optimal lines for railway systems[J]. European Journal of Operational Research,1997,96(1):54-63.

[12] 卢春霞. 公共场所中拥挤人群的研究[D]. 上海:复旦大学,2004.

[13] 胡清梅. 大型公共建筑环境中人群拥挤机理及群集行为特性的研究[D]. 北京:北京交通大学,2006.

[14] 李素梅. 公共场所拥挤人群疏散行为研究[D]. 北京:北京工业大学,2008.

[15] 代宝乾,汪彤. 高密度条件下人员流动理论模型研究[C]. 国际安全科学与技术学术研讨会论文集,沈阳:2010.

[16] 孙立博. 虚拟人群行为建模及仿真技术研究[D]. 天津:天津大学,2011.

[17] 沙云飞. 人群疏散的微观仿真模型研究[D]. 北京:清华大学,2008.

[18] 李连天. 基于社会力的拥挤人群行人运动模型研究[D]. 广州:中山大学,2009.

[19] 张青松,刘金兰,赵国敏. 人群拥挤踩踏事故后果微观建模及模拟分析[J]. 安全与环境学报,2008,8(4):164-168.

[20] 宋卫国,于彦飞,范维澄,等.一种考虑摩擦与排斥的人员疏散元胞自动机模型[J].中国科学,2005,35(7):725-736.

[21] Fruin J J. Pedestrian planning and design[R]. 1971.

[22] Helbing D, Herrmann H J, Schreckenberg, et al. Traffic and granular flow[M]. Springer Berlin Heidelberg, 1999.

[23] To K, Lai P Y, Pak H K. Jamming of granular flow in a two-dimensional hopper[J]. Physical review letters, 2001, 86(1):71.

[24] 鲍德松,张训生.颗粒物质与颗粒流[J].浙江大学学报(理学版),2003(05):514-517.

[25] 孙其诚,王光谦.颗粒物质力学导论[M].北京:科学出版社,2009.

[26] 宋鹍.基于椭圆颗粒模型的离散元法基本理论及算法研究[D].吉林:吉林大学,2008.

[27] 李立青,蒋明镜,吴晓峰.椭圆形颗粒堆积体模拟颗粒材料力学性能的离散元数值方法[J].岩土力学,2011,32(1):713-718.

[28] Lakoba T I, Kaup D J, Finkelstein N M. Modifications of the Helbing-Molnar-Farkas-Vicsek social force model for pedestrian evolution[J]. Simulation, 2005, 81(5):339-352.

[29] 盛俊文.虚拟环境中虚拟人路径规划方法及其应用[D].南昌:华东理工大学,2010.

[30] 魏宁.虚拟人全局路径规划技术研究[D].镇江:江苏大学,2007.

[31] 袁智勇.虚拟参战人员行为及路径规划软件的开发和研制[D].成都:电子科技大学,2009.

[32] 赵映杰.虚拟逃生系统中路径规划技术的研究与应用[D].武汉:武汉理工大学,2012.

[33] 王海英.智能优化算法研究及其在移动机器人相关技术中的应用[D].哈尔滨:哈尔滨理工大学,2007.

[34] 蔡晓慧.基于智能算法的移动机器人路径规划研究[D].杭州:浙江大学信息科学与工程学院,2007.

[35] Buckland M,罗岱.游戏人工智能编程案例精粹[M].北京:人民邮电出版社,2008.

[36] 孔金凤.空中交通管理策略研究[D].成都:西南交通大学,2008.

[37] 富涛.基于社会力模型的轨道交通车站内部行人仿真研究[D].北京:北京交通大学,2011.

[38] Bryan J L. Behavioral response of fire and smoke, SFPE Handbook of Fire Protection Engineering[M]. 2nd edition. Society of Fire Protection Engineers, 1995.

[39] Bryan J L. Human behaviour in fire: The development and maturity of a scholarly study area [J]. Fire and Materials, 1999, 23(6):249-253.

[40] 马莉莉.建筑消防过程中人员安全疏散问题的计算机模拟研究[D].武汉:武汉大学,2004.

[41] 张树平,张耀泽,卢兆明,等.建筑火灾中人的行为反应的调查研究[J].消防科学与技术,2005,24(5):563-566.

[42] 田荣娟.地铁火灾人员疏散的行为研究及危险性分析[D].广州:广州大学,2006.

[43] 何理,钟茂华,史聪灵,等.地铁突发事件下乘客疏散行为调查研究[J].中国安全生产科学技术,2009,5(1):53-58.

[44] 亓荣杰.特殊事件下地铁人群心理行为调查与疏散动力学建模研究[D].青岛:青岛理工大学,2018.

[45] Jin T. Studies on human behaviour and tenability in fire smoke[J]. Fire Safety Science,1997,5:3-21.

[46] TakashiNagatani, Ryoichi Nagai. Statistical characteristics of evacuation without visibility in random walk model[J]. Physica A-Statistical Mechanics and its Application, 2004, 341: 638-648.

[47] Nilsson D, Johansson M, Frantzich H. Evacuation experiment in a road tunnel: A study of human behaviour and technical installations[J]. Fire Safety Journal,2009,44(4):458-468.

[48] J A Capote, D Alvear. Analysis of evacuation procedures in high speed trains fires[J]. Fire Safety Journal,2012,49:35-46.

[49] 李修柏.特长高速铁路隧道火灾人员疏散研究[D].长沙:中南大学,2013.

[50] 李冬,苏燕辰,田鑫,等.B型地铁列车火灾安全疏散性能研究[J].铁道科学与工程学报,2016,13(8):1613-1617.

[51] 马骏驰.火灾中人群疏散的仿真研究[D].上海:同济大学,2007.

[52] 王驰.某地铁站火灾情况下人员安全疏散研究[D].北京:北京交通大学,2007.

[53] Quarantelli E. The behavior of panic participants[J]. Sociology and Social Research,1957(41):187-194.

[54] Drik Helbing. Self-organizing pedestrian movement[J]. Environment and Planning B:Planning and Design,2001,28:361-383.

[55] 张培红,鲁韬,陈宝智,等.时间压力下人员流动状态的观测和分析[J].人类工效学,2005,11(1):8-10.

[56] Kady R A. The development of a movement-density relationship for people going on four in evacuation[J]. Safety Science,2012,50(2):253-258.

[57] Gyu-Yeob Jeon, Ju-Young Kim, Won-Hwa Hong. Evacuation performance of individuals in different visibility conditions[J]. Building and Environment,2011,46:1094-1130.

[58] 林瑞炽.高速列车火灾安全疏散研究[D].成都:西南交通大学,2011.

[59] 李琦,王明年,于丽.长大铁路隧道火灾模式下人员疏散试验研究[J].中国铁道科学,

2015,36(6):78-84.

[60] Karl Fridolf,Kristin Andrée,Daniel Nilsson,et al. The impact of smoke on walking speed[J]. Fire and Materials,2014,38:744-759.

[61] Karl Fridolf,Daniel Nilsson,Håkan Frantzich. Evacuation of a metro train in an underground rail transportation system: flow rate capacity of train exits, tunnel walking speeds and exit choice[J]. Fire Technology,2016,52:1481-1518.

[62] Shiwakoti N, Tay R, Stasinopoulos P. Likely behaviors of passengers under emergency evacuation in train station[J]. Safety Science,2017,91:40-48.

[63] 陈长坤,秦文龙. 地铁站异质人群疏散折返行为模拟分析[J]. 中国安全生产科学技术,2018,14(9):24-30.

[64] 李强,崔喜红,陈晋. 大型公共场所人员疏散过程及引导作用研究[J]. 自然灾害学报,2006,15(04):092-99.

[65] Hong L, Gao J, Zhu W. Self-evacuation modelling and simulation of passengers in metro stations[J]. Safety Science,2018,110:127-133.

[66] Wang J,Yan W,Zhi Y,et al. Investigation of the panic psychology and behaviors of evacuation crowds in subway emergencies[J]. Procedia Engineering,2016,135:128-137.

[67] L Filippidis, S Gwynne, E R Galea, et al. Simulating the interaction of pedestrians with wayfinding systems[C]. 2nd International Pedestrian and Evacuation Dynamics Conference, Greenwich,UK,2003,39-50.

[68] Tang C H, Lin C Y, Hsu Y M. Exploratory research on reading cognition and escape-route planning using building evacuation plan diagrams[J]. Applied Ergonomics,2008,39(2):209-217.

[69] 田娟荣,周孝清. 地铁出口条件对人员疏散的影响分析[J]. 广州大学学报(自然科学版),2006,5(1):78-82.

[70] Ryoichi Nagai, Takashi Nagatani, Motoshige Isobe, et al. Effect of exit configuration on evacuation of a room without visibility[J]. Physica A,2004,343:712-724.

[71] Hoogendoorn S,Daamen W. Pedestrian behavior at bottlenecks[J]. Transportation Science,2005,39(2):147-159.

[72] 任可. 基于 Agent 的地铁疏散模型研究[D]. 长沙:湖南大学,2014.

[73] 贾洪飞,杨丽丽,唐明. 综合交通枢纽内部行人流特性分析及仿真模型参数标定[J]. 交通运输系统工程与信息,2009,9(5):117-123.

[74] 杨丽丽. 综合交通客运枢纽内部行人交通特性研究[D]. 长春:吉林大学,2009.

[75] 刘福华,赵怀民,邓瑞. 大型铁路客运枢纽设施应急能力匹配度研究[J]. 铁道运输与经

济,2011,33(9):74-77.

[76] 彭进,陈三明.城市轨道交通大型换乘站客流组织优化方案设计[J].桂林理工大学学报,2011,31(2):296-302.

[77] 吴先宇.城市轨道交通枢纽设施配置适应性分析及仿真优化方法[D].北京:北京交通大学,2010.

[78] 刘文婷.城市轨道交通车站乘客紧急疏散能力研究[D].上海:同济大学,2008.

[79] 李明华.轨道交通枢纽行人步行设施适应性分析[D].北京:北京交通大学,2008.

[80] 陈峰,吴奇兵,张慧慧,等.北京地铁1号线车站设施与客流关系分析[J].交通运输系统工程与信息,2009,9(2):93-98.

[81] 李得伟.城市轨道交通枢纽乘客集散模型及微观仿真理论[D].北京:北京交通大学,2007.

[82] 孙立光.步行设施内的行人行为微观仿真模型研究[D].北京:清华大学,2009.

[83] 蒋启文.城市轨道交通车站进出站设施优化配置问题研究[D].北京:北京交通大学,2009.

[84] 吕鹏.地铁车站乘客集散仿真研究及其在设施协调设计中的应用[D].北京:北京交通大学,2007.

[85] 魏召.基于空当搜索的客运交通枢纽行人交通仿真建模研究[D].北京:北京交通大学,2008.

[86] 饶雪平.轨道交通车站楼梯和自动扶梯处客流延时分析[J].交通与运输,2005(z1):13-15.

[87] 王磊,杨晓光,陈春.地铁站乘客步行通道的优化设计[J].城市轨道交通研究,2003,6(2):41-45.

[88] 张建勋,韩宝明,李得伟.VISSIM在地铁枢纽客流微观仿真中的应用[J].计算机仿真,2007,24(6):239-242,283.

[89] 徐尉南,吴正.地铁候车厅客流运动的数学模型[J].铁道科学与工程学报,2005,2(2):70-75.

[90] 汪晓蓉.关于地铁车站紧急疏散计算的体会[J].科学技术通讯,2001(3):26-27.

[91] 喻言,刘栋栋,孔维伟.地铁出口和内部条件对人员疏散的影响分析及应用[J].北京建筑工程学院学报,2008,24(4):30-35.

[92] 吴娇蓉,冯建栋,陈小鸿.中美地铁车站火灾疏散设计规范对比与分析[J].同济大学学报(自然科学版),2009,37(8):1034-1039,1138.

[93] 姚斌,徐晓玲,左剑,等.自动扶梯运行方式对地铁站台人员安全疏散的影响[J].火灾科学,2008,17(1):19-24.

[94] Max Kinateder, Enrico Ronchi, Daniel Gromer, et al. Social influence on route choice in a virtual reality tunnel fire [J]. Transportation Research Part F: Traffic Psychology and Behaviour,2014,26:116-125.

[95] Luciano Gamberini, Luca Chittaro, Anna Spagnolli, et al. Psychological response to an emergency in virtual reality: Effects of victim ethnicity and emergency type on helping behavior and navigation[J]. Computers in Human Behavior,2015,48:104-113.

[96] Giovanni Cosma, Enrico Ronchi, Daniel Nilsson. Way-finding lighting systems for rail tunnel evacuation: Avirtual reality experiment with Oculus Rift[J]. Journal of Transportation Safety& Security 2016,8(S1):101-117.

[97] 单庆超. 城市轨道交通行人流运动建模及仿真[D]. 北京:北京交通大学,2010.

[98] Helbing D, Molnar P. Social force model for pedestrian dynamics[J]. Physical Review E, 1995,51(5):4282-4286.

[99] Helbing D, Farkas I J, Molnar P, et al. Simulation of pedestrian crowds in normal and evacuation situations[J]. Pedestrian and Evacuation Dynamics,2002,21.

[100] PTV. VISSIM 5.30 User Manual[M]. Planung Transport Verkehr AG, Germany:2010.

[101] D. Helbing F T V. Simulating dynamical features of escape panic[J]. Nature,2000,407(6803):487-490.

[102] Parisi D R, Dorso C O. Microscopic dynamics of pedestrian evacuation[J]. Physica A: Statistical Mechanics and its Applications,2005,354(1-4):606-618.

[103] Lakoba T I, Kaup D J, Finkelstein N M. Modifications of the Helbing-Molnar-Farkas-Vicsek social force model for pedestrian evolution[J]. Simulation,2005,81(5):339-352.

[104] A. Johansson. Specification of a microscopic pedestrian model by evolutionary adjustment to video tracking data[J]. Advances in Complex Systems,2008,10(4):271-288.

[105] Parisi D R, Gilman M, Moldovan H. A modification of the social force model can reproduce experimental data of pedestrian flows in normal conditions [J]. Physica A: Statistical Mechanics and its Applications,2009,388(17):3600-3608.

[106] 陈涛,应振根,申世飞,等. 相对速度影响下社会力模型的疏散模拟与分析[J]. 自然科学进展,2006,16(12):1606-1612.

[107] 胡清梅,方卫宁,邓野. 一种基于社会力的行人运动模型研究[J]. 系统仿真学报,2009,21(4):977-980.

[108] 高春霞,董宝田. 交通枢纽微观行人仿真社会力模型的改进及实现[J]. 物流技术,2010,29(10):57-59.

[109] 元胞自动机仿真与实现[EB/OL],https://www.baidu.com/link? url = xOoLDAFUzzwY-

1SQizbOnn2sEvoYLkRT84yAT-3xKXjRYUAU0lv-3rLnW64wOuXAsykFD_PjRS68li0Og8ek-KZRoa1C23oy9AxcmfzxMTUmC&wd = &eqid = 92bf340f00381e7d000000035eeeb536.

[110] 行人交通仿真研究进展[EB/OL], http://blog. sciencenet. cn/blog- 435786-316887. html.

[111] 张诗波.基于 Agent 的行人交通微观仿真建模与分析[D].昆明:昆明理工大学,2007.

[112] CSDN. Building EXODUS 使用指南[EB/OL], https://download. csdn. net/download/u014331971/7092937.

[113] Fruin J J. Pedestrian planning and design[M]. New York: Metropolitan Association of Urban Designers and Environmental Planners, 1971.

[114] 张驰清.城市轨道交通枢纽乘客交通设施服务水平研究[D].北京:北京交通大学,2007.

[115] 黄弟胜.我国捷运系统地下车站安全性评估之研究[D].北京:中央警察大学,1999.

[116] Helbing D, Brockmann D, Chadefaux T, et al. Saving Human Lives: What Complexity Science and Information Systems can Contribute[J]. J STAT PHYS, 2015, 158(3):735-781.

[117] 张蕊,杨静,林霖.基于颗粒离散元法的枢纽内部行人流仿真研究[J].公路,2016(10):187-191.

[118] Cundall P A. Discrete numerical model for granular assemblies. [J]. Geotechnique, 1979, 29(1):47-65.

[119] Lin P, Ma J, Lo S. Discrete element crowd model for pedestrian evacuation through an exit[J]. Chinese Phys B, 2016, 25(0345013).

[120] 周健,池永,池毓蔚,等.颗粒流方法及 PFC2D 程序[J].岩土力学,2000(03):271-274.

[121] Helbing D, Farkas I, Vicsek T. Simulation dynamical features of escape panic[J]. Nature, 2000, 407:487-490.

[122] 马佩杰.集群运动的同步及其在行人流中的应用[D].北京:中国科学技术大学,2011,114.

[123] 李三兵.城市轨道交通车站客流特征与服务设施的关系研究[D].北京:北京交通大学,2009,90.

[124] 张碧纯,卢弋.城市轨道交通停站时间建模研究[J].交通与运输(学术版),2011(2):48-52.

[125] 张青松.人群拥挤踩踏事故风险理论及其在体育赛场中的应用[D].南京:南开大学,2007,140.

[126] 方纪平.基于地铁车厢乘客空间舒适性和应急疏散安全性的立席密度研究[D].北京:北京交通大学,2015.

[127] 刘春艳.基于Agent的管理信息系统的设计与人机交互系统的研究[D].重庆:重庆大学,2003.
[128] 张克,孙基男.Agent技术在矿井管理决策中的应用[J].计算机与现代化,2002(10):29-31.
[129] 刘继山,王延章.RN理论支持的多Agent协同业务流程建模[J].计算机应用与软件,2011,28(4):12-16.
[130] 赵龙文,侯义斌.多Agent系统及其组织结构[J].计算机应用研究,2000,17(7):12-14,25.
[131] 张克,邵长胜,强文义.基于面向Agent技术的任务规划系统研究[J].高技术通讯,2002,12(5):82-86.
[132] 伍雄斌.城市交通集成系统的多智能体博弈模型研究[D].福州:福建农林大学,2007.
[133] 朱茵,唐祯敏,钱大琳.基于多Agent技术的交通事故救援系统的研究[J].中国安全科学学报,2002,12(1):51-55.
[134] 闻育.复杂多阶段动态决策的蚁群优化方法及其在交通系统控制中的应用[D].杭州:浙江大学,2004.
[135] 张云丰.基于多代理的第四方物流作业外包合同设计[D].重庆:重庆大学,2009.
[136] 曾令赫.协同设计中信息管理技术的研究[D].北京:北京工业大学,2003.
[137] 于长立,鲁迪,鲁铭,等.基于多智能体系统的分布式数字农业管理平台构建[J].华中师范大学学报(自然科学版),2007,41(4):617-621.
[138] 张囡囡.基于主体的电子政务业务系统元模型建模研究[D].大连:东北财经大学,2011.
[139] 朱茵,唐祯敏,钱大琳.基于多智能体技术的交通管理系统的研究[J].中国公路学报,2002,15(3):80-83.
[140] 承向军,杨肇夏.基于多智能体技术的城市交通控制系统的探讨[J].北方交通大学学报,2002,26(5):47-50.
[141] 刘继山.基于角色和多主体理论电子政务业务系统建模[D].大连:大连理工大学,2011.
[142] 彭滨.一种基于MAS的入侵检测方法[J].计算机安全,2011(7):54-57.
[143] 左大杰,徐学才.基于多Agent的高速公路AIMS架构[J].交通运输工程与信息学报,2007,5(3):6-11.
[144] 徐海祥.基于支持向量机方法的图像分割与目标分类[D].武汉:华中科技大学,2005.
[145] 中国标准化与信息分类编码所.中国成年人人体尺寸:GB/T 10000—1988[S].北京:中国标准出版社,1988.

[146] Helbing D, Farkas I J, Molnar P, et al. Simulation of pedestrian crowds in normal and evacuation situations[J]. Pedestrian and Evacuation Dynamics, 2002, 21.

[147] 李绍珠. 心理统计方法简介(续)[J]. 教育科研情况交流, 1982(4):36-41.

[148] Apel M, WALDEER K T. Simulation of pedestrian flows based on the social force model using the verlet link cell algorithm[J]. Karl-Scharfenberg-Fakult at Salzgitter, Institut fur Simulation und Modellierung, 2004.

[149] Blue V J, Adler J L. Cellular automata microsimulation for modeling bi-directional pedestrian walkways[J]. Transportation Research Part B: Methodological, 2001, 35(3):293-312.

[150] Osaragi T. Modeling of pedestrian behavior and its applications to spatial evaluation [C]. 2004.

[151] Shao W, Terzopoulos D. Autonomous pedestrians[C]. 2005.

[152] Daamen W. Modelling passenger flows in public transport facilities [D]. Delft, the Netherlands: Netherlands TRAIL Research School, 2004.

[153] 富涛. 基于社会力模型的轨道交通车站内部行人仿真研究[D]. 北京: 北京交通大学, 2011.

[154] 郭录. 软件高频雷达系统控制平台的设计与实现[D]. 哈尔滨: 哈尔滨工业大学, 2007.

[155] 文臣. 雷达显示与控制系统的软件设计[D]. 成都: 电子科技大学, 2005.

[156] 曹宇. 激光微细熔覆柔性加工平台 CAD/CAM 系统软件与工艺研究[D]. 武汉: 华中科技大学, 2006.

[157] 王子甲, 陈峰, 施仲衡. 基于 Agent 的社会力模型实现及地铁通道行人仿真[J]. 南理工大学学报, 2013, 41(4):90-95.

[158] Lakoba T I, Kaup D J, Finkelstein N M. Modifications of the Helbing-Molnar-Farkas-Vicsek social force model for pedestrian evolution[J]. Simulation, 2005, 81(5):339-352.

[159] S. Okazaki S M. A study of simulation model for pedestrian movement with evacuation and queuing[J]. Proceedings of the International Conference on Engineering for Crowd Safety, 1993, 271-280.

[160] C. Y. Cheung, W H K L. Pedestrian route choices between escalator and stairway in MTR stations[J]. Journal of Transportation Engineering, 1998(5):277-285.

[161] L T Muftuler. Quantifying Morphology and Physiology of the Human Body Using MRI (Series in Medical Physics and Biomedical Engineering) [J]. Boca Raton, FL, USA: CRC Press, 2013.

[162] M Mori, H Tsukaguchi. A new method for evaluation of level of service in pedestrian facilities [J]. Transp. Res. A, Gen., 1987, 3(21):223-234.

[163] U Weidmann. Transporttechnik der fußgänger: Transporttechnische eigenschaften des fußgängerverkehrs, literaturauswertung, in Proc[J]. IVT Schriftenreihe, 1993, 90.

[164] Purser D A. Modelling time to incapacitation and death from toxic and hysical hazards in aircraft fires[C]. 1989.

[165] Purser D A. Toxicity assessment of combustion products[J]. The SFPE, Handbook Of Fire Protection Engineering (1st Edition), 1988.

[166] Galea E R. On the field modelling approach to the simulation of enclosure fires[J]. Journal of Fire Protection Engineering, 1989: 11-22.

[167] Purser D A. Interactions between behaviour patterns and physiological impairment in escape from fire[C]. Interscience Communications Ltd, London, 1993.

[168] Speitel L C. Analytical method for water vapour collection and analysis in aircraft cabin fires [J]. US Department of Transportation, 1993.

[169] Speitel L C. Toxicity assessment of combustion gases and development of a survival model [J]. US Department of Transportation, 1995.

[170] Jin T. Visibility through fire smoke[J]. Fire and Flammability, 1978.